Reihe Rechtswissenschaft
Band 179

Strafrechtliche Probleme der progressiven Kundenwerbung
unter besonderer Berücksichtigung von Kettenbriefen

Ralf Raube

Centaurus Verlag & Media UG 1995

Zum Autor: Ralf Raube ist als Rechtsanwalt in Köln tätig.

Die Deutsche Bibliothek – CIP-Einheitsaufnahme

Raube, Ralf:
Strafrechtliche Probleme der progressiven Kundenwerbung
unter besonderer Berücksichtigung von Kettenbriefen /
Ralf Raube. – Pfaffenweiler: Centaurus Verl.-Ges., 1995
(Reihe Rechtswissenschaft ; 179)
Zugl.: Köln, Univ., Diss., 1994
ISBN 978-3-89085-993-4 ISBN 978-3-86226-472-8 (eBook)
DOI 10.1007/978-3-86226-472-8
NE: GT

ISSN 0177-2805

Satz: Vorlage des Autors

Meinen Eltern

Vorwort

Die vorliegende Arbeit wurde im Sommersemester 1994 vom Fachbereich Rechtswissenschaft der Universität Köln als Dissertation angenommen.

Herrn Prof. Dr. Günter Kohlmann gilt mein Dank für die Förderung und Betreuung der Arbeit während der Dauer der Untersuchung.

Danken möchte ich auch Herrn Prof. Dr. Bernsmann für die freundliche Übernahme und zügige Erstattung des Koreferates.

Herrn Dr. Gregor Feiter, Herrn Dr. Thomas Gutknecht sowie Frau Dr. Susanne Vogel sei an dieser Stelle für ihre Diskussionsbereitschaft ebenso gedankt wie Herrn Felix Stilz für die Hilfe beim Layout.

Inhaltsverzeichnis

Seite

Literaturverzeichnis

Achenbach, Hans
Übungsklausur Strafrecht (Fall aus dem Bereich des Betruges, mit Randproblemen bei Urkundenfälschung und Untreue), Jura 84, S.602f.

Achenbach, Hans
Das zweite Gesetz zur Bekämpfung der Wirtschaftskriminalität, NJW 86,1839ff.

Achenbach, Hans
Kriminalpolitische Tendenzen in den jüngeren Reformen des Besonderen Strafrechts und des Strafprozeßrechts, JuS 80,81 ff.

Ahrens, Hans-Jürgen
Das Vertragslösungsrecht nach der geplanten UWG-Novelle, WRP 78,677 ff.

Albrecht, Uwe
Zur geplanten Reform des § 4 UWG, WRP 76,277

Amelung, Knut
Irrtum und Zweifel des Getäuschten beim Betrug, GA 77,1 ff.

Arzt, Gunther/ Weber, Ulrich
- Strafrecht, Besonderer Teil, LH2: Delikte gegen die Person (Randbereich), Schwerpunkt: Gefährdungsdelikte, 1983, Bielefeld
- Strafrecht, Besonderer Teil, LH3: Vermögensdelikte (Kernbereich), 2.Aufl., 1986, Bielefeld

(zit.: Arzt/Weber, LH.., S....)

Astl, Joseph/Rathleff, Ernst-Otto,
Das Glücksspiel, 1965, Frankfurt, Berlin

Bacigalupo, Enrique
Die argentinische Gesetzgebung zum Wirtschaftsstrafrecht, in ZStW 85 (1973), S.203ff.

Baumann, Jürgen/Weber, Ulrich,
Strafrecht, Allgemeiner Teil, 9.Aufl., 1985, Bielefeld

Baumbach, Adolf/ Hefermehl, Wolfgang
Wettbewerbsrecht, Gesetz gegen den unlauteren Wettbewerb, Zugabeverordnung, Rabattgesetz und Nebengesetze, 17.Auflage (Stand: 1.Aug. 1992), 1993, München
(zit.: Baumbach-Hefermehl, §..., Rd....)

Berg, Wilfried
Zur Konkurrenz zwischen öffentlichen Spielbanken und und privaten Glücksspielvereinen, MDR 77,277f.

Beulke, Werner
Anm. zu OLG Stuttgart, JR 78,388; in JR 78,390

Binding, Karl
Lehrbuch des Gemeinen Deutschen Strafrechts, Besonderer Teil, 1.Band, 2.Auflage, 1902, Leipzig

Blei, Hermann,
Strafrecht II., Besonderer Teil, Ein Studienbuch, 12.Aufl., 1983, München

Bloy, Rene,
Die dogmatische Bedeutung der Strafausschließungs- und Strafaufhebungsgründe, 1976, Berlin

Bockelmann, Paul/Volk, Klaus
Strafrecht, Allgemeiner Teil, 4.Aufl., 1987, München

Bockelmann, Paul
Die Behandlung unvollkommener Verbindlichkeiten im Vermögensstrafrecht, in Festschrift f. Edmund Mezger, 1954, München, Berlin, S.363 ff.

Borck, Hans-Günther
Abermals UWG -"Reform"?, Ein Beitrag betreffend den "Beruf unserer Zeit für Gesetzgebung", WRP 78,333 ff.

Bottke, Winfried
Anmerkung zu BGH, JR 87,427, in JR 87, S.428

Brenner, Karl
Wenn marode Unternehmen als Goldgruben verkauft werden, Kriminalistik 1987,66

Brockhaus
Enzyklopädie in zwanzig Bänden, 17.Auflage
- 5.Band (DOM-EZ), 1968, Wiesbaden
- 12.Band (MAI-MOS), 1971, Wiesbaden
- 15.Band (POR-RIS), 1972, Wiesbaden

Bruns, Hans-Jürgen
Neue Gesichtspunkte in der strafrechtlichen Beurteilung der modernen progressiven Kundenwerbung in Gedächtnisschrift für H. Schröder, 1978, München, S.273

Bruns, Hans-Jürgen
Anmerkung zum Beschluß des BVerfG, JR 79,28, in JR 79,S.28ff.

Bruns, Hans-Jürgen
Grundprobleme der strafrechtlichen Organ- und Vertreterhaftung (§ 14 StGB, § 9 OWiG), GA 82, S.1ff.

Bussmann, Kurt
Unlauterer Wettbewerb bei neuen Werbemethoden, NJW 52, 684 ff.

Callmann, Rudolf
Der unlautere Wettbewerb, 2.Aufl., 1932 Mannheim, Berlin, Leipzig

Canaris, Claus-Wilhelm
Die Feststellung von Lücken im Gesetz, 1964, Berlin

Dästner, Christian
Straffreiheit für den Prozeßbetrug im automatisierten Mahnverfahren? ZRP 76,36 ff.

Dalcke, A./Fuhrmann, Ernst/Schäfer, Karl
Strafrecht und Strafverfahren, 37. Aufl., 1961, Berlin
(zit.: Dalcke-Fuhrmann-Schäfer, ...)

Dreher, Eduard/Tröndle, Norbert
Strafgesetzbuch und Nebengesetze, Kommentar, 46. Auflage, 1993, München
(zit.: Dreher-Tröndle, § ..., Rd....)

Eichmann, Helmut
Die Vergleichende Werbung in Theorie und Praxis, 1967, Köln, Berlin, Bonn, München

Ellmer, Peter
Betrug und Opfermitverantwortung, 1986, Berlin

Emmerich, Volker
Das Recht des unlauteren Wettbewerbs, 3.Aufl., 1990, München

Endriß, Rainer
Strafbare Werbung beim Vertrieb von Zeitschriften, wistra 89,90

Engisch, Karl
Einführung in das juristische Denken, 8.Aufl., 1983, Stuttgart, Berlin, Köln, Mainz

Erbs-Kohlhaas,
Strafrechtliche Nebengesetze, Band III (Loseblattsammlung), 1.-5.Aufl., 105. Ergänzungslieferung, Stand: Dez.93, München (zit.: Bearbeiter in Erbs-Kohlhaas, § ..., Anm. ...)

Erman, Walter
Handkommentar zum Bürgerlichen Gesetzbuch, 1.Band, 9.Aufl., 1993, Münster
(zit.: Erman-Bearbeiter, ...)

Fabricius, Fritz
Die rechtliche Behandlung von Falschreklame durch Vertreterkollektive gemäß §§ 3, 4 UWG, in GRUR 65,521 ff.

Falckenstein, Roland von
Die Bekämpfung unlauterer Geschäftspraktiken durch Verbraucherverbände, Der Bundesminister der Justiz (Herausgeber), 1977, Köln

Falckenstein, Roland von
Verbraucherverbandsklage, Schädigung der Konsumenten und UWG-Novelle, WRP 78,502 ff.

Feldmann, Wolfgang
Die UWG-Novelle im Überblick, GewArch 87,360

Fikentscher, Wolfgang
Wettbewerb und gewerblicher Rechtsschutz, 1958, München, Berlin

Fischer, Thomas
Das Verhältnis der Bekenntnisbeschimpfung (§ 166 StGB) zur Volksverhetzung (§ 130 StGB), in GA 89,445

Frank, Reinhard
Das Strafgesetzbuch für das Deutsche Reich, Kommentar, 18.Aufl., 1931, München

Frank, Ulrich
Anmerkung b) zu OLG Stuttgart, NJW 79,2573; in NJW 80,848

Frisch, Wolfgang
Funktion und Inhalt des "Irrtums" im Betrugstatbestand, in Festschrift für Paul Bockelmann, 1979, München, S. 647ff.

Gallas, Wilhelm
Der Betrug als Vermögensdelikt, Festschrift für Eberhard Schmidt, 1961, Göttingen, S.401 ff.

Gallas, Wilhelm
Abstrakte und konkrete Gefährdung, in Festschrift für Ernst Heinitz, 1972, Berlin, S. 171ff.

Gallwas, Hans-Ullrich
Strafnormen als Grundrechtsproblem, MDR 69,892 ff.

Gamm, Otto Friedrich Freiherr von
Wettbewerbsrecht, Ein allgemein verständliches Handbuch, 1964, Köln, Berlin, München
(zit.: Gamm, Handbuch, ...)

Gamm, Otto Friedrich Freiherr von
Gesetz gegen den unlauteren Wettbewerb, 3.Aufl., 1993, Köln, Berlin, Bonn, München
(zit.: Gamm, Gesetz gegen ...)

Gamm, Otto Friedrich Freiherr von
Wettbewerbsrecht, Erster Halbband, 5.Aufl., 1987, Köln, Berlin, Bonn, München
(zit.: Gamm, Wettbewerbsrecht, Bd.1, ...)

Geitmann, Roland
Bundesverfassungsgericht und "offene" Normen, 1971, Freiburg

Giehring, Heinz
Prozeßbetrug im Versäumnis- und Mahnverfahren - zugleich ein Beitrag zur Auslegung des Irrtumsbegriffs in § 263 StGB, GA 73,1 ff.

Gilles, Peter
Kurzkommentar zum Urteil des OLG München v. 12.09.1985, EWiR 85,843

Gloy, Wolfgang
Handbuch des Wettbewerbsrechts, München, 1986
(Nachtrag 1989)
(zit.: Gloy-Bearbeiter, ...)

Godin, Hans Freiherr von
Wettbewerbsrecht, 2.Aufl., 1974, Berlin, New York

Göhler, Erich
Das Einführungsgesetz zum Strafgesetzbuch, NJW 74,825 ff.

Granderath, Peter
Das zweite Gesetz zur Bekämpfung der Wirtschaftskriminalität, DB 86, Beilage 18, S.1ff.

Granderath, Peter
Strafbarkeit von Kettenbriefaktionen!, wistra 88,173

Grebing, Gerhard
Die Strafbarkeit der progressiven Kundenwerbung und der Wirtschaftsspionage im Entwurf zur Änderung des UWG, wistra 84,169

Grebing, Gerhard
Strafrecht und unlauterer Wettbewerb - zur Reform des § 4 UWG, wistra 82,83

Gross, Herbert/ Skaupy, Walther
Franchising in der Praxis, Fallbeispiele und rechtliche Grundlagen, 1976, Düsseldorf, Wien

Günther, Hans-Ludwig
Die Genese eines Straftatbestandes, Eine Einführung in Fragen der Gesetzgebungslehre, JuS 78, 8 ff.

Günther, Hans-Ludwig
Strafrechtswidrigkeit und Strafunrechtsausschluß, 1983, Köln, Berlin, Bonn, München
(zit.: Günther, Strafrechtswidrigkeit ..., S....)

Günther, Hans-Ludwig
Der "Versuch" des räuberischen Angriffs auf Kraftfahrer - Ein Beitrag zur Dogmatik der Unternehmensdelikte - in JZ 87, S.16ff.

Gutachten des Gutachterausschusses für Wettbewerbsfragen
Gutachten 2/1987, Werbung für ein Kettenbriefsystem, WRP 88,337

Gutmann, Alexander
Der Vermögensschaden beim Betrug im Licht der neueren höchstrichterlichen Rechtsprechung (I), MDR 63,3 ff.

Hamann, Andreas
Grundgesetz und Strafgesetzgebung, 1963, Neuwied, Berlin

Hanack, Ernst-Walter
Zur verfassungsmäßigen Bestimmtheit und strafrechtlichen Auslegung des Begriffs "unzüchtige Schrift" (§ 184 Abs.1 Nr.1 StGB, Art. 103 Abs.2 GG), JZ 70,41 ff.

Hardwig, Werner
Beiträge zur Lehre vom Betrug, GA 1956, 6 ff.

Harmsen
Anm. zu BGH, GRUR 72,479 f., in GRUR 72,480

Hartung, Fritz
Anm. zu OLG Hamburg (Nr.8), NJW 54,393 ff., in NJW 54,393 ff.

Hassemer, Raimund
Schutzbedürftigkeit des Opfers und Strafrechtsdogmatik, Zugleich ein Beitrag zur Auslegung des Irrtumsmerkmals in § 263 StGB, 1981, Berlin

Hassemer, Winfried
Rücksichten auf das Verbrechensopfer, in Festschrift für Ulrich Klug, Band II, Strafrecht, Prozeßrecht, Kriminologie, Strafvollzugsrecht, 1983, Köln, S.217ff.

Hassemer, Winfried
Theorie und Soziologie des Verbrechens, 1973, Frankfurt

Heck, Ph.
Gesetzesauslegung und Interessenjurisprudenz, AcP 112.Band (1914), S.1 ff.

Hefermehl, Wolfgang
Die Rechte des durch unlauteren Wettbewerb zum Vertragsschluß bestimmten Käufers, in Festgabe für Hermann Weitnauer, Privatautonomie, Eigentum und Verantwortung, 1980, Berlin, S.347 ff.

Heller, Theodor
Logik und Axiologie der analogen Rechtsanwendung, 1961, Berlin
(zit.: Heller, Logik und Axiologie, S...)

Herzberg, Rolf Dietrich
Funktion und Bedeutung des Merkmals "Irrtum" in § 263 StGB, GA 77,289 ff.

Hillenkamp, Thomas
Vorsatztat und Opferverhalten, 1981, Göttingen

Hillenkamp, Thomas
40 Probleme aus dem Strafrecht, Besonderer Teil, 6.Aufl., 1991, Neuwied, Frankfurt
(zit.: Hillenkamp, 40 Probleme ..., S....)

Hippel, Robert von
Deutsches Strafrecht, 2.Band, 1930, Berlin

Holtz, Günter
Aus der Rechtsprechung des Bundesgerichtshofes in Strafsachen, MDR 78, 108

Hoyer, Andreas
Die Eignungsdelikte, Strafrechtliche Abhandlung, Band 61, Berlin, 1987

Huber, Ernst Rudolf
Der Streit um das Wirtschaftsverfassungrecht (I), DÖV 56, 97ff.

Jakobs, Günther
Strafrecht, Allgemeiner Teil, Die Grundlagen und die Zurechnungslehre, Lehrbuch, 2. Aufl., 1991, Berlin, New York

Jescheck, Hans-Heinrich
Lehrbuch des Strafrechts, Allgemeiner Teil, 4.Aufl., 1988, Berlin

Joecks, Wolfgang
Anleger- und Verbraucherschutz durch das 2. WiKG, wistra 86,142 ff.

Kaufmann, Arthur
Analogie und "Natur der Sache", 2.Aufl., 1982, Heidelberg,

Kisseler, Marcel
Werbung zwischen Kreativität und Gefährdungshaftung, WRP 79, 761 ff.

Kern, E.
Anmerkung zu OLG Dresden, JW 30,3441, in JW 30,3441

Klenk, Friedrich
Der Lotteriebegriff aus straf- und steuerrechtlicher Sicht, GA 76,361 ff.

Klug, Ulrich
Zur Strafbarkeit irreführender Werbeangaben, GRUR 75,217 ff.

Kohlmann, Günter
Der Begriff des Staatsgeheimnisses (§ 93 StGB und § 99 Abs.1 StGB a.F.) und das verfassungsrechtliche Gebot der Bestimmtheit von Strafvorschriften (Art. 103 Abs.2 GG), 1969, Köln
(zit.: Kohlmann, Der Begriff des Staatsgeheimnisses, S....)

Kohlrausch-Lange
Strafgesetzbuch mit Erläuterungen und Nebengesetzen, 43.Aufl., 1961, Berlin

Kraft, Alfons
UWG-Reform zwischen Mitbewerber-, Verbraucher- und Wettbewerbsschutz, ZRP 79, 161 ff.

Krahl, Matthias
Die Rechtsprechung des Bundesverfassungsgerichts und des Bundesgerichtshofs zum Bestimmtheitsgrundsatz im Strafrecht (Art. 103 Abs.2 GG), 1986, Frankfurt, Bern, New York
(zit.: Krahl, Rechtsprechung des BVerfG, S....)

Krey, Volker
Keine Strafe ohne Gesetz, 1983, Berlin, New York

Krey, Volker,
Strafrecht Besonderer Teil, Band 2, Vermögensdelikte, 8.Aufl., 1991, Stuttgart, Berlin, Köln,
(zit.: Krey, BT2, S...)

Krey, Volker
Studien zum Gesetzesvorbehalt im Strafrecht, Eine Einführung in die Problematik des Analogieverbots, 1977, Berlin
(zit: Krey, Studien, S...)

Krieger, Albrecht
Möglichkeiten einer Verstärkung des Schutzes gegen unlauteren Wettbewerb, WRP 78,1ff.

Krieger, Albrecht
Zum Schadensersatzanspruch des Verbrauchers bei irreführender Werbung, Überlegungen zur UWG-Novelle, BB 78,625

Krieger, Albrecht/Tilmann, Winfried
Zur Kritik an der UWG-Novelle, GRUR 79,14 ff.

Kriegsmann, N. Hermann
Strafbarer Eigennutz, Vergleichende Darstellung des deutschen und ausländischen Strafrechts, 1906, Besonderer Teil, Band VI, S.375 ff.

Kühl, Kristian
Sitzblockaden vor dem Bundesverfassungsgericht, Strafverteidiger 1987,122 ff.

Kühl, Kristian
Probleme der Verwaltungsakzessorietät des Strafrechts, insbesondere im Umweltstrafrecht, in Festschrift f. Karl Lackner, 1987, Berlin, New York, S.815ff.

Lackner, Karl
§ 13 - Eine Fehlleistung des Gesetzgebers? in Festschrift für Wilhelm Gallas zum 70. Geburtstag, 1973, Berlin, New York, S.117 ff.

Lackner, Karl
Strafgesetzbuch mit Erläuterungen (Kommentar), 20.Aufl., 1993, München
(zit. Lackner, § ..., Rd....)

Lampe, Ernst-Joachim
Ist es für einen wirksamen Verbraucherschutz und einen funktionsfähigen Wettbewerb unter Berücksichtigung zivil-, verwaltungs- und verfahrensrechtlicher Möglichkeiten geboten, zusätzliche Straf- und Bußgeldtatbestände zu schaffen? in Tagungsberichte der Sachverständigenkommission zur Bekämpfung der Wirtschaftskriminalität, Band VIII, Anlage 10, 1975, Bonn

Lampe, Ernst-Joachim
Anm. zu BGHSt 34,171 in JR 87,383

Lampe, Ernst-Joachim
Strafrechtlicher Schutz gegen irreführende Werbung (§ 4 UWG), in Festschrift für Richard Lange, 1976, Berlin, New York, S.455ff.

Lampe, Ernst-Joachim
Strafrechtliche Probleme der "progressiven Kundenwerbung", GA 77,33

Landmann/ Rohmer
Gewerbeordnung und ergänzende Vorschriften, Band I, Gewerbeordnung, Kommentar (Loseblattsammlung), Stand: 1. Jan. 1993, 29. Ergänzungslieferung, München
(zit.: Bearbeiter in Landmann/Rohmer, GewO, §..., Rd....)

Lange, Richard
Das Glücksspielrecht - ein Stück steckengebliebene Strafrechtsreform, in Festschrift für Eduard Dreher, 1977, Berlin, New York, S.573

Larenz, Karl
Methodenlehre der Rechtswissenschaft, 6.Aufl., 1991, Berlin, Heidelberg, New York, London, Paris, Tokyo, Hong Kong, Barcelona, Budapest

Larenz, Karl,
Über das Verhältnis von Analogie und richterliche Rechtsfortbildung, in Festschrift (Festskrift) f. Karl Olivecrona, 1964, Stockholm, S.384 ff.

Lehmann, Michael
Die UWG-Novelle sollte nicht sterben, Zur wirtschaftsrechtlichen Bedeutung der Bereitstellung von ökonomisch relevanten Sanktionen, BB 81,1717 ff.

Leipziger Kommentar,
Strafgesetzbuch, Großkommentar,

Erster Band (Einl.- § 31), 10.Aufl., 1985, Berlin, New York
Vierter Band (§§ 80-184c), 10.Aufl., 1988, Berlin, New York
Sechster Band (§§ 263-302a), 10. Aufl., 1988, Berlin, New York
Siebenter Band (§§303-358), 10.Aufl., 1988, Berlin, New York
(zit.: LK-Bearbeiter, §..., Rd....)

Lenckner, Theodor,
Wertausfüllungsbedürftige Begriffe im Strafrecht und der Satz "nulla poena sine lege", JuS 68,304 ff.

Lindemeyer,Bernd/Henseler,Peter
Vom Schutz des Mitbewerbers zum Schutz des Bewerbers, Der Referentenentwurf zur Änderung des Gesetzes gegen den Unlauteren Wettbewerb, WRP 78,87

Liszt, Franz von
Lehrbuch des Deutschen Strafrechts, 25.Aufl., 1927, Berlin, Leipzig

Liszt, Franz von
Ist das sog. Hydrasystem eine strafbare Ausspielung? (II) DJZ 1901,195ff.

Lobe
Liegt in der Benutzung der Kunden als Geschäftsagenten eine Ausspielung nach § 286 Abs.2 StGB?, Markenschutz und Wettbewerb (MuW) 1927, S.161ff.

Löhr, Dieter
Recht auf Vertragsauflösung und Schadensersatzanspruch des Verbrauchers bei irreführender Werbung?, DB 76,565 ff.

Löwer, Wolfgang
Rechtspolitische und verfassungsrechtliche Bedenken gegenüber dem Ersten Wirtschaftskriminalitätsgesetz, JZ 79,621

Loos, Fritz
Anmerkung a) zu OLG Stuttgart, NJW 79,2573; in NJW 80,847

Maaß, Wolfgang
Die Abgrenzung von Tun und Unterlassen beim Betrug, GA 84,264 ff.

Maiwald, Manfred
Zum fragmentarischen Charakter des Strafrechts, in Festschrift für Reinhard Maurach, 1972, Karlsruhe, S. 9 ff.

Marshall, Hans
Unlauterer Wettbewerb, Materielles Recht und Verfahren in Wettbewerbssachen, 1.Aufl., München, 1989

Maunz, Theodor/Dürig, Günter/Herzog, Roman/Scholz, Rupert
Grundgesetz, Kommentar,
- Band I (Art. 1-12), Stand: 30. Lieferung, 1993, München
- Band II (Art. 12a-37), Stand: 30. Lieferung, 1993, München
- Band III (Art. 38-91), Stand: 30. Lieferung, 1993, München
- Band IV (Art. 91a-146), Stand: 30. Lieferung, 1993, München

(zit.: Bearbeiter in Maunz-Dürig, GG, ...)

Maurach, Reinhart/ Gössel, Karl Heinz/ Zipf, Heinz
Strafrecht, Allgemeiner Teil, Teilband 2, Erscheinungsformen des Verbrechens und Rechtsfolgen der Tat, Ein Lehrbuch, 7.Aufl., 1989, Heidelberg
(zit.: Maurach/Gössel/Zipf, AT2, ...)

Maurach, Reinhart/ Schroeder, Friedrich-Christian/ Maiwald, Manfred
Strafrecht, Besonderer Teil, Teilband 1, Straftaten gegen Persönlichkeits- und Vermögenswerte, Ein Lehrbuch, 7.Aufl., 1988, Heidelberg
(zit.: Maurach/Schroeder/Maiwald, BT1, S.)

Maurach, Reinhart/Zipf, Heinz
Strafrecht, Allgemeiner Teil, Teilband 1, Grundlehren des Strafrechts und Aufbau der Straftat, Ein Lehrbuch, 8.Aufl., 1992, Heidelberg

Meurer, Dieter
Betrug als Kehrseite des Ladendiebstahls? - OLG Koblenz, NJW 76,63, in JuS 76,300ff.

Meurer, Dieter/Bergmann, Alfred
Tatbestandsalternativen beim Glücksspiel - BayObLG, NJW 79,2258, in JuS 83,668 ff.

Meyer, Dieter
Die Forderung einer "Fangprämie" als Schadensersatz vom ertappten Ladendieb - ein Fall des Betruges zum Nachteil des Diebes? - MDR 76,980 ff.

Michalski, Lutz
Kurzkommentar zum Urteil des LG Bremen v. 10.03.1989, EWiR 89,329

Micheli, Hans-Dietrich
Zur Regelung der Abnehmerrechte in der UWG-Novelle, GRUR 79,8 ff.

Möhrenschlager, Manfred
Anmerkung zu LG Fulda, wistra 84,188 in wistra 84,191 f.

Müller, Bernd
Betrug durch Geltendmachung von Ehemaklerlohn? - OLG Stuttgart, NJW 79,2573, in JuS 81,255ff.

Müller-Dietz, Heinz
Strafe und Staat, 1973, Frankfurt

Müller-Gugenberger, Christian
Wirtschaftsstrafrecht, Eine Gesamtdarstellung des deutschen Wirtschaftsstraf- und -ordnungswidrigkeitenrechts, 2.Aufl., 1992, Aschendorff, Münster
(zit.: Bearbeiter in Müller-Gugenberger, § ..., Rd....)

Münchener Kommentar zum Bürgerlichen Gesetzbuch
- Band 1, Allgemeiner Teil (§§ 1-240 BGB), AGB-Gesetz, 3.Aufl., 1993, München
- Band 3, Schuldrecht Besonderer Teil, 2.Halbband, 2.Aufl., (§§ 652-853), 1986, München
(zit.: Müko - Bearbeiter, § , S.)

Naucke, Wolfgang
Zur Lehre vom strafbaren Betrug, 1964, Berlin

Naucke, Wolfgang
Über Generalklauseln und Rechtsanwendung im Strafrecht, 1973, Tübingen

Nordemann, Wilhelm
Wettbewerbsrecht, 6.Aufl., 1990, Baden-Baden

Olshausen, Justus von
Kommentar zum Strafgesetzbuch für das Deutsche Reich, 2.Band, 10.Aufl., 1916, Berlin

Oppenhoff-Vieregge
Aus der Deutschen Vereinigung für gewerblichen Rechtsschutz und Urheberrecht, Eingabe betr. Entwurf eines Einführungsgesetzes zum Strafgesetzbuch (BT-Drucks. 7/550), in GRUR 74,652 ff.

Oppenhoff-Vieregge
Aus der Deutschen Vereinigung für gewerblichen Rechtsschutz und Urheberrecht, Stellungnahme zu den Vorschlägen der Kommission zur Bekämpfung der Wirtschaftskriminalität auf dem Gebiet des Wettbewerbsrechts und des Verbraucherschutzes, GRUR 76,136 f.

Otto, Harro
Die Struktur des strafrechtlichen Vermögensschutzes, 1970, Berlin (zit.: Otto, Die Struktur...)

Otto, Harro
Die Reform des strafrechtlichen Schutzes vor unwahrer Werbung - Dargestellt am Problem der Bekämpfung unwahrer Werbung für Adreßbücher u.ä. Verzeichnisse - GRUR 79,90 ff.

Otto, Harro
Die strafrechtliche Bekämpfung unlauterer Einflußnahmen auf öffentliche Versteigerungen durch Scheinangebote, NJW 79,681 ff.

Otto, Harro
Die Reform des strafrechtlichen Schutzes gegen irreführende Werbung, GRUR 82,274

Otto, Harro
Grundkurs Strafrecht, Allgemeine Strafrechtslehre, 4.Aufl., 1992, Berlin, New York
(zit.: Otto, AT, S.)

Otto, Harro
Grundkurs Strafrecht, Die einzelnen Delikte, 3.Aufl., 1991, Berlin, New York,
(zit.: Otto, BT, S.)

Palandt
Bürgerliches Gesetzbuch, Kommentar, 53.Aufl., 1994, München
(zit.: Palandt-Bearbeiter,...)

Peters, Karl
Beschränkung der Tatbestände im Besonderen Teil, ZStW 77 (1960), S.470 ff.

Pfeiffer, Gerd
Das strafrechtliche Schmiergeldverbot nach § 12 UWG, in Festschrift für Otto-Friedrich Frhr. v. Gamm, 1990, Köln, Berlin, Bonn, München, S.129ff.

Pinner-Eyck
Kommentar zum Gesetz gegen den unlauteren Wettbewerb, 2.Aufl., 1910, Berlin

Prittwitz, Cornelius
Strafbarkeit des HIV - Virusträgers trotz Aufklärung des Sexualpartners?, in NJW 88, S.2942

Ranft, Otfried
Grundfälle aus dem Bereich der Vermögensdelikte JA 84,723

Reich, Norbert
UWG-Reform und Verbraucherschutz, ZRP 78,100 ff.

Reimer, Eduard/v.Gamm, Otto-Firedrich
Wettbewerbs- und Warenzeichenrecht, Systematischer Kommentar, 2.Band, Wettbewerbsrecht, 4.Aufl., 1972, Köln, Berlin, Bonn, München
(zit.: Reimer-v.Gamm, § ...)

Richter, Hans
Kettenbriefe und Schneeballsysteme, WIK 83,177ff., 196ff., WIK 84,12

Richter, Hans
Strafbare Werbung beim Vertrieb von Kapitalanlagen, wistra 87,117 ff.

Richter, Hans
Strafloses Betreiben eines Kettenbriefsystems? wistra 87,276

Richter, Hans
Anmerkung zu AG Böblingen (Nr.18 und 19), wistra 88, S.242 und S.243, in wistra 88,245

Richter, Hans
Anmerkung zu OLG Stuttgart, wistra 90,165, in wistra 90,167f.

Richter, Hans
Kettenbriefe doch straflos?, wistra 90,216

Richter, Thomas
Inhalt und Grenzen strafrechtlicher Legislativgewalt - Ein Beitrag zur Strafgesetzgebungslehre, JuS 90 - Lernbogen 1990, S.89 ff. (zit.: T.Richter, ...)

Rinck, Gerd/Schwark, Eberhard
Wirtschaftrecht, 6.Aufl. 1986, Köln, Berlin, Bonn, München

Rittner, Fritz
Wirtschaftsrecht, Ein Lehrbuch, 2.Aufl., 1987, Heidelberg, (zit.: Rittner, Wirtschaftsrecht, S....)

Rittner, Fritz
Einführung in das Wettbewerbs- und Kartellrecht, 2.Aufl., 1985, Heidelberg, Karlsruhe (zit.: Rittner, Einführung, S...)

Rittner, Fritz
Wettbewerbs- und Kartellrecht, 4.Aufl., 1993, Heidelberg (zit.: Rittner, Wettbewerbs- und Kartellrecht, S...)

Röhmel, K.
Aufsätze in Zeitschriften StR, in JA 77,584f.

Romanowsky, Bernd
Verbotene Werbung, Neue Bestimmungen im UWG, StWK 1/1987, Gruppe 20, S.427ff.

Rosenthal, Alfred
Gesetz gegen den unlauteren Wettbewerb, Kommentar, 9.Aufl., 1969, Berlin, Frankfurt,

Roxin, Claus
Gedanken zur Problematik der Zurechnung im Strafrecht, in Festschrift für Richard M. Honig, 1970, Göttingen, S.133ff.

Roxin, Claus
Anmerkung zu BGH, NStZ 84,410, in NStZ 84,411f.

Rudolphi, Hans-Joachim
Die verschiedenen Aspekte des Rechtsgutsbegriffes, Festschrift für Richard M. Honig, 1970, Göttingen, S.151 ff.

Rudolphi, Hans-Joachim
Unrechtsbewußtsein, Verbotsirrtum und Vermeidbarkeit des Verbotsirrtums, 1969, Göttingen

Sack, Hans-Jürgen
Das "Hütchenspiel" - ein eindeutiger Betrug, NJW 92,2540

Sack, Rolf
Die UWG-Novelle 1986, BB 86,2205ff.

Samson, Erich
Grundprobleme des Betrugstatbestandes (1.Teil), in JA 78,469ff.

Sax, Walter
Grundsätze der Strafrechtspflege, in Bettermann-Nipperdey -Scheuner, Die Grundrechte, 3.Band, 2.Halbband, Rechtspflege und Grundrechtsschutz, 1959, Berlin, S. 909 ff.

Sax, Walter
Das strafrechtliche "Analogieverbot", Eine methodologische Untersuchung über die Grenze der Auslegung im geltenden deutschen Strafrecht, 1953, Göttingen

Schild, Wolfgang
Die Öffentlichkeit der Lotterie des § 286 StGB, NStZ 82,446 ff.

Schittenhelm, Ulrike
Probleme der umweltgefährdenden Abfallbeseitigung nach § 326 StGB, in GA 83, S.310ff.

Schlüchter, Ellen
Zweites Gesetz zur Bekämpfung der Wirtschaftskriminalität, Heidelberg, 1987

Schmidhäuser, Eberhard
Strafrecht, Allgemeiner Teil, 2.Aufl., 1984, Tübingen

Schmidt, Eberhard
Kriminalistische Umschau, I. Strafrechtliche Tagesfragen, Das Gesetz gegen das Glücksspiel vom 23. Dezember 1919, in ZStW 41 (1920), S.609 ff.

Schmitt, Rudolf
Strafrechtlicher Schutz des Opfers vor sich selbst?
in Festschrift für Reinhart Maurach, 1972, Karlsruhe,
S.113 ff.

Schönfeld, Friedrich
Interesseverletzung und Betrugsschaden, JZ 64,206 ff.

Schönke, Adolf/Schröder, Horst
Strafgesetzbuch, Kommentar, 24.Auflage, 1991, München
(zit.: Sch-Sch-Bearbeiter,...)

Schricker, Gerhard
Zur Reform des Gesetzes gegen den unlauteren Wettbewerb
Schadensersatzansprüche der Abnehmer und Rücktritt vom
Vertrag bei irreführender und unlauterer Werbung
(abgedruckter Vortrag),
GRUR 79, 1 ff.

Schricker, Gerhard
Möglichkeiten zur Verbesserung des Schutzes der Verbraucher
und des funktionsfähigen Wettbewerbs
in: Tagungsberichte der Sachverständigenkommission zur
Bekämpfung der Wirtschaftskriminalität, Band VIII, Anlage 5

Schröder
Anmerkung zu BGH, JR 58,106, in JR 58,106

Schröder, H.
Anmerkung zu BayObLG JR 61,188, in JR 61,189

Schröder, Horst
Abstrakt - konkrete Gefährdungsdelikte?, JZ 67,522ff.

Schröder, Horst
Die Gefährdungsdelikte im Strafrecht,
ZStW, Bd.81 (1969), S.7ff

Schroeder, Friedrich Cristian
Die Bestimmtheit von Strafgesetzen am Beispiel des groben
Unfugs, JZ 69,775

Schroeder, Friedrich-Cristian
Der Täter hinter dem Täter, Ein Beitrag zur Lehre
von der mittelbaren Täterschaft, 1965, Berlin

Schünemann, Wolfgang Bernd
Nulla poena sine lege?, 1978, Berlin, New York
(zit.: Schünemann, Nulla poena, S...)

Schünemann, W. Bernd
Methodologische Prolegomena zur Rechtsfindung im Besonderen Teil des Strafrechts, in Festschrift für Paul Bockelmann, 1979, München, S.117ff.

Schünemann, W. Bernd
Einige vorläufige Bemerkungen zur Bedeutung des viktimologischen Ansatzes in der Strafrechtsdogmatik, in Hans Joachim Schneider, Das Verbrechensopfer in der Strafrechtspflege, 1982, Berlin, New York, S.407 ff.

Schünemann, W. Bernd
Die Zukunft der Viktimo-Dogmatik: die viktimologische Maxime als umfassendes regulatives Prinzip zur Tatbestandseingrenzung im Strafrecht, in Festschrift für Hans Joachim Faller, 1984, München, S.357ff.

Schünemann, Wolfgang Bernd
Wettbewerbsrecht, 1989, München, Wien
(zit.: Schünemann, Wettbewerbsrecht, S...)

Schwintowski, Hans Peter
Wettbewerbsrecht (GWB,UWG), 2.Aufl., 1992, München

Seelig, Ernst
Das Glückspielstrafrecht, 1923, Graz

Seelmann, Kurt
Grundfälle zu den Straftaten gegen das Vermögen als Ganzes, JuS 82, 268f.

Seelmann, Kurt/Pfohl, Andreas
Gewahrsam bei Bewußtlosigkeit bis zum Eintritt des Todes? - BGH, NJW 85,1911, in JuS 87,199ff.

Sieg, Harald/Leifermann, Werner/Tettinger, Peter J.
Gewerbeordnung, 5. Aufl., 1988, München
(zit.: Sieg/Leifermann/Tettinger, ...)

Skaupy, Walther
Franchising, Handbuch für die Betriebs- und Rechtspraxis, 1987, München

Soergel
Bürgerliches Gesetzbuch mit Einführungsgesetz und Nebengesetzen
- Band 1, Allgemeiner Teil, (§§ 1-240), 12. Aufl., Stand: Sommer 1987, Stuttgart, Berlin Köln, Mainz
(zit.: Soergel-Bearbeiter, § , Rd.)

Solbach, Günter
Anmerkung zu BayObLG, JA 90,31, in JA 90,32

Sonnen, Bernd Rüdeger
Anm. zu BGHSt 34,171; in JA 87,108

Sonnen, Bernd Rüdeger
Strafrechtliche Grenzen des Handels mit Optionen auf Warentermin-Kontrakte, wistra 82,123 ff.

Staub, Hermann
Ist das sog. Hydrasystem eine strafbare Ausspielung? (I) DJZ 1901,193ff.

Staudinger
Kommentar zum Bürgerlichen Gesetzbuch, 2.Buch (§§ 741-822), 12.Aufl., 1986, Berlin
(zit.: Staudinger - Bearbeiter, ...)

Stenglein
Glücksspiel und Wette, ZStW 3, S.111 ff.

Stern, Klaus
Das Staatsrecht der Bundesrepublik Deutschland, Band II, Staatsorgane, Staatsfunktionen, Finanz- und Haushaltsverfassung, Notstandsverfassung
1980, München

Stratenwerth, Günter
Objektive Strafbarkeitsbedingungen im Entwurf eines Strafgesetzbuches 1959, ZStW 71 (1959),S.565 ff.

Stratenwerth, Günter
Strafrecht, Allgemeiner Teil I, Die Straftat, 3.Aufl., 1981, Köln, Berlin, Bonn, München

Sturm, Richard
Änderungen des Besonderen Teils des Strafgesetzbuches durch das Einführungsgesetz zum Strafgesetzbuch, JZ 75,6 ff.

Systematischer Kommentar zum Strafgesetzbuch
Rudolphi, Hans-Joachim/Horn, Eckhard/Samson, Erich
- Band I, Allgemeiner Teil (§§ 1-79b), 6.Aufl., Stand: 21. Lieferung (Juni 1993), Neuwied, Kriftel, Berlin
- Band II, Besonderer Teil (§§ 80-358); 5.Aufl., Stand: 30. Lieferung (Mai 1993), Neuwied, Kriftel, Berlin
(zit.: SK - Bearbeiter, §...)

Tetzner, Heinrich
Gesetz gegen den unlauteren Wettbewerb, Kommentar
2.Aufl., 1957, Köln

Tiedemann, Klaus
Tatbestandsfunktionen im Nebenstrafrecht, 1969, Tübingen
(zit.: Tiedemann, Tatbestandsfunktionen, S...)

Tiedemann, Klaus
Zur Reform der Vermögens- und Wirtschaftsstraftatbestände,
ZRP 70,256 ff.

Tiedemann, Klaus
Das Verbrechen in der Wirtschaft, 2.Aufl., 1972, Karlsruhe
(zit.: Tiedemann, Das Verbrechen in der Wirtschaft, S...)

Tiedemann, Klaus
Anm. zu KG Berlin, JR 73,428 f., in JR 73,429 f.

Tiedemann, Klaus
Literaturbericht, Nebenstrafrecht einschließlich
Ordnungswidrigkeitenrecht (Wettbewerbsrecht),
ZStW 86 (1974), S. 990 ff.

Tiedemann, Klaus
Der Entwurf eines Ersten Gesetzes zur Bekämpfung der
Wirtschaftskriminalität, ZStW 87 (1975), S.253 ff.

Tiedemann, Klaus
Wettbewerb und Strafrecht, 1976, Karlsruhe, Heidelberg
(Tiedemann, Wettbewerb und Strafrecht, S...)

Tiedemann, Klaus
Wirtschaftsstrafrecht und Wirtschaftskriminalität,
1.Band, Allgemeiner Teil, 1976, Hamburg
(zit.: Tiedemann, Wirtschaftsstrafrecht, AT, S...)

Tiedemann, Klaus
Wirtschaftsstrafrecht und Wirtschaftskriminalität,
2.Band, Besonderer Teil, 1976, Hamburg
(zit: Tiedemann, Wirtschaftsstrafrecht, BT, S...)

Tiedemann, Klaus
Wirtschaftskriminalität - ein Fall organisierter
Kriminalität?, in Festschrift für Walter Mallmann,
1978, Baden-Baden, S.359ff.

Tilmann, Winfried
Irreführende Werbeangaben und täuschende Werbung,
GRUR 76,544ff.

Triffterer, Otto
Vermögensdelikte im Bundesligaskandal, NJW 75,612 ff.

Ulmer, Eugen
Das Recht des unlauteren Wettbewerbs in den Mitgliedstaaten der Europäischen Wirtschaftsgemeinschaft,

- Band I, Vergleichende Darstellung, 1965, Köln
- Band II, 1.Halbband, Belgien, Luxemburg (Bearbeiter: Schricker,Wunderlich), 1967, Köln
- Band II, 2.Halbband, Niederlande (Bearb.: Baeumer), 1967, Köln
- Band III, Deutschland (Bearb.: Reimer) 1968, Köln
- Band IV, Frankreich (Bearb.: Krasser), 1967, Köln
- Band V, Italien (Bearb.: Schricker), 1965, Köln
- Band VI, Vereinigtes Königreich von Großbritanien und Nordirland (Bearb.: Westerholt, Gysenberg), 1981, Köln

(zit.: Ulmer-Bearbeiter, Bd....)

Ulrich, Gustav Adolf
UWG-Novelle - eine Belastung für den Wettbewerb? WRP 78,339 ff.

Vogel
Bundeskabinett beschließt Novelle zum Gesetz gegen den unlauteren Wettbewerb, Das Recht 1978,51

Vollmer, Lothar
Deliktsrechtlicher Abnehmerschutz gegen unerlaubte Werbung bei arbeitsteiligem Vertrieb, BB 79,759 ff.

Volmer, Bernhard
Das Schneeballsystem, Ein Beitrag zur Strafbarkeit der progressiven Kundenwerbung, GRUR 53, 196 ff.

Wank, Rolf
Grenzen richterlicher Rechtsfortbildung, 1978, Berlin
(zit.: Wank, Rechtsfortbildung, S...)

Warda, Günter
Dogmatische Grundlagen des richterlichen Ermessens im Strafrecht, 1962, Köln

Weber, Hansjörg
"Franchising" - ein neuer Vertragstyp im Handelsrecht, in JA 83,347ff.

Weiser, Erich
Begriff, Wesen und Formen des strafbaren Glückspiels, 1930, Leipzig

Wessels, Johannes
Strafrecht, Allgemeiner Teil, Die Straftat und ihr Aufbau, 23. Aufl., 1993, Heidelberg
(zit.: Wessels, AT, S....)

Wessels, Johannes
Strafrecht, Besonderer Teil 2, Straftaten gegen Vermögenswerte, 16.Aufl., 1993, Heidelberg
(zit.: Wessels, BT2, S...)

Weyhenmeyer, Hans
Das neue Rücktrittsrecht in der UWG-Novelle, WRP 79,419 ff.

Woesner, Horst
Grundgesetz und Strafrechtsreform, NJW 66,1729 ff.

Wolter, Jürgen
Notwendige Teilnahme und straflose Beteiligung, JuS 82,343 ff.

Zentralausschuß der Werbewirtschaft (ZAW)
Stellungnahme zum Entwurf einer UWG-Novelle, WRP 78,255 ff.

Zipf, Heinz
Kriminalpolitik, Ein Lehrbuch, 2.Aufl., 1980, Heidelberg, Karlsruhe

Abkürzungsverzeichnis

a.A. = andere Ansicht
aaO. = am angegebenen Ort
Abs. = Absatz
AcP = Archiv für die civilistische Praxis
a.F. = alte Fassung
AG = Amtsgericht
Akz. = Aktenzeichen
Alt. = Alternative
Anm. = Anmerkung
Art. = Artikel
AT = Allgemeiner Teil
Aufl. = Auflage
BayObLG = Bayerisches Oberstes Landesgericht
BB = Der Betriebsberater (Zeitschrift)
Bd. = Band
BGBl. = Bundesgesetzblatt
BGH = Bundesgerichtshof
BGHSt = Entscheidungen des Bundesgerichtshofes für Strafsachen (amtliche Sammlung)
BGHZ = Entscheidungen des Bundesgerichtshofes in Zivilsachen (amtliche Sammlung)
BR-Drucks. = Drucksache des Deutschen Bundesrates
BT = Besonderer Teil
BT-Drucks. = Drucksache des Deutschen Bundestages
BVerfG = Bundesverfassungsgericht
BVerfGE = Entscheidungen des Bundesverfassungsgerichtes (amtliche Sammlung)
bzw. = beziehungsweise
ca. = circa
DB = Der Betrieb (Zeitschrift)
ders. = derselbe
d.h. = das heißt
DM = Deutsche Mark
DJZ = Deutsche Juristenzeitung
DÖV = Die öffentliche Verwaltung (Zeitschrift)
Einl. = Einleitung
etc. = et cetera
EWiR = Entscheidungen zum Wirtschaftsrecht
f. = folgende
ff. = fortfolgende
Fn = Fußnote
FS = Festschrift
GA = Goltdammers Archiv für Strafrecht

GewArch = Gewerbearchiv (Zeitschrift)
GewO = Gewerbeordnung
GG = Grundgesetz der Bundesrepublik Deutschland
GRUR = Gewerblicher Rechtschutz und Urheberrecht (Zeitschrift)
GWB = Gesetz gegen Wettbewerbsbeschränkungen
Hb. = Halbband
h.M. = herrschende Meinung
i.d.R. = in der Regel
i.d.F. = in der Fassung
i.e.S. = im engeren Sinne
i.S.v. = im Sinne von
JA = Juristische Arbeitsblätter (Zeitschrift)
JMBl.NW = Justizministerialblatt für das Land Nordrhein-Westfalen
JR = Juristische Rundschau (Zeitschrift)
JuS = Juristische Schulung (Zeitschrift)
JW = Juristische Wochenschrift (Zeitschrift)
JZ = Juristenzeitung
LG = Landgericht
LK = Leipziger Kommentar zum Strafgesetzbuch
M = Mark
MDR = Monatsschrift für Deutschen Recht (Zeitschrift)
Mill. = Millionen
MuW = Markenschutz und Wettbewerb (Zeitschrift)
m.w.N. = mit weiteren Nachweisen
NJW = Neue Juristische Wochenschrift (Zeitschrift)
Nr. = Nummer
öUWG = östereichisches Gesetz gegen den unlauteren Wettbewerb
OLG = Oberlandesgericht
OWiG = Ordnungswidrigkeitengesetz
Rd. = Randnummer
RGBl. = Reichsgesetzblatt
RGSt = Entscheidungen des Reichsgerichtes in Strafsachen (amtliche Sammlung)
RGZ = Entscheidungen des Reichsgerichtes in Zivilsachen (amtliche Sammlung)
Rspr. = Rechtsprechung
S. = Seite
s. = siehe
sog. = sogenannt
StA = Staatsanwaltschaft
StGB = Strafgesetzbuch
StPO = Strafprozeßordnung
4.StrRG = Viertes Gesetz zur Reform des Strafrechts vom 23.11.1973 (BGBl. I, S.1725ff.)
StWK = Steuer- und Wirtschaftskurzpost (Zeitschrift)
u.a. = unter anderem

usw. = und so weiter
u.U. = unter Umständen
UWG = Gesetz gegen den unlauteren Wettbewerb
VDB = Vergleichende Darstellung des deutschen und ausländischen Strafrechts, 1906, Besonderer Teil, 9 Bände
vergl. = vergleiche
VwGO = Verwaltungsgerichtsordnung
WiKG = Gesetz zur Bekämpfung der Wirtschaftskriminalität
wistra = Zeitschrift für Wirtschaft, Steuer und Strafrecht
WRP = Wettbewerb in Recht und Praxis (Zeitschrift)
z.B. = zum Beispiel
ZRP = Zeitschrift für Rechtspolitik
ZStW = Zeitschrift für die gesamte Strafrechtswissenschaft
z.T. = zum Teil
ZVP = Zeitschrift für Verbraucherpolitik

1.Kapitel: Einleitung

I. Allgemeines

Die vorliegende Arbeit befaßt sich mit allen strafrechtlich relevanten Problemen progressiver Kundenwerbung.
Bei progressiver Kundenwerbung werden Waren oder andere Leistungen mittels einer Vertriebskette abgesetzt, wobei der Kunde die Möglichkeit hat, sich geldwerte Vorteile durch die Anwerbung neuer Kunden zu verschaffen. Große Bedeutung kommt dabei Kettenbriefmodellen zu, die einen Unterfall der progressiven Kundenwerbung darstellen.

Modelle progressiver Kundenwerbung sind seit dem Anfang des 20. Jahrhunderts bekannt. Ursprünglich wurde versucht, derartige Formen der Kundenwerbung mit Hilfe der §§ 263, 284ff. StGB, 4 UWG strafrechtlich zu bekämpfen. Die Praxis hat jedoch gezeigt, daß mit Hilfe der bis 1986 geltenden Strafgesetze ein hinreichender Strafrechtsschutz gegen immer neue Varianten progressiver Kundenwerbung nicht gewährleistet werden konnte.

Aufgrunddessen wurde bereits im Jahre 1978 von der damaligen Bundesregierung ein Gesetzesentwurf zur Änderung des UWG eingebracht, der erstmals einen eigenständigen Tatbestand zur Erfassung von Modellen progressiver Kundenwerbung enthielt[1].
Jedoch wurde erst[2] durch das Zweite Gesetz zur Bekämpfung der Wirtschaftskriminalität (WiKG) vom 15. Mai 1986, das am 1. August 1986 in Kraft trat[3], mit § 6c UWG ein Straftatbestand in das UWG eingefügt, der gerade die Bekämpfung

---

[1] BT-Drucks. 8/2145, S.4.
Die Reformbemühungen wurden unterstützt durch eine vom Max-Planck-Institut durchgeführte rechtstatsächliche Untersuchung, die Verbraucherschäden in Milliardenhöhe konstatierte, welche allein auf die Unvollkommenheit des Sanktionssystems zurückgeführt wurden, vergl. Falckenstein, Die Bekämpfung unlauterer Geschäftspraktiken durch Verbraucherverbände sowie derselbe in WRP 78,502 ff..

der progressiven Kundenwerbung bezweckt.

§ 6c UWG wurde wegen der bestehenden Schwierigkeiten bei der Anwendung der §§ 263, 284 ff. StGB, 4 UWG[4], wegen des in der Praxis mangelhaften Zivilrechtsschutzes sowie wegen der bisweilen eingetretenen erheblichen Vermögensbeeinträchtigungen[5] in das Gesetz eingefügt. Der Gesetzgeber wollte auf der einen Seite mit der Einfügung des § 6 c UWG in das Gesetz erreichen, daß der Tatbestand die vielfältigen Erscheinungsformen der progressiven Kundenwerbung erfaßt. Auf der anderen Seite sollten die strafrechtlich unbedenklichen Formen des Einsatzes von Laien in der Werbung straffrei bleiben[6].

Seit der Entscheidung des Bundesgerichtshofs in Strafsachen vom 29.09.1986[7], in der die Strafbarkeit einer speziellen Form von Kettenbriefen verneint wurde, wird der Markt mit den unterschiedlichsten Arten von Kettenbriefen überschwemmt, deren Veranstalter bzw. Initiatoren sich hinsichtlich der angeblichen rechtlichen Unbedenklichkeit ihrer Systeme fast ausnahmslos auf die soeben genannte Entscheidung berufen.
Zu Unsicherheiten bezüglich der Rechtslage haben auch unterschiedliche Entscheidungen von Obergerichten zu § 6c UWG geführt[8]. Da wie oben bereits festgestellt § 6c UWG erst 1986 in das UWG eingefügt wurde, sind bisher nur wenige Entscheidungen zu dieser Norm ergangen. Demgemäß sind noch viele rechtliche Probleme ungeklärt.
In der Praxis werden diese Systeme häufig strafrechtlich nicht geahndet.

Ziel dieser Untersuchung ist es, zu überprüfen, ob alle strafwürdigen Formen von

---

2 Siehe zur Entstehungsgeschichte des § 6c UWG auch unten S.133.

3 BGBl. I. S.721.

4 s. BT-Drucks. 10/5058, S.38.

5 BT-Drucks. 8/2145, S.12; 10/80, S.1.

6 vergl. BT-Drucks. 10/5058, S.39 und 8/2145, S.13; BR-Drucks. 226/78, S.13.

7 BGHSt 34,171 ff. (sog. "Goldkreis-Entscheidung").

In der Praxis werden diese Systeme häufig strafrechtlich nicht geahndet.

Ziel dieser Untersuchung ist es, zu überprüfen, ob alle strafwürdigen Formen von progressiver Kundenwerbung von der bestehenden Gesetzeslage erfaßt werden oder ob Strafbarkeitslücken bestehen, die ein Handeln des Gesetzgebers erforderlich machen[9].

Hierfür werden im Rahmen der Arbeit zunächst die einzelnen Arten von progressiven Kundenwerbungsmodellen vorgestellt.
Sodann wird geprüft, ob diese Arten strafwürdig bzw. strafbedürftig sind.
Anschließend wird anhand der strafrechtlichen Normen - §§ 284 ff., 263 StGB, 4, 6 c UWG - untersucht, ob und inwieweit die strafwürdigen Kundenwerbungsmodelle von den genannten Straftatbeständen erfaßt werden oder ob Strafbarkeitslücken bestehen.
Wegen der Vielzahl der innerhalb des Kerntatbetandes des § 6c UWG bei der Subsumtion der untersuchten Modelle auftretenden Probleme wird dieser Bereich den Schwerpunkt der Bearbeitung bilden.

Praktische Bedeutung erlangt die vorliegende Untersuchung zusätzlich dadurch, daß neuerdings auch modernste Kommunikationssysteme wie z.B. das Telefax bei der Verbreitung der Werbesysteme eingesetzt werden[10] und derartige Systeme gerade in den fünf neuen Bundesländern weite Verbreitung finden[11].

---

[9] Nach Auskunft des Bundesministers der Justiz vom 2. Juni 1989 und vom 15. April 1992 hat sich der Rechtsausschuß des Deutschen Bundestages mit den hier zu erörternden Problemen der progressiven Kundenwerbung noch nicht befaßt, was darauf hindeutet, daß die bestehende Gesetzeslage aus dortiger Sicht nicht für reformbedürftig angesehen wird.

[10] Vergl. z.B. den Bericht in "Der Spiegel", 1990, Heft 45, S.94 ff.

[11] Vergl. statt vieler die Berichte im "Stern", 1990/Heft 50, S.266(267) sowie im "Kölner Stadt-Anzeiger" vom 19.12.1990, S.37.

II. Behandlung von progressiver Kundenwerbung im Ausland (rechtsvergleichende Darstellung)

Da die geltende Fassung des § 6 c UWG sich in einzelnen Teilen auf ähnliche Tatbestände im Ausland stützt[12], soll im folgenden kurz die Gesetzeslage zur progressiven Kundenwerbung im Ausland zusammenfassend dargestellt werden.

In einigen Ländern wurde eigens zur Bekämpfung von progressiven Kundenwerbungsmodellen ein Straftatbestand eingerichtet.

In Frankreich wurden die als sozialschädlich erkannten Schneeballsysteme durch Art. 1 des Gesetzes gegen die Verkäufe nach dem Schneeballsystem vom 5. November 1953 ausdrücklich verboten und unter Strafe gestellt[13]. Eine Anwendung des Betrugstatbestandes (Art. 405 Code penal) auf derartige Systeme bleibt zwar unberührt, hat aber wegen der Spezialregelung an praktischer Bedeutung verloren[14].

Das österreichische UWG vom 26.09.1923 enthält Normen (§§ 27, 29 ÖUWG), die nach dem Prinzip des Schneeballsystems abgeschlossene Verträge für nichtig erklären bzw. unter Strafe stellen und dem Kunden einen Rückforderungsanspruch bezüglich des von ihm Geleisteten gewähren[15].

---

12 Vergl. hierzu nur BR - Drucks. 226/78, S.13.

13 Art. 1 dieses Gesetzes lautet:
"Verboten sind Verkäufe, die mittels des sog. Schneeballverfahrens oder anderer ähnlicher Verfahren bewirkt werden, welche insbesondere darin bestehen, dem Publikum Waren anzubieten, indem man ihm die Hoffnung eingibt, diese Waren unentgeltlich oder gegen Zahlung einer unter ihrem wirklichen Wert liegenden Summe zu erhalten, und indem man die Verkäufe von der Unterbringung von Scheinen oder Karten von Dritten oder der Sammlung von Beitritten oder Einschreibungen abhängig macht."
Als Sanktion ist in Art. 2 diese Gesetzes Geldstrafe und Gefängnis von 11 Tagen bis zu einem Jaher vorgesehen. (Übersetzung s. Ulmer/ Krasser, Bd. IV, S.449).

14 Ulmer/Krasser, Bd.IV, S.449.

15 § 27 ÖUWG lautet:
"(1) Es ist untersagt, in einem Geschäftsbetriebe Verträge nach dem sog. Schnee-

Auch in Großbritannien[16] sowie in einigen Einzelstaaten der USA[17] bestehen gesetzliche Normen zur Bekämpfung von Schneeballsystemen.

Im schweizerischen Recht existiert zwar kein selbständiger Straftatbestand. Jedoch werden alle Veranstaltungen, bei denen das Schneeballsystem zur Anwendung kommt, den Lotterien gleichgestellt[18] mit der Folge, daß diese Systeme strafrechtlich geahndet werden können.

In Belgien sind nach dem Schneeballsystem abgeschlossene Verträge zivilrechtlich nichtig. Nach belgischer Rechtsprechung erfüllen derartige Systeme die Tatbestände des Betruges sowie des Glücksspiels[19]. Bemerkenswert ist, daß das Tri-

---

ballsystem abzuschließen.
(2) Unter dieser Bezeichnung sind Vereinbarungen zu verstehen, durch die einem Kunden gegen ein unbedingt zu leistendes Entgelt die Lieferung einer Ware oder die Verrichtung einer Leistung unter der Bedingung zugesichert wird, daß der Kunde mittels der von ihm übergebenden Anweisungen oder Scheine dem Unternehmen des Zusichernden oder eines anderen weitere Abnehmer zuführt, die mit diesem Unternehmen in ein gleiches Vertragsverhältnis treten.
(3) Verträge dieser Art, die zwischen dem Geschäftsmann und dem Kunden oder zwischen diesem und einem Dritten geschlossen werden, sind nichtig.
(4) Das vom Kunden Geleistete kann gegen Verzicht auf die Lieferung der Ware oder auf die Verrichtung der Leistung oder gegen Rückstellung der schon empfangenen Ware zurückgefordert werden."
Zuwiderhandlungen gegen dieses Verbot werden nach § 29 ÖUWG mit Arrest oder Geldstrafe bestraft.

16 Siehe Ulmer/Westerholt, Bd.VI,(1981),S.290ff.; s. Möhrenschlager wistra 84,191(192).

17 Vergl. Übersicht bei Möhrenschlager, wistra 84,191(192).

18 Die Definition für ein Schneeballsystem lautet dort:
"Eine solche Veranstaltung liegt vor, wenn die Lieferung von Waren, die Ausrichtung von Prämien oder anderen Leistungen zu Bedingungen in Aussicht gestellt werden, die für die Gegenpartei des Veranstalters nur dann einen Vorteil bedeuten, wenn es ihm gelingt, weitere Personen zum Abschluß gleichartiger Geschäfte zu veranlassen." (s. Lampe, GA 77, S.33, 42,Fn.38).

19 Vergl. Ulmer/Schricker, Bd.II 1, S.495f. m.w.N..

bunal correctionnel de Hasselt in einer Entscheidung vom 30.03.1965[20] eine Schneeballaktion, bei der im Rahmen einer Kettenbriefaktion Geld überwiesen werden sollte[21], als Betrug einordnete. Trotz dieser Rechtsprechung wurde ein Gesetzesentwurf erstellt, in dem in Art. 55 Abs.1 ein Straftatbestand gegen Schneeballsysteme enthalten war. Als Begründung hierfür wurde angeführt, die geltenden Strafvorschriften über Betrug und schwindelhafte Machenschaften (Art. 496ff. des Code penal) reichten zur Bekämpfung des Schneeballsystems nicht aus[22].

In den Niederlanden hatte die Rechtsprechung mehrmals klassiche Fälle der progressiven Kundenwerbung, in denen es um den Absatz von Waren ging, strafrechtlich zu beurteilen und qualifizierte derartige Systeme immer als strafbare Veranstaltung einer Lotterie[23].

In Italien schließlich ist sich die wettbewerbsrechtliche Literatur zwar über die Unlauterbarkeit derartiger Systeme einig. Hinsichtlich der strafrechtlichen Beurteilung des Schneeballsystems sind die Meinungen dagegen geteilt[24].

Es bleibt festzuhalten, daß im Ausland progressive Kundenwerbungsmodelle strafrechtlich teilweise als Betrug oder als Glücksspiel qualifiziert werden und teilweise dem § 6c UWG entsprechende Strafrechtsnormen zur Bekämpfung von derartigen Systemen existieren.

---

20 Abgedruckt in der Zeitschrift "Rechtskundig Weekblad" 1965/66, S.1410.

21 Zur Einordnung der einzelnen Modelle s. unten 2.Kapitel, I..

22 Vergl. hierzu die zusammenfassende Darstellung bei Ulmer/Schricker, Bd.II 1, S.496.

23 Vergl. Ulmer/Bäumer, Bd.II 2, S.295f. m.w.N..

24 So Ulmer, Bd. I, S.182; zum Streitstand vergl. Ulmer/ Schricker, Bd.V, S.257.

2. Kapitel: Arten von progressiver Kundenwerbung, Strafwürdigkeit und Strafbedürftigkeit

I. Arten progressiver Kundenwerbung

Es existieren verschiedene Arten progressiver Kundenwerbung, die hinsichtlich der rechtlichen Würdigung unterschiedlich zu beurteilen sind. Aus diesem Grunde werden im folgenden die einzelnen Untergruppen gesondert vorgestellt.

1.) Die klassische Form der progressiven Kundenwerbung

a) Begriffsbestimmung

Als erstes sei die klassische Form der progressiven Kundenwerbung genannt. Das Typische eines solchen klassischen Systems besteht darin, Laien für die Werbung und den Vertrieb von Waren einzusetzen. Diese Laien werden zur Abnahme von Waren oder anderen Leistungen durch das Versprechen besonderer Vorteile für den Fall veranlaßt, daß sie weitere Abnehmer zum Abschluß gleichartiger Geschäfte gewinnen, denen ihrerseits derartige Vorteile für eine entsprechende Werbung weiterer Abnehmer versprochen werden. Für den Initiator des Systems steht bei der klassischen Form von progressiver Kundenwerbung der Absatz von Waren im Vordergrund[25]. Die dem Modell theoretisch zugrundeliegende mathematische Gesetzmäßigkeit der geometrischen Reihe[26] läßt den Abnehmerkreis

---

25 Vergl. Baumbach-Hefermehl, § 6c, Rd.1.

26 Bei einer geometrischen Reihe ergibt sich jedes Glied aus seinem Vorgänger durch Multiplikation mit der Zahl q, so daß sich folgende mathematische Formel ergibt:

$$a + a \times q + a \times q^2 + a \times q^3 + \ldots;$$

vergl. Brockhaus, Enzyklopädie, Band 15, S. 597.

lawinenartig anschwellen und macht die Kundenwerbung damit progressiv[27]. Der Kunde bzw. Mitspieler, der die geforderten Bedingungen nicht erfüllt, erhält in der Regel keine weitere Gegenleistung für seine Einstandszahlung.

Innerhalb der progressiven Kundenwerbung differenziert man hauptsächlich zwischen zwei Fallgruppen:

- Beim sog. "Schneeballsystem"[28] schließt der Veranstalter des Systems sowohl einen Vertrag mit den von ihm unmittelbar geworbenen Erstkunden als auch mit den durch deren Vermittlung geworbenen weiteren Kunden ab[29].

- Beim sog. "Pyramidensystem" schließt zwar der Initiator mit den von ihm geworbenen Kunden ebenfalls einen Vertrag ab, jedoch schließt der jeweilige Erstkunde seinerseits mit den von ihm geworbenen weiteren Kunden gleichartige, systemtypische Verträge ab[30].

b) Darstellung der unterschiedlichen Systeme

Im folgenden soll kurz die klasssische Form von progressiver Kundenwerbung exemplarisch dargestellt werden.

Als Beispiel für einen klassischen Fall mag der dem BGH in Zivilsachen im Jahre 1954 vorgelegene Sachverhalt dienen[31]:

---

27 Vergl. nur Baumbach-Hefermehl, § 1, Rd.172.

28 Diese Terminologie hat sich allgemein durchgesetzt. Früher wurden diese Modelle auch Lawinen-, Hydra- oder Gellasystem genannt, s. Baumbach-Hefermehl, § 1, Rd.172.

29 Vergl. LK-Bubnoff, Vor. §§ 284ff., Rd.7; Baumbach-Hefermehl, § 6c, Rd.9.

30 LK-Bubnoff, Vor §§ 284ff., Rd.7; Baumbach-Hefermehl, § 6c, Rd.9.

31 Vergl. BGHZ 15,357 ff.

Hier bestellte der Kunde bei dem Initiator des Systems ein Pfund Kaffee zum Preis von 18,- DM. Dieser Kunde erhielt gegen Zahlung von weiteren 3,60,- DM von dem Händler fünf Bestellscheine, die er für 0,72 DM an fünf von ihm neu zu werbende Kunden weitergeben sollte, so daß er die für die Bestellscheine verauslagten 3,60 DM unmittelbar zurückerlangte. Für jede Kaffeebestellung von einem der neu geworbenen Kunden minderte sich der Preis des Kaffees für den Erstkunden um 20% (= 3,60 DM), so daß er bei erfolgreicher Werbung von fünf neuen Kunden die Ware im Wert von 18,- DM kostenlos erhielt. Die neugeworbenen Kunden hatten ihrerseits wiederum die Möglichkeit, den Preis der von ihnen bestellten Ware durch Werbung neuer Kunden zu vermindern.
Von diesem Grundmodell sind viele Unterarten mit leichten Variationen bekannt, die die unterschiedlichsten Waren zum Gegenstand hatten[32].
Mitunter sind erhebliche Einstandszahlungen erforderlich, wie z.B. beim Fall der MZE - GmbH ("Mut zum Erfolg - GmbH")[33], wo zum Zwecke der Vorbereitung aufs Verkaufsmanagement Lehrmaterial an die Teilnehmer verkauft wurde (Phase I = 1.500,-; Phase II = 6.000,-; Phase III = 11.000,-); die Verkaufsteilnehmer bzw. -agenten hatten dann die Möglichkeit, durch Provisionen für die Anwerbung neuer Mitglieder ihre Einstandszahlung wieder zurückzuerhalten oder sogar Gewinn zu machen[34].
Häufig wird in den letzten Jahren der Vertrieb von Waren mit dem Abschluß von

---

32 Z.B. BGHSt 2,79 ff. und 139ff., RGSt 34,321 ff. (Uhren, Akten- und Handtaschen); RGZ 115,319 ff. und RGSt 60,250 ff. (Vertrieb von Fahrrädern); OLG Dresden, JW 1928,370 ff.

33 BGH, GA 78,332 ff.

34 Weitere Beispiele für erhebliche Einstandszahlungen:
- LG Bremen v. 10.03.1989 (9-0-2791/88b; nicht rechtskräftig): Unterlagen für den Verkauf von Werbeagenturen für 14.820,- DM;
- OLG München v. 20.12.1973 (6 U 3944/73; Firma Golden Products), wo für eine "Warengrundausstattung" (Wasch- und Reinigungsmittel) und eine "Generalvertreterschulung" Beträge zwischen 7.000,- und 11.000,-DM gezahlt wurden;
- LG Frankfurt v. 4.06.86, wistra 87,36: Vertrieb von "Bewußtseinserweiterungsprogrammen" für 1.000,- DM;
s. weiterhin Fn. 36 und 37.

Franchise-Verträgen mit den einsteigenden Kunden verbunden. Bei einem Franchisevertrag überträgt der Franchisegeber, der ein Erzeugnis oder eine Serviceleistung unter Verwendung eines gemeinsamen Namens, Warenzeichens und Ausstattung entwickelt hat, dem Franchisenehmer gegen Entgelt den Vertrieb des Produktes oder der Serviceleistung[35]. So hatte z.B. in dem vom OLG Frankfurt zu beurteilenden Fall[36] der einsteigende Vertragshändler 3.888,40,-DM für Motorenöl sowie 5.000,- DM für Seminar- bzw. Franchisegebühren zu zahlen, um Mitglied der Vertriebsorganisation zu werden, in der er dann durch Werbung von neuen Vertragshändlern aufsteigen und erhebliche Gewinne erzielen konnte[37].

2.) Kettenbriefmodelle

a) Begriffsbestimmung

Ein weiterer Unterfall progressiver Kundenwerbung sind Kettenbriefe. Auch hier entsteht eine geometrische Reihe, die den Mitspielerkreis lawinenartig anschwellen läßt.
Der hauptsächliche Unterschied zwischen der klassischen Form progressiver Kundenwerbung und einem Kettenbrief besteht darin, daß bei letzterem nicht der Absatz einer Ware im Vordergrund steht. Die Teilnehmer an einer Kettenbriefaktion haben nicht die Möglichkeit, eine Ware verbilligt zu erwerben, sondern beteiligen sich an dem System ausschließlich in der Aussicht, erhebliche Geldgewinne zu erzielen.

---

35 Vergl. Palandt-Putzo, Einf. vor § 581, Rd.22; Weber, JA 83, 347 m.w.N..

36 OLG Frankfurt, wistra 86,31 ff. (vergl. auch Vorinstanz LG Fulda, wistra 84,188 ff.).

37 Vergl. auch OLG München, wistra 86,34ff. ("Firma Gem-Collection Cosmetics GmbH"), wo neben dem Preis für eine Warengrundausstattung (mindestens 3.700,- DM) eine Franchisegebühr von 5.000,- DM in Rechnung gestellt wurde.

b) Arten von Kettenbriefen

Die unterschiedlichen Arten von Kettenbriefen lassen sich in zwei großen Gruppen zusammenfassen[38].

aa) Das Selbstläufersystem

Sogenannte Selbstläufersysteme kennzeichnen sich dadurch, daß die Einhaltung der Spielregeln sowie der übrige Ablauf von keiner übergeordneten Kontrollinstanz ("Zentrale") überwacht wird, sondern, wenn überhaupt, allenfalls von den Mitspielern selbst.

Ein derartiges System hatte der BGH in seiner bisher einzigen Entscheidung zu einem Kettenbriefmodell[39] rechtlich zu werten.
Hier konnte der neu einsteigende Mitspieler gegen Zahlung von 100,- DM eine Liste mit 12 Namen sowie die Spielregeln von der Nr. 12 dieser Liste erwerben. Der Neueinsteiger zahlte sodann 100,- DM an die Nr. 1 der Liste, strich dessen Namen und setzte sich selbst auf Platz 12 der Liste. Die übrigen 11 Spieler rückten jeweils um einen Platz vor. Diese Liste mußte der neue Teilnehmer dann an zwei neu zu werbende Spieler jeweils gegen Zahlung von 100,- DM weitergeben, die ihrerseits die soeben dargestellten Regeln einhalten mußten. Für den Fall, daß der Spieler auf Platz 1 der Liste vorrückte und keine Kette abgerissen war, sollte er von 8.192 Mitspielern jeweils 100,- DM (= 819.200,-DM) erhalten.
Nach einem anderen Spielsystem sind von jedem Mitspieler eine große Zahl neuer potentieller Mitspieler anzuschreiben, so daß bei einer fiktiv angenommenen durchschnittlichen Erfolgsquote eine breite Streuung der Kettenbriefe gewährlei-

---

38 Vergl. z.B. Richter, wistra 87,276(277); Granderath, wistra 88,173(175). Diese Differenzierung entstand nach der "Goldkreis" - Entscheidung des BGH (s.o. S.2, Fn.7), die eine Kettenbriefflut deswegen auslöste, weil gerade nicht zwischen den unterschiedlichen Kettenbriefarten differenziert wurde.

39 "Goldkreis" - Entscheidung, vergl. BGHSt 34,171 ff..

stet ist. Als Nachweis für den von dem Vordermann an die ehemalige Nr.1 der Liste gezahlten Betrages wird der Einzahlungsbeleg, auf dem der Verwendungszweck enthalten ist, auf die Spielregeln kopiert, so daß für den Erwerber der Liste eine Überprüfung möglich ist, ob der Vordermann auch tatsächlich bezahlt hat[40].

Ohne Zentrale werden regelmäßig auch Kettenbriefe mit Bagatelleinsätzen sowie mit vergleichsweise wenigen Mitspielern betrieben[41].

bb) Zentralgesteuerte Kettenbriefsysteme

Neben den Selbstläufersystemen finden sich auch zentralgesteuerte Kettenbriefsysteme als Unterart der Kettenbriefmodelle. Zentralgesteuerte Systeme unter-

---

40 Vergl. "Selbsthilfe-Gemeinschafts-Kreis" (StA Köln, 117 Js 1140/88 = Anlage 1): Die an die Nr.1 der aus fünf Personen bestehenden Liste zu zahlende Geldleistung beträgt hier 40,-DM. Ferner sind die Kosten für den Versand von 100 Spielregeln zu investieren. Bei einer durchschnittlichen Erfolgsquote von "nur" 6% wächst die Mitspielerzahl nach fünf Stufen auf 7.776 Mitspieler an, so daß ein Gewinn von 311.040,- DM (7.776 x 40,- DM) zu erwarten ist. Spielen mehr als nur 6% der Angeschriebenen mit, so erhöht sich der Gewinn entsprechend.
Ein völlig identisches System stellt der sog. "Kapitalaufbauplan" dar (s. Anlage 2), der, soweit ersichtlich, bisher nicht Gegenstand von strafrechtlichen Ermittlungen war. Hierbei müssen 50,- DM an die Nr. 1 einer Liste (5 Personen) bezahlt werden. Werden 100 Briefe weitergeschickt und nehmen "nur" 10% der Angeschriebenen an dem System teil, so sind 500.000,- DM (10.000 Mitspieler x 50,- DM) zu erwarten.

41 Vergl. OLG Stuttgart, NJW 64,365 ff.: Hier betrug der zu zahlende Betrag an die Nr.1 einer fünf Personen langen Liste 1,- DM. Der avisierte Gewinn hatte eine Höhe von 3.125,- DM, wenn jeder Mitspieler den Brief fünfmal weitergegeben hatte;
vergl. auch "Schokoladenkettenbrief" (Anlage 3): Hier besteht die Liste gar nur aus zwei Personen, der zu verschickende Gegenstand ist eine Tafel Schokolade. Für den Fall, daß jeder Teilnehmer selbst sechs neue Mitspieler anwirbt, erwartet jeder Spieler 36 Tafeln Schokolade.
Neuerdings werden auch moderne Kommunikationsformen wie das Telefax als Übermittlungsmedium für die Verbreitung von derartigen Selbstläufersystemen benutzt (vergl. nur die Beschreibung eines Fax-Kettenbriefes in "Der Spiegel", Heft Nr.45, 1990, S.92ff.).

scheiden sich von den sog. Selbstläufersystemen lediglich dadurch, daß bei ihnen eine übergeordnete Kontrollinstanz besteht, die den ordnungsgemäßen Ablauf des Systems überwacht (sog. Zentrale).
Schon vor der aufsehenerregenden "Goldkreis" - Entscheidung des BGH[42] aus dem Jahre 1986 traten diese Art von Kettenbriefsystemen vereinzelt auf[43]. Jedoch ist seit jener Entscheidung ein rasanter Anstieg der Zahl derartiger Systeme zu verzeichnen; deren Veranstalter berufen sich bezüglich der Zulässigkeit und Straflosigkeit ihrer Systeme allesamt auf eben diese BGH - Entscheidung[44].

Wegen der starken Ähnlichkeit des Systems mit dem Sachverhalt aus der "Goldkreis" - Entscheidung des BGH soll hier exemplarisch anhand des "TOP-12" - Systems[45] der typische Spielablauf eines zentralgesteuerten Kettenbriefes aufgezeigt werden.
Bei diesem System zahlt der neu einsteigende Mitspieler 100,- DM an die Nr.1 der Liste, 100,- DM an seinen Werber (= Nr.12 der Liste) sowie 50,- DM an die Zentrale. Dieser Mitspieler wird sodann auf die Nr.12 der Liste gesetzt und hat die Liste gegen Zahlung von jeweils 100,- DM wiederum an zwei neue Mitspieler zu verkaufen, die ihrerseits 100,- DM an die Nr. 1 der Liste sowie 50,- DM an die

---

42 Siehe oben S.2, Fn.7.

43 Vergl. nur OLG Karlsruhe, NJW 72,1963 f. ("Amerikanisches Roulette"); AG Bergheim, 43 Cs 251/88 ("International-Action-Club").

44 Vergl. z.B. AG Böblingen, wistra 88,243 ff. ("Spiel 90" bzw. "Spiel 120"); OLG Karlsruhe, GRUR 89,615 ff. ("Karlsbader Goldkreis"); LG Rottweil, Qs 36/88 - 3 Gs 8/89 ("Top-12"); OLG Stuttgart, wistra 90,165 ff. ("Sieg der Logik"); BayObLG, NJW 90,1862 f. ("Easy"); LG Hamburg, 12 O 614/87 + 12 O 668/87 ("Atlas-Letter-shop"); AG Bergisch-Gladbach, 46 Cs 891/88 ("Goldene 12"); AG Köln, 583 Ls 231/88 ("Worldwide money master"); vergl. auch die Beschreibung des Pyramidenspiels, das im Jahre 1990 in der Nähe von Leipzig veranstaltet wurde, in "Stern" 1990, Heft 50, S.266(267).

45 Vergl. Beschlüsse des AG Rottweil vom 13.01.1989 - 3 GS 8/89 - und des LG Rottweil vom 30.01.1989 - Qs 16/89 -.
Zur genauen Ausgestaltung des Systems vergl. die "Verbindlichen Richtlinien" von TOP-12 (s.Anlage 4). Der Verbreitungsgrad dieses Briefes ist immens hoch, was sich auch an den 230 "Informationszentren" von TOP-12 in ganz Deutschland ablesen läßt (Verzeichnis s. Anlage 4).

Zentrale bezahlen. Für den Fall, daß der Spieler auf Platz 1 der Liste vorrückt und die Ketten nicht abreißen, erhält jener von 8.192 Mitspielern jeweils 100,- DM (= 819.200,-DM). Die TOP-12-Zentrale überwacht den Spielablauf, indem sie unter Mithilfe eines EDV-Systems die Gewinne ausschüttet und die Teilnehmerlisten druckt und verschickt.

Nach diesem Prinzip laufen alle zentralgesteuerte Kettenbriefe ab[46].

3.) Glückskettenbriefe

Demgegenüber stellen sog. "Glückskettenbriefen" den Empfängern in Aussicht, bei einer systemkonformen Weiterleitung der Briefe werde ihnen ein unerwartetes Glück, im Unterlassensfall hingegen ein Unglück (z.B. der Tod eines nahen Angehörigen) widerfahren[47].
Derartige Briefe wurden früher unter dem Gesichtspunkt des Übertretungstatbestandes des "groben Unfugs" i.S.d. § 360 Nr.11 StGB in der Fassung vom 15.5.1871, RGBl. S.127, kontrovers behandelt[48]. Nach der Streichung dieser Norm aus dem StGB durch das Einführungsgesetz zum StGB (EGStGB) vom 2.März 1974[49] kommt allenfalls eine Ordnungswidrigkeit gemäß § 118 OWiG

---

[46] Vergl. im übrigen die Systeme oben Fn.44;
mitunter erzielt der Mitspieler schon bei der erfolgreichen Werbung der von ihm geforderten Anzahl neuer Spieler einen Gewinn. Vergl. als Beispiel hierfür nur den Fall des BayObLG (NJW 90,1862 f.):
Zahlung von 60,- DM an Nr.1 der Liste, 60,- DM an den Vordermann, 40,- DM an die Zentrale; die Liste beinhaltet 7 Personen; es sind 3 neue Mitspieler zu werben (findet der Werber 3 neue Spieler, so macht er 20,- DM Gewinn); erwarteter Gewinn: 131.220,- DM.

[47] Vergl nur Richter, WIK 1983,177(179).
Als Beispiel für einen derartigen "Kettenbrief" s. Anlage 5.

[48] Die Strafbarkeit wurde bejaht von OLG Kiel, DJ 35,1386 (1386f.), dagegen verneint vom OLG Hamburg, JW 30,3441 (Nr.14) sowie vom OLG Dresden, JW 30,3441 (Nr.12) mit zust. Anm. Kern.

[49] Der Tatbestand des groben Unfugs in § 360 Nr.11 StGB a.F. wurde wie alle Übertretungstatbestände (§§ 360 - 370 StGB a.F.) durch das Einführungsgesetz

oder eine Strafbarkeit wegen Nötigung (§ 240 StGB) bzw. Bedrohung (§ 241 StGB) in Betracht.
Jedoch ist diese Art von Briefen weder auf die Anwerbung neuer Kunden gerichtet noch zielt sie auf das Vermögen der einzelnen Briefempfänger ab, so daß derartige "Kettenbriefe"[50] nicht als Unterfall der progressiven Kundenwerbung anzusehen sind und demzufolge in der vorliegenden Arbeit auch keine Berücksichtigung finden.

II. Strafwürdigkeit und Strafbedürftigkeit

Die Pönalisierung jedes rechtswidrigen Verhaltens setzt voraus, daß dieses Verhalten strafwürdig und strafbedürftig ist[51].

1.) Strafwürdigkeit

Als strafwürdig ist nur ein Verhalten anzusehen, das deshalb sozial-ethisch zu mißbilligen ist, weil es geeignet ist, die sozialen Beziehungen innerhalb der Rechtsgesellschaft erheblich zu gefährden oder zu schädigen. Bloß lästige oder unerwünschte Verhaltensweisen erreichen diesen Grad der Sozialschädlichkeit oder Sozialgefährlichkeit nicht; es muß sich vielmehr um gravierende Rechtsgutsverletzungen handeln[52].

---

zum StGB (EGStGB) vom 2.März 1974 (BGBl. I, S.469, 535) aufgehoben und durch §§ 117, 118 OWiG ersetzt.

50 Deshalb ist auch die Bezeichnung dieser Briefe als Kettenbriefe unglücklich und dient nur der Begriffsverwirrung.

51 So Jescheck, AT, S.44 f.; Otto,GRUR 79,90(91) und NJW 79,681(683); vergl. auch Sax in Bettermann-Nipperdey-Scheuner, Bd.III, 2.HB, S.909(924), der zwischen "Strafe-Verdienen" und "Strafe-Bedürfen" differenziert.

52 BVerfGE 27,18(29); 39,1(47); Gallwas, MDR 69,892(894); Günther, JuS 78,8(12); Hamann, Grundgesetz und Strafgesetzgebung, S.27ff.; Lackner, Gallas-

Die Strafwürdigkeit hängt demnach entscheidend von dem bedrohten Rechtsgut und der Gefährlichkeit des Angriffs für dieses Rechtsgut ab[53].
Bei der Beantwortung der Frage, was als Rechtsgut in diesem Sinne anzuerkennen ist, ist das Grundgesetz zu beachten, das vor allem in seinem Grundrechtskatalog eine "objektive Wertordnung" verkörpert, in der die wesentlichen sozialethischen Grundentscheidungen den Rang verfassungsrechtlicher Entscheidungen erhalten haben[54].
Unter zwei Gesichtspunkten können die täuschenden Werbemethoden bei progressiven Kundenwerbungsmodellen als rechtsgutgefährdendes oder - verletzendes sozialgefährliches, sozialschädliches und damit strafwürdiges Verhalten qualifiziert werden:
Zum einen unter dem Aspekt der Gefährdung der Wirtschaftsordnung; zum anderen unter dem der Beeinträchtigung von Vermögensinteressen.

a) Gefährdung der Wirtschaftsordnung

Zwar gewährleistet das Grundgesetz kein bestimmtes Wirtschaftssystem[55], jedoch bekennt es sich zu einer gemischten liberalsozialen Wirtschaftsverfassung, in der wirtschaftliche Bewegungsfreiheit möglich ist und gegen mißbräuchliche Marktbeherrschung eingeschritten werden kann. Im Rahmen der Grundrechte wurde dem Gesetzgeber dabei ein weiter Entscheidungsspielraum überlassen[56].

FS, S.117(118); Maiwald, Maurach-FS, S.9(22); Müller-Dietz, Strafe und Staat, S.32f.; Otto, AT, S.10; Otto, GRUR 82,274(276); ders. in GRUR 79,90(91) und NJW 79,681(683); Rudolphi, Honig-FS, S.151; Woesner, NJW 66,1729(1730); Zipf, Kriminalpolitik (1980), S.109.

53 Vergl. Jescheck, AT, S.45; T.Richter, JuS 90,L 89(91).

54 Vergl. hierzu BVerfGE 7,198(205); 21,362(372); 35,79(114); 39,1(41) sowie die gute Darstellung bei T.Richter, JuS 90, L 89(91).

55 BVerfGE 4, S.8 (Leitsatz 6) und S.17; BVerfG, NJW 58,1035 (1036).

56 Vergl. nur Baumbach-Hefermehl, Allg., Rd.42; Dürig in Maunz-Dürig-Herzog-Scholz, GG, Art.2 Abs.1, Rd.44; Rinck-Schwark, Wirtschaftsrecht, Rd.65

Bei einem Wirtschaftsdelikt wird über die Verletzung von Individualinteressen hinaus auch die Wirtschaftsordnung als ein überindividuelles Rechtsgut gefährdet[57].

Fraglich ist, ob in der Veranstaltung von progressiven Kundenwerbungsmodellen eine Gefährdung nicht nur von Individualinteressen, sondern auch der Wirtschaftsordnung als überindividuelles Rechtsgut erblickt werden kann.

Da ein Verhalten aber nur dann strafwürdig sein kann, wenn es sozialschädlich ist, muß zunächst untersucht werden, ob bei den hier untersuchten Systemen ein derartiges sozialschädliches Verhalten vorliegt. Bei der Beurteilung der Frage, ob die unterschiedlichen Formen von progressiver Kundenwerbung sozialgefährlich bzw. sozialschädlich sind, muß auf die systemtypischen Folgen und Besonderheiten dieser modernen Werbesysteme abgestellt werden[58].

Eine der wesentlichen Folgen von progressiven Kundenwerbungsmodellen ist die mit steigender Progressionsstufe typischerweise eintretende Marktverengung. Unter Markt ist im wirtschaftswissenschaftlichen Sinne die Institution zu verstehen, die dem Ausgleich von Angebot und Nachfrage dient[59]. Die Mitspielerzahl wächst nach dem Prinzip der geometrischen Reihe[60] an, was nach kurzer Zeit zu einer so erheblichen Anzahl von Kunden führt, daß die Werbung neuer Mitspieler erheblich erschwert wird (sog. Marktverengung)[61]. Dies gilt verstärkt in länd-

---

ff.; Huber, DÖV 56,97(101); Fikentscher, Wettbewerb und gewerblicher Rechtsschutz, S.92.

57 Vergl. hierzu Otto, GRUR 79,90(99f.); Baumbach-Hefermehl, Allg., Rd.88 m.w.N.; Hassemer, Theorie und Soziologie des Verbrechens, S.75 und 77ff.; Tiedemann, Verbrechen in der Wirtschaft, S.15 f.; ders. in ZRP 70,256(259) sowie in Wirtschaftsstrafrecht, AT, S.50 f.; Bacigalupo, ZStW 85 (1973), 203(205).

58 Vergl. LK-Bubnoff, Vor §284, Rd.8: Die Sozialschädlichkeit von progressiver Kundenwerbung ergibt sich nicht allein aus dem aleatorischen Element bzw. aus dem Wettbewerbsverstoß.

59 Brockhaus, Enzyklopädie, Band 12, S.166.

60 Zur Definition s.o. S.7, Fn.26.

61 Vergl. nur für viele OLG München, wistra 86, 34(35); Romanowsky, StWK, 1/1987, S.427(427); Gilles, EWiR 10/85, S.843(844); Achenbach, NJW

lichen Gebieten, in denen der Kreis der Abnehmer aus strukturbedingten Gründen begrenzt ist. Diese Marktverengung erschwert sowohl die Suche nach neuen Mitspielern als auch bei Warenabsatzsystemen die Absetzbarkeit der Waren, da natürlich dann, wenn Waren nicht unmittelbar verbraucht werden, aufgrund der Marktverengung eine Übersättigung des Marktes eintritt.

Auch eine von dem Veranstalter vorgenommene Begrenzung der als Werber tätigen Personenzahl verlangsamt lediglich die Progression und die damit einhergehende Marktverengung, hebt sie aber nicht völlig auf. In dieser Fallkonstellation hat der Mitspieler ebenfalls keinen Überblick darüber, in welchem Stand der Progression er in das System einsteigt[62].

Zwar liegt bei Spielbeginn nie eine Marktverengung oder eine Marktsättigung vor. Man könnte also erwägen, zwischen den einzelnen Progressionsstufen zu differenzieren. Eine derartige Differenzierung ist aber verfehlt, denn einerseits wird sich für den Zeitpunkt des Eintritts einer Marktverengung eine einheitliche Trennlinie für alle Systeme nicht finden lassen und andererseits wäre der Zeitpunkt dieses Übergangs nicht feststellbar. Demzufolge ist eine Gesamtbetrachtung des Systems vorzunehmen.

Jedoch führt allein der Eintritt einer Marktverengung noch nicht zur Sozialschädlichkeit, denn eine Marktsättigung ist bei einer gemischt liberalsozialen Wirtschaftsverfassung auch im alltäglichen kaufmännischen Verkehr bezüglich einzelner Waren durchaus üblich.

86,1839(1840);
a.A. insoweit OLG Hamburg, MDR 51,492(494f.) sowie NJW 54,393(396) mit zustimmender Anm. Hartung, wo das Vorliegen einer Marktverengung schon verneint wurde, weil die theoretische Berechnung nicht der Wirklichkeit entsprochen habe.
Diese Ansicht ist abzulehnen, weil eine Marktsättigung hiernach nur dann nachgewiesen werden könnte, wenn sie tatsächlich eingetreten wäre.

62 Anders insoweit Lampe, GA 77,33(47), der bei einer durch das Spielsystem vorgenommenen Begrenzung der Werberzahl den Nachweis einer Marktverengung verneint.

Auch der Umstand, daß die Mitspieler aufgrund der eingetretenen Marktverengung bei der Werbung ihre familiären und sozialen Kontakte ausnutzen und es demnach zu einer Kommerzialisierung von privaten Beziehungen kommt[63], begründet für sich allein noch keine Strafwürdigkeit. Zwar mag eine derartige Kommerzialisierung privater Beziehungen sozial unerwünscht sein, jedoch führt allein der Umstand, daß private Beziehungen im Wirtschaftsverkehr ausgenutzt werden, noch nicht zu einem strafbaren Verhalten.
Der sozialschädliche Kerngehalt derartiger Werbesysteme liegt auch nicht allein in dem aleatorischen Charakter oder in dem mitunter vorliegenden Wettbewerbsverstoß[64].

Entscheidend ist vielmehr, daß Laien, die die Risiken derartiger Systeme nicht durchschauen, durch eine Irreführung über die Günstigkeit des Angebots und über die Werbechancen sowie deren Realisierung dazu gebracht werden, sich unter Überschätzung ihrer eigenen Werbemöglichkeiten in eine Vertriebsorganisation als "Multiplikator" einspannen zu lassen[65]. Die Vorteilsaussichten der Abnehmer hängen vom jeweiligen Stand der Progression ab, worüber der Abnehmer aber keinen Überblick hat[66].
Letztlich begründet demnach das Progressionselement die Sozialschädlichkeit, denüün ohne Progression tritt die für progressive Kundenwerbungsmodelle systemtypische Marktverengung nicht ein.
Hierfür spricht auch, daß nicht jeder Einsatz von Laien in der Werbung mißbilligenswert und damit sozialschädlich ist. So sind z.B. die üblichen Werbe- und Vertriebsmethoden von Buchklubs, Bausparkassen etc. rechtlich nicht zu beanstanden. Der Grund für die Differenzierung zwischen diesen Arten des Laieneinsat-

---

63 OLG München, wistra 86, 34(35); Grebing, wistra 84, 169; BT-Drucks. 8/2145, S.12; LK-Bubnoff, Vor § 284, Rd.8.

64 LK-Bubnoff, Vor § 284, Rd.8.

65 BR-Drucks. 226/78, S.12; BT-Drucks. 8/2145, S.12 und 10/5058, S.38; LK-Bubnoff, Vor § 284, Rd.8; Möhrenschlager, wistra 84,191.

66 Vergl. v.Gamm, Wettbewerbsrecht, Bd.1, S.531.

zes und den Arten von progressiver Kundenwerbung liegt folglich in dem Progressionselement, welches bei einem herkömmlichem Laieneinsatz in der Werbung fehlt[67].
Durch den quantitativ massiven Einsatz von Laien unter Ausnutzung des Progressionselementes tritt eine Verzerrung zuungunsten des redlichen Mitbewerbers ein und die gesamte Werbung gerät in Mißkredit. Damit stellt die lang andauernde und weit gestreute Anwendung derartiger Werbemethoden eine rechtswidrige Beeinträchtigung der Wettbewerbsordnung dar. Der Täter gefährdet und verletzt nicht nur die Individualinteressen Einzelner, sondern er schädigt zugleich die Wirtschaftsordnung und damit die Interessen aller Personen, die am Wirtschaftsverkehr beteiligt sind. Dieses Verhalten beinhaltet den typischen Gehalt eines Wirtschaftsdelikts, nämlich die über die Verletzung von Individualinteressen hinausgehende Gefährdung der Wirtschaftsordnung in einem Teilbereich und damit die Verletzung eines überindividuellen Rechtsgutes.

b) Beeinträchtigung von Vermögensinteressen

Als weiteres Rechtsgut könnte durch progressive Kundenwerbungsmodelle das Vermögen der Beteiligten beeinträchtigt sein.

Bei der Frage, ob das Vermögen vorliegend als schützenswertes Rechtsgut angesehen werden kann, ist die objektive Wertordnung des Grundgesetzes zu beachten. Das Vermögen sowie das Eigentum Einzelner genießt nicht den Schutz wie z.B. das Rechtsgut Leben, wie sich schon unmittelbar aus der Einschränkungsmöglichkeit des Art. 14 GG ergibt.
Je geringer der Wert eines Rechtsgutes aber ist, um so mehr ist es angemessen, nur einzelne Angriffe gegen dieses Rechtsgut, denen nämlich ein besonderes Maß an sozialem Unwert zukommt wie z.B. einer Täuschung, als strafwürdig ein-

---

67 So auch LK-Bubnoff, Vor § 284, Rd.8; v.Gamm, Wettbewerbsrecht, Bd.1, S.531.

zuordnen[68]. Vorliegend täuscht der Werber regelmäßig über den Stand der Progression und damit der Marktverengung, so daß auch das Rechtsgut Vermögen beeinträchtigt ist.

In diesem Zusammenhang ist desweiteren der durch derartige Systeme möglicherweise angerichtete Schaden und damit die wirtschaftliche Bedeutung dieser Werbeform zu beachten[69]. Bei allen Arten progressiver Kundenwerbung können Millionenumsätze erreicht werden[70], so daß der u.U. angerichtete Gesamtschaden erheblich ist.
Demzufolge sind progressive Kundenwerbungsmodelle auch unter diesem Gesichtspunkt als strafwürdig zu qualifizieren.

c) Übertragbarkeit der Argumentation bezüglich progressiver Kundenwerbungsmodelle auf Kettenbriefsysteme

Die obige Argumentation hinsichtlich der Strafwürdigkeit gilt in gleicher Weise auch für Kettenbriefsysteme.
Zwar wird vertreten, die Sozialschädlichkeit sei bei Kettenbriefen angesichts der bewußt eingegangenen Selbstgefährdung erheblich geringer einzuschätzen als bei Fällen der progressiven Kundenwerbung[71]. Hierbei wird jedoch verkannt, daß

---

68 Vergl. Otto, NJW 79,681(683).

69 So auch Otto GRUR 79,90(95ff.) für die Beurteilung der Sozialschädlichkeit bei der Werbung für Adreßbücher, Fernsprech- und Telexverzeichnisse.

70 So erzielte die MZE-GmbH in einem Zeitraum von einem halben Jahr 30 Millionen DM Umsatz, vergl. BGH, GA 78,332 (Anm. S.334).
Im Fall des OLG Frankfurt, wistra 86,31 ff. (s.auch Vorinstanz LG Fulda, wistra 84,188 ff.) wurde ein Umsatz von ca. 12 Millionen DM erzielt (1.800 Mitspieler zahlten Einstandgelder zwischen 5.884,- DM und 8.884,- DM).
OLG Hamburg, WRP 86,41(42): Umsatz von 6 Millionen DM;
vergl. auch Marshall, S.78 und Vogel, Das Recht 1978, S.51, die sogar von einem eingetretenen erheblichen volkswirtschaftlichen Schaden sprechen.

71 Sonnen, JA 87,108(109).

die eigene Vermögensgefährdung für den in der Regel unerfahrenen Mitspieler bei Kettenbriefsystemen erheblich schlechter erkennbar ist als bei herkömmlichen Glückspielen[72], jedenfalls schlechter erkennbar als für den Veranstalter. Der Veranstalter erfaßt kraft seines überlegenen Sachwissens das von dem Mitspieler eingegangene Risiko besser als der sein eigenes Vermögen gefährdende Mitspieler, so daß keine "eigenverantwortliche Selbstgefährdung", sondern eine "einverständliche Fremdgefährdung" vorliegt, die die Strafbarkeit des Veranstalters nicht ausschließt[73].
Das Bayerische Oberste Landesgericht vertritt die Meinung, daß die Sozialschädlichkeit von Kettenbriefmodellen geringer einzustufen sei als bei herkömmlichen Formen von progressiver Kundenwerbung, weil der Teilnehmer nur vergleichsweise geringe Geldmittel einzusetzen habe und einen Verlust durch eigene Anstrengung vermeiden könne[74]. Diese Argumentation ist jedoch verfehlt, denn einerseits sind bei Kettenbriefmodellen häufig Geldaufwendungen erforderlich, die bei einer Warenabnahme nicht aufgewendet werden müssen[75]. Andererseits hat der Teilnehmer nur dann die Möglichkeit, einen Verlust aufgrund eigener Bemühungen zu vermeiden, wenn die Progression noch nicht so weit fortgeschritten ist, daß eine Marktsättigung vorliegt. Hierauf hat der Einzelne aber, wie oben gesehen, keinen Einfluß.

Ferner besteht hinsichtlich der Werbeart, des eingesetzten Vermögens und damit auch hinsichtlich des Bewußtseins, sein Vermögen selbst zu gefährden, kein Un-

---

72 So auch Granderath, wistra 88, 173(177).

73 Zur Abgrenzung von "eigenverantwortlicher Selbstgefährdung" und "einverständlicher Fremdgefährdung" vergl. Dreher-Tröndle, Vor § 13, Rd.19; Sch-Sch-Lenckner, Vor. §§ 32ff., Rd.52a; BayObLG, NJW 90,131(132) mit zust. Anmerkung Solbach, JA 90,32; Roxin, NStZ 84,411(412); Prittwitz, NJW 88,2942.

74 Vergl. BayObLG, NJW 90,1862(1863), wo im Ergebnis die Sozialschädlichkeit von Kettenbriefen zwar ebenfalls bejaht wird, jedoch Zweifel an der Strafwürdigkeit bestehen.

75 So auch Richter, wistra 90,216(218); Beispiele für erhebliche "Einsätze" bei Kettenbriefen bzw. für geringe "Einsätze" bei progressiven Kundenwerbungsmodellen s.o. 2.Kap., I.1) und 2).

terschied zwischen einem Kettenbrief und sonstigen Formen progressiver Kundenwerbung, so daß das soeben Dargelegte sich nicht nur auf zentralgesteuerte Kettenbriefe, sondern auch auf Selbstläufersysteme erstreckt. Denn die für die Sozialschädlichkeit sprechenden Gründe der mangelnden Übersicht über die Progressionsstufe bzw. Marktverengung und die Gefährdung der Vermögen der Teilnehmer liegen bei diesen Systemen ebenso vor.
Lediglich solche Kettenbriefsysteme sind von der Sozialschädlichkeit ausgenommen, in deren Verlauf keine Marktverengung eintreten kann oder bei denen kein erheblicher Schaden droht. Letzteres ist insbesondere bei Kettenbriefmodellen der Fall, bei denen aufgrund des geringen Einsatzes nicht der Gewinn, sondern die Unterhaltung im Vordergrund steht[76].
Ferner gibt es Modelle, in denen schon systembedingt aufgrund des Verbrauchs der Waren keine Marktverengung eintreten kann[77]. Bei diesen Modellen ist die Triebfeder für die Beteiligung ohnehin nicht die Gewinnsucht, sondern eher Unterhaltung und Spaß.

Als Ergebnis bleibt festzuhalten, daß bis auf die Systeme, bei denen keine Marktverengung eintreten kann oder der aufgewendete Geldbetrag unerheblich ist, alle hier untersuchten Modelle sozialschädlich und strafwürdig sind.

2.) Strafbedürftigkeit

Wie oben bereits festgestellt, setzt die Pönalisierung jedes rechtswidrigen Verhaltens neben der Strafwürdigkeit auch die Strafbedürftigkeit voraus[78].

---

76 So z.B. bei Kettenbriefmodellen mit Minimaleinsatz von z.B. 0,20,- DM oder auch beim Schokoladenkettenbrief, s.o. Fn.41 (Anlage 3).
Wann ein unbedeutender Vermögenswert vorliegt, kann hier offengelassen werden. Auf diese Frage wird bei den einzelnen Strafrechtstatbeständen noch einzugehen sein.

77 So z.B. bei dem oben erwähnten Schokoladenkettenbrief, s.o. Fn.41 (Anlage 3).

78 s.o. Fn.51.

Der Gesetzgeber ging bei der Einfügung des § 6c UWG in das Gesetz neben den strafrechtlichen Schwierigkeiten bei der Anwendung der §§ 263, 284 ff. StGB, 4 UWG auch von einem in der Praxis mangelhaften Zivilrechtsschutz aus[79].
Ist jedoch diese Prämisse nicht richtig, d.h. sind hinreichende zivilrechtliche bzw. nichtstrafrechtliche Schutzmechanismen vorhanden, so besteht u.U. kein Bedarf, ev. auftretende Strafbarkeitslücken zu schließen.

Denn strafbedürftig ist ein Verhalten erst dann, wenn die Strafe unerläßliches Mittel ist, um die Gesellschaft vor Rechtsgutsbedrohungen oder -verletzungen zu schützen und die Rechtsordnung zu bewahren[80]. Stehen andere, weniger gravierendere Eingriffe als die Pönalisierung des Verhaltens zur Verfügung, so ist für eine strafrechtliche Sanktion kein Raum, weil die Rechtsgüter auch mit anderen Mitteln (z.B. durch die Zivilrechtsordnung oder das öffentliche Recht) geschützt werden können[81]. Die Verhängung eines strafrechtlichen Unwerturteils hat immer ultima ratio im gesetzlichen Verfahren zu sein[82].

Fraglich ist also, ob der angestrebte Rechtsgüterschutz auch außerhalb des Strafrechts wirksam erreicht werden kann.

---

[79] BT-Drucks. 8/2145, S.12; 10/80, S.1.

[80] BVerfGE 39,1(46f.); Bloy, S.242 ff.; Gallwas, MDR 69,892 (894); Günther, JuS 78,8(11f.); Müller-Dietz, S.32f.; Sax in Bettermann-Nipperdey-Scheuner, 3.Bd., 2.HB., S.925f.; Stratenwerth, ZStW 71 (1959),S.565(567); Woesner NJW 66, 1729(1730); Hamann, S.27f;
Otto, AT, S.10.

[81] Vergl. Müller-Dietz, S.32f.; Bloy, S.245f.; Tiedemann, ZStW 87 (1975), S.253(266); ders., Die Verbrechen in der Wirtschaft, S.16f.; Günther, JuS 78,8(11f.).

[82] Die Überprüfung der Strafbedürftigkeit ist Ausfluß des Grundsatzes der Subsidiarität des Strafrechts, vergl. T.Richter, JuS 90, L 89(91); Günther, JuS 78,8(11).

a) Nichtstrafrechtliche Schutzmechanismen

Möglicherweise kann das hier untersuchte Verhalten bereits durch zivilrechtliche oder gewerberechtliche Maßnahmen erfolgreich abgewehrt werden.

aa) Das Gewerberecht

Es ist zu prüfen, ob das Gewerberecht hinreichend Schutz vor progressiven Kundenwerbungsmodellen gewährt.

Ein Instrumentarium des Gewerberechts ist die Gewerbeerlaubnis.
Gerade bei zentralgesteuerten Kettenbriefsystemen sind die sog. Zentralen häufig in gesellschaftsrechtlichen Formen organisiert.
Nach der Gewerbeordnung in der Fassung der Bekanntmachung vom 1. Januar 1987 (BGBl. III 7100-1), zuletzt geändert durch Gesetz vom 17.12.1990 (BGBl. I, S.2840), bedarf der Geschäftsbetrieb einer Firma wegen des Grundsatzes der Gewerbefreiheit (vergl. § 1 Abs.1 GewO) in der Regel keiner vorherigen Erlaubnis. Im Einzelfall ist jedoch gemäß § 14 GewO eine Anzeige bzw. gemäß den §§ 30ff. GewO eine besondere Genehmigung erforderlich.
Insbesondere könnte bei progressiven Kundenwerbungsmodellen eine Erlaubnispflicht gemäß § 33 d GewO bestehen, weil ein Spiel mit Gewinnmöglichkeit veranstaltet wird. Bedenken gegen das Bestehen einer solchen Erlaubnispflicht bestehen aber schon deshalb, weil § 33 d GewO gemäß § 33 h Nr.3 GewO keine Anwendung findet, wenn es sich bei der Veranstaltung des Spiels um ein Glücksspiel i.S.d. § 284 StGB handelt. Bei einem Verstoß gegen § 284 StGB wäre ein Glücksspiel nach § 33 h GewO weder erlaubnispflichtig noch überhaupt erlaubnisfähig[83]. Ob ein Glücksspiel i.S.d. § 284 StGB bei den unterschiedlichen Formen von progressiver Kundenwerbung vorliegt, wird unten bei der Prüfung der §§ 284 ff. StGB noch untersucht werden.

---

[83] BVerwG, DÖV 80,768; vergl. Kahl in Landmann/Rohmer, GewO, Einl., Rd.40.

Diese Frage kann aber an dieser Stelle offenbleiben, wenn eine Erlaubnis schon aus anderen Gründen nicht erteilt werden kann.

Eine Erlaubnispflicht gemäß § 33 d GewO setzt voraus, daß ein Gewerbe betrieben wird. Ein Gewerbe i.S.d. Gewerbeordnung ist jede nicht verbotene, auf Gewinnerzielung gerichtete und auf Dauer angelegte selbständige Tätigkeit, ausgenommen Urproduktion, freie Berufe und bloße Verwaltung eigenen Vermögens[84].
Problematisch ist hier jedenfalls, daß es sich bei den progressiven Kundenwerbungsmodellen um keine verbotene Tätigkeit handeln darf.
Demnach liegt kein Gewerbe vor, wenn die untersuchte Tätigkeit gegen strafrechtliche Normen verstößt.
Es fehlt also schon an einer Erlaubnisfähigkeit, wenn wegen eines Strafrechtsverstosses gerade kein Gewerbe vorliegt. Folglich kann gerade bei den strafbaren Formen von progressiver Kundenwerbung kein gewerberechtlicher Schutz durch die Nichterteilung einer Erlaubnis oder durch eine Gewerbeuntersagung gewährt werden.

Neben rechtlichen Gesichtspunkten sprechen auch praktische Gründe gegen einen ausreichenden gewerberechtlichen Schutz. Die entsprechende Behörde, die eine Erlaubnis versagen bzw. eine Gewerbeuntersagung verfügen kann, hat regelmäßig keine Kenntnis von der Veranstaltung einer Kettenbriefaktion. Der Geschädigte einer derartigen Aktion wird entweder Strafantrag stellen oder versuchen, zivilrechtlich gegen den Veranstalter einer derartigen Aktion vorzugehen. Eine Anzeige der Betroffenen bei der nach der Gewerbeordnung zuständigen Behörde erfolgt in der Regel nicht. Aus diesem Grunde ist die Möglichkeit eines Einschreitens der Behörde nahezu ausgeschlossen.

---

84 Sieg/Leifermann/Tettinger, GewO, § 1, Rd.1; Kahl in Landmann/Rohmer, GewO, Einl., Rd.32.

Selbst wenn man unterstellt, daß eine Gewerbeerlaubnis erteilt worden ist, so stellt auch die Entziehung dieser Erlaubnis wegen Unzuverlässigkeit gemäß § 35 Abs.1 GewO[85] keinen hinreichenden Schutz vor progressiven Kundenwerbungsmodellen dar, weil eine Gewerbeuntersagung eine sorgfältige und umfangreiche Prüfung der Unzuverlässigkeit des Gewerbetreibenden voraussetzt, welche z.B bei einer Straftat oder einer Ordnungswidrigkeit indiziert ist[86].
Die zuständige Behörde erhält von der Unzuverlässigkeit eines Gewerbetreibenden grundsätzlich erst durch Einholung eines Führungszeugnisses nach § 29 BZRG bzw. durch die Auskunft aus dem Gewerbezentralregister nach § 150 a Abs.1 Nr.2 Buchstabe b in Verbindung mit § 149 Abs. 2 Nr.1 Buchstabe b GewO Kenntnis[87], mithin zu einem Zeitpunkt, zu dem ein effektives Einschreiten nicht mehr möglich ist.
Im übrigen stehen dem Gewerbetreibenden gegen eine Gewerbeuntersagung die verwaltungsgerichtlichen Rechtsschutzformen zu. Aufgrund der aufschiebenden Wirkung von Widerspruch und Klage (vergl. § 80 Abs.1 VwGO) ist demnach ein effektives sofortiges Einschreiten der Behörde gegen die regelmäßig auf kurze Zeitphasen ausgerichteten Kundenwerbungsmodelle nicht gewährleistet. Demnach ist dieses Verfahren zu schwerfällig, um nachhaltig abzuschrecken.

Es bleibt festzuhalten, daß das Gewerberecht keinen ausreichenden Schutz vor der Veranstaltung derartiger Systeme bietet.

bb) Zivilrechtliche Ansprüche

Es fragt sich, ob zivilrechtliche Ansprüche hinreichend Schutz vor progressiven

---

85 In der Fassung vom 1. Januar 1987 (BGBl. III, 7100-1), zuletzt geändert durch Gesetz vom 17.12.90 (BGBl. I, S.2840).

86 So Tiedemann, Mallmann-FS, S.359(365); Marcks in Landmann/Rohmer, GewO, § 35, Rd.37.

87 Marcks in Landmann/Rohmer, GewO, § 35, Rd. 40 und 44.

Kundenwerbungsmodellen bieten.

aaa) Bereicherungsrechtliche Ansprüche

Möglicherweise hat der Mitspieler eines progressiven Kundenwerbungsmodells einen bereicherungsrechtlichen Anspruch gegen den Veranstalter bzw. gegen den Initiator eines solchen Systems auf Rückzahlung der von ihm geleisteten Einstandszahlung aus § 812 Abs.1, S.1, 1.Alt. BGB.
Dies setzt u.a. voraus, daß die Leistung ohne Rechtsgrund erfolgte.

In dem Vertrag über die Mitarbeit bzw. Mitgliedschaft in einer auf dem Schneeballsystem aufgebauten Vertriebsorganisation könnte ein derartiger Rechtsgrund zu sehen sein.
Es kann dahingestellt bleiben, ob die Vereinbarung der Mitgliedschaft in einem Schneeballsystem als unvollkommene Verbindlichkeit i.S.d. § 762 Abs.1, S.1 BGB anzusehen ist. Zwar hätte dies bejahendenfalls zur Folge, daß eine Verbindlichkeit nicht begründet würde. Jedoch könnte das auf Grund eines Spiels Geleistete nicht gemäß § 762 Abs.1 S.2 BGB zurückgefordert werden, weil eine Verbindlichkeit nicht bestanden hat. Das Gesetz erkennt die Spielvereinbarung als zureichenden Rechtsgrund für das Behaltendürfen freiwillig zur Erfüllung erbrachter Leistungen an[88].
Demnach ist die Rückforderung bereits erbrachter Leistungen gemäß § 762 Abs.1 S.2 BGB selbst dann ausgeschlossen, wenn ein Spiel und damit eine unvollkommene Verbindlichkeit i.S.d. § 762 Abs.1 S.1 BGB vorliegt.

Etwas anderes gilt aber dann, wenn der zwischen Veranstalter und Mitspieler geschlossene Vertrag von Anfang an nichtig war (sog. ex tunc - Wirkung).
Als Nichtigkeitsgründe kommen hier Verstösse gegen §§ 134, 138 BGB in Betracht.

---

88 Vergl. MüKo - Pecher, § 762, Rd. 6 und 17; LG Trier, NJW-RR 90, 313(314).

Nach § 134 BGB ist ein Rechtsgeschäft nichtig, das gegen ein gesetzliches Verbot verstößt. Insbesondere Strafrechtsnormen können gesetzliche Verbote dieser Art enthalten[89]. Hier könnten die Strafnormen der §§ 263, 284ff. StGB, 4, 6c UWG erfüllt sein[90].
Ist aber ein Bereicherungsanspruch nur bei Erfüllung eines Straftatbestandes gegeben, so besteht kein vom Strafrecht unabhängiger ausreichender Zivilrechtsschutz.
Die eventuelle Nichtigkeit der untersuchten Systeme gemäß § 134 BGB i.V.m. einer Strafrechtsnorm stellt somit keinen eigenständigen zivilrechtlichen Schutz vor progressiver Kundenwerbung dar.

Möglicherweise fehlt es aber an einem Rechtsgrund für die erbrachten Leistungen, weil das der Leistung zugrundeliegende Rechtsgeschäft gemäß § 138 BGB nichtig ist.
Nach § 138 Abs.1 BGB ist ein Rechtsgeschäft nichtig, welches gegen die guten Sitten verstößt.
Bei Modellen progressiver Kundenwerbung erhält der Kunde von dem Unternehmer regelmäßig Waren zu einem überhöhten Preis und muß zusätzlich noch eine Gebühr entrichten. Dieses auffällige Mißverhältnis von Leistung und Gegenleistung wird auch nicht dadurch ausgeglichen, daß der Abnehmer durch einen Weiterverkauf von Waren für seinen "Einsatz" einen Gegenwert erhält, denn die angeblichen guten Gewinnaussichten und Absatzchancen sind aufgrund der Marktverengung in Wirklichkeit nicht gegeben[91]. Dies deutet auf eine Nichtig-

---

89 Soergel-Hefermehl, § 134, Rd. 23ff.; MüKo/Mayer-Maly, § 134, Rd.47 ff.; Palandt-Heinrichs, § 134, Rd.23.

90 So wurde z.B. eine Sittenwidrigkeit wegen eines Verstosses gegen § 134 BGB i.V.m. § 6c UWG bejaht von OLG Stuttgart, wistra 90,165(166); vergl. auch Urteil des LG Bremen vom 10.3.89, 9-O-2791/1988 b, S.5 (nicht rechtskräftig).

91 RGZ 115,319(329); OLG München, wistra 86,34(35); Urteil des LG Bremen vom 10.3.89, AktZ: 9-O-2791/88 b, S.5f.(nicht rechtskräftig); Michalski, EWiR zu § 138 BGB, 3/89, S.329(330).

keit nach § 138 BGB hin.
Für einen Verstoß gegen die guten Sitten spricht auch, daß derartige Systeme schon aus rein mathematischen Gründen nicht über längere Zeit durchführbar sind und der Geworbene dazu verleitet wird, Waren zu erwerben, die er nicht braucht[92]. Weitere Anhaltspunkte für ein sittenwidriges Rechtsgeschäft liegen in der Ausnutzung der Spiellust eines Teils des Publikums sowie in der Nichtaufklärung über die zwangsläufig entstehende Marktverengung[93].
Aus diesen Gründen bejahen auch nach der Einführung des § 6c UWG in das Gesetz durch das 2. WiKG vom 15. Mai 1986 Rechtsprechung und Literatur einheitlich die Sittenwidrigkeit von Modellen der progressiver Kundenwerbung gemäß § 138 BGB[94].

Diese zivilrechtliche Rechtsprechung ist auch auf Kettenbriefmodelle aufgrund derselben Zielrichtung und der organisatorischen Ähnlichkeit der Systeme übertragbar[95]. Kettenbriefe unterscheiden sich von den klassischen Fällen progressiver Kundenwerbung lediglich dadurch, daß sie nicht auf den Absatz von Waren gerichtet sind[96]. Ansonsten hängt der vom Mitspieler erstrebte finanzielle Vorteil sowohl beim Kettenbrief als auch bei der progressiven Kundenwerbung davon ab, daß der Mitspieler Dritte zum Abschluß von Verträgen gewinnt. Die die

---

92 BGHZ 15,356(366f.); Schwintowski, Wettbewerbsrecht, S.256.

93 vergl. nur LG Trier, NJW-RR 90,313(314); s. hierzu auch oben 2.Kap., II 1a).

94 Z.B. BGH, NJW 79,868; OLG München, wistra 86,34(35); OLG Köln, BB 71,1209(1210); WRP 76,387; LG Trier, NJW-RR 90,313(314); Sack, BB 86, 2205(2220); Lampe, GA 77,33(54); Bruns, Schroeder-FS,S.273(287f.); Palandt-Heinrichs, § 138, Rd.96.; Baumbach-Hefermehl, § 1, Rd.173.

95 OLG Karlsruhe, GRUR 89,615(616); AG Berlin-Charlottenburg, GewArch 88,348(349) zur Sittenwidrigkeit eines Gesellschaftsvertrages, der ein Kettenbriefsystem zum Inhalt hatte; LG Bremen, 9-O-2791/88, S. 5 ff. (nicht veröffentlicht);
a.A. Lampe, JR 87, 383(384), der fälschlicherweise annimmt, der Spieler könne bei einem Kettenbrief einen Verlust durch eigene gezielte Aktivität vermeiden.

96 AG Berlin-Charlottenburg, GewArch 88,348(349);
siehe zu den Unterscheidungskriterien auch oben 2.Kap. I 2a).

Sittenwidrigkeit begründenden Merkmale der Progression, der Marktverengung sowie der Gefahr des Vermögensverlustes sind beiden Systemen immanent, so daß auch Kettenbriefsysteme als sittenwidrig i.S.d. § 138 BGB anzusehen sind[97].

Als Folge dieser Sittenwidrigkeit sind derartige Rechtsgeschäfte nichtig. Der Veranstalter bzw. Initiator eines solchen Systems hat aus diesem Grund keinen durchsetzbaren Primäranspruch auf Erfüllung der von den Teilnehmern übernommenen Verpflichtungen. Dieser Teil der Vertragserfüllung hat für die Mitspieler regelmäßig aber keine große praktische Relevanz, weil die Leistungen bei Eintritt in das System von dem neuen Mitspieler schon erbracht sind.
Jedoch hat der Mitspieler gegen den Veranstalter aufgrund der Nichtigkeit der geschlossenen Vereinbarung einen Kondiktionsanspruch gemäß § 812 Abs.1 S.1, 1.HS BGB bezüglich der bereits erbrachten Leistungen[98].

Dieser Anspruch könnte aber gemäß § 817 S.2 BGB ausgeschlossen sein, weil die Leistung die Teilnahme am System erst ermöglichte und deshalb die Leistung schon gegen ein gesetzliches Verbot verstößt[99].
Jedoch ist die Bestimmung des § 817 S.2 BGB eng auszulegen[100]. Der Zweck der Vorschrift kann nicht in einer Strafsanktion gesehen werden, da sonst bei beiderseitigem Verstoß nur der Leistende, nicht aber auch der Empfänger benachteiligt würde. Der Anspruch des Leistenden auf Tätigwerden der Rechtspflege zu seinen Gunsten kann nur dann verwirkt sein, wenn sein Verstoß gegen die guten Sitten mindestens ebenso groß ist wie der des Leistungsempfängers.
Dem Verhalten des Veranstalters, das jedenfalls in seiner Gesamtheit einen Verstoß gegen die guten Sitten darstellt, steht Vergleichbares auf Seiten der Mitspieler regelmäßig nicht gegenüber. Der Veranstalter ist der aktive, seinen Gewinn

---

97 So auch AG Berlin-Charlottenburg, GewArch 88,348(349) und Granderath, wistra 88,173(176).

98 Vergl. OLG München, wistra 86,34.

99 Vergl. insoweit OLG Stuttgart, wistra 90,165(166f.); s.auch MüKo-Pecher, § 762, Rd.18f..

100 Vergl. BGHZ 35,103(109); 39,87(91).

realisierende Teil, die Mitspieler sind im Zeitpunkt des Eintritts in das Spiel rein passiv und zeigen allenfalls die Bereitschaft, in Zukunft auch von neuen Mitspielern den "Einsatzpreis" entgegenzunehmen. Dieses Verhalten rechtfertigt noch nicht die Anwendung des § 817 S.2 BGB[101].

Regelmäßig wird die Beantwortung dieser Tatsachenfrage von den konkreten Umständen des Einzelfalles abhängen.

Dies gilt auch für die Frage, ob der Leistende in Kenntnis seiner mangelnden Verpflichtung zur Leistung gezahlt hat und demzufolge ein Rückforderungsanspruch gemäß § 814 BGB ausgeschlossen ist.

So steht z.B. nach Ansicht des LG Trier[102] § 814 BGB dem Rückforderungsanspruch selbst dann nicht entgegen, wenn der Leistende zwar Kenntnis davon hatte, daß er zur Leistung nicht verpflichtet war, wenn er jedoch die Leistung in der Erwartung erbracht hat, der Werber werde ihn über eine bereits eingetretene Marktverengung aufklären.

bbb) Schadensersatzansprüche

Für den einzelnen Mitspieler kommen Schadensersatzansprüche gegen den Veranstalter aus §§ 823 Abs.2 BGB i.V.m. 6 c UWG, 263 StGB sowie aus § 13 Abs.6 Nr.1 und 2 UWG in Betracht[103].

Ist das Vertriebsystem sittenwidrig, so ist der Betreiber den Mitspielern nach § 826 BGB zum Ersatz des Schadens verpflichtet, der diesen infolge des Beitritts zu

---

101 So auch LG Trier, NJW-RR 90,313(314).

102 LG Trier, NJW-RR 90,313(314).

103 § 823 Abs.2 BGB findet nur dann Anwendung, wenn § 13 Abs.6 UWG als lex specialis nicht eingreift, vergl. Erman-Schiemann, § 823, Rd.162; BGH NJW 74,1503(1505) für § 13 Abs.2 UWG in der Fassung vom 21.7.65 (BGBl. I, 625), der dem jetzigen § 13 Abs.6 UWG in der Fassung vom 25.7.86 (BGBl. I, S.1169) entspricht.
Zu § 823 Abs.2 BGB i.V.m. § 263 StGB vergl. das Urteil des OLG München v. 20.12.1973 - 6 U 3944/73 - S.9 ff..

diesem System entstanden ist[104].

ccc) Ansprüche nach dem UWG

Bei einem Verstoß gegen die guten Sitten bei Handlungen im geschäftlichen Verkehr zu Zwecken des Wettbewerbes kann der Handelnde nach § 1 UWG auf Unterlassung und Schadensersatz in Anspruch genommen werden.
Nach § 3 UWG besteht ein Unterlassungsanspruch auch, wenn irreführende Angaben gemacht werden.

Die Sittenwidrigkeit von Vertriebssystemen der progressiven Kundenwerbung wurde bereits bejaht. Daneben sind derartige Systeme in ihrer Anlage auch irreführend und nutzen die Leichtgläubigkeit, die Unerfahrenheit und die Spiellust der Kunden aus. Die breite Masse der Kunden erkennt nicht die systembedingt eintretende Marktverengung. Auch ein allgemeiner Hinweis auf die zu erwartenden Schwierigkeiten bei der Werbung schließt die Wettbewerbswidrigkeit nicht aus[105]. Nach Rechtsprechung und herrschender Lehre sind progressive Kundenwerbungsmodelle demnach wettbewerbswidrig[106] und begründen die Ansprüche aus §§ 1 und 3 UWG.
Diese Argumentation ist wegen des bei Kettenbriefmodellen ebenfalls vorliegenden Progressionselementes auf diese Systeme übertragbar mit der Folge, daß auch Kettenbriefsysteme sowohl sittenwidrig i.S.d. § 1 UWG als auch irreführend i.S.d. § 3 UWG sind[107].

---

104 LG Frankfurt, wistra 87,36(37).

105 Baumbach-Hefermehl, § 1, Rd. 173.

106 Siehe BGHZ 15,356(371); OLG Köln, BB 71,1209(1210); OLG Hamburg, WRP 86,41(45); RGSt 115,330; BayObLG, GRUR 52,585; OLG Freiburg, GRUR 51,326ff.;
Ulmer-Reimer, Bd. III, Nr.832; Rosenthal/Leffmann, § 1, Rd.85; Callmann, § 1,Rd.80; Bussmann, NJW 52,684(686); Reimer/v.Gamm, Kap.32, Rd.32; Tetzner, UWG, S.68; Volmer, GRUR 53,196; Baumbach-Hefermehl, § 1, Rd.172f.

Demnach stehen den Mitspielern bereicherungsrechtliche Ansprüche, Unterlassungs- und Schadensersatzansprüche zu.
Jene Ansprüche können zur Verhinderung weiteren Schadens auch im einstweiligen Rechtsschutz als einstweilige Verfügung bzw. im Arrestverfahren[108] durchgesetzt werden.
Fraglich ist aber, ob diese materiellrechtlich bestehenden Ansprüche auch hinreichenden Schutz vor progressiven Kundenwerbungsmodellen gewährleisten, weil nur dann ein Strafbedürfnis entfallen würde.

cc) Praktische Auswirkungen der zivilrechtlichen Ansprüche

Der wettbewerbsrechtliche Unterlassungsanspruch bezieht sich nur auf das gerade vorliegende Modell der progressiven Kundenwerbung. Aufgrund der vielfältigen Möglichkeiten in den Erscheinungsformen progressiver Kundenwerbung ist es für den Veranstalter aber ein Leichtes, sich dem für den konkreten Verletzungsfall ausgesprochenen gerichtlichen Verbot durch leichte Systemabwandlungen zu entziehen[109]. Dementsprechend wurde in der Begründung eines Gesetzentwurfes zur Änderung des Gesetzes gegen den unlauteren Wettbewerb aus dem Jahre 1978[110] als Grund für den unzureichenden Schutz des Zivilrechts die "kriminelle Hartnäckigkeit" der Täter angeführt. Das Unterlassungsgebot sei nur außerordentlich schwierig durchzusetzen.

---

107 Vergl. OLG Karlsruhe, GRUR 89,615f.; Baumbach-Hefermehl, § 1, Rd. 174.

108 Siehe als Beispiel für einstweiligen Rechtsschutz OLG München, wistra 86,34ff.

109 Baumbach-Hefermehl, § 6c, Rd.1; Schlüchter, S. 124; Romanowsky, StWK, 1/1987, S.427(428); Rechtsausschuß, BT-Drucks. 10/5058, S.38.

110 Vergl. BT-Drucks. 8/2145, S.13 und BR-Drucks. 226/78, S.13.
Die nach § 13 UWG theoretisch gegebene Möglichkeit einer Klage von Verbraucherverbänden scheitert faktisch am hohen Kostenrisiko; vergl. insoweit Tiedemann, Wettbewerb und Strafrecht, S.36, der wegen des mangelhaften Zivilrechtsschutzes eine strafrechtliche Ahndung befürwortet.

Hinzu kommt, daß die den Mitspielern zustehenden Ansprüche von den Mitspielern regelmäßig zu spät geltend gemacht werden. Solange die Einzelketten noch nicht abgerissen sind und der Mitspieler deshalb noch an die ihm offerierte Gewinnchance glaubt, wird er den ihm zustehenden Anspruch nicht realisieren. Bricht aber das System erst zusammen, so wird eine Geltendmachung der Ansprüche regelmäßig an der Vermögenslosigkeit des Veranstalters scheitern[111]. Der Zusammenbruch des Systems wird auch oft dadurch bewirkt, daß viele Personen gleichzeitig ihre Ansprüche geltend machen[112].
Eine Realisierung der Ersatzansprüche scheidet weiterhin dann aus, wenn der Veranstalter keinen Geschäftsbetrieb auf deutschem Boden hat und sich etwaigen Nachforschungen auf diese Weise entziehen kann[113] (z.B. bei einer Briefkastenfirma im Ausland). Demnach können die hier untersuchten Verhaltensweisen im Vorfeld durch zivilrechtliche Maßnahmen nicht immer verhindert werden[114].
Es bleibt festzuhalten, daß durch das Zivilrecht kein hinreichender Schutz vor Systemen progressiver Kundenwerbung erlangt werden kann.
Demnach muß die Strafbedürftigkeit von progressiver Kundenwerbung schon hiernach bejaht werden.

Ferner wird das Vermögen der Beteiligten durch einen Laieneinsatz in der Werbung gefährdet[115]. Durch diese Art der Kundenwerbung wird das vom Mitspieler eingesetzte Vermögen zumindest genauso gefährdet wie beim herkömmlichen Glücksspiel. Das Vermögen bzw. die Vermögensgefährdung werden aber als schützenswerte Rechtsgüter bei den hier in Betracht kommenden Straftatbestän-

---

111 Schlüchter, S.124; Romanowsky, StWK, 1/1987, S.427(428).

112 Romanowsky, StWK, 1/1987, S.427(428).

113 BT-Drucks. 8/2145, S.13; BR-Drucks. 226/78, S.13.

114 Es kommt allenfalls eine nachträgliche strafrechtliche Ahndung in Betracht, vergl. Tiedemann, Wettbewerb und Strafrecht, S.36f.

115 So Grebing, wistra 84,169; vergl. allgemein zur Strafbedürftigkeit progressiver Kundenwerbung auch Klenk, GA 76,361(367).

den anerkannt[116]. Ist dagegen der Einsatz eines bedeutenden Vermögenswertes nicht erforderlich, so fehlt es an diesem schützenswerten Rechtsgut. Dies hat zur Folge, daß das System schon nicht sozialschädlich und damit auch nicht strafwürdig ist[117].

b) Übertragbarkeit der Gründe für die Strafbedürftigkeit progressiver Kundenwerbung auf Kettenbriefmodelle

Fraglich ist nun aber, ob die Gründe für die Strafbedürftigkeit von Absatzsystemen der progressiven Kundenwerbung auf alle Kettenbriefe übertragbar sind.

Angesichts der verbreiteten Forderung nach einer Entkriminalisierung des Glücksspielstrafrechts[118] wird auch vertreten, daß ein Strafbedürfnis bei Kettenbriefen deshalb entfalle, weil hier zwar der Gewinn vom Zufall abhänge, nicht aber der Verlust. Denn der Mitspieler könne einen Verlust dadurch vermeiden, daß er sich vor dem eigenen Spielbeitritt die erforderliche Mitspielerzahl sichere und so seinen Einsatz unmittelbar zurückerhalte, so daß er überhaupt keinen Verlust erleide[119].

Schon die für diese Ansicht erforderliche Prämisse, daß ein Strafschutz nur dort angebracht sei, wo der vom Spieler geleistete Einsatz bei ungünstigem Ausgang zu einem Vermögensverlust führen müsse[120], ist verfehlt, denn wie oben gesehen, ist durch Formen der progressiven Kundenwerbung neben dem Vermögen

---

116 Zu den Meinungsstreiten bezüglich der Rechtsgüter der §§ 284 ff StGB, 6 c UWG s.unten.

117 S.o. bei Strafwürdigkeit, 2.Kap., II 1).

118 Vergl. z.B. Peters, ZStW 77,470(483f.); Göhler, NJW 74, 825 (833,Fn.127); Schmitt, Maurach-FS, S.113(114); Lange, Dreher-FS, S.573(580).

119 Lampe, JR 87,383(384).

120 Vergl. Lampe, JR 87,383(384).

Einzelner auch der "freie Wirtschaftsverkehr" betroffen (s.o. S.17ff.).
Diese Ansicht verkennt ferner, daß dann, wenn jeder potentielle Mitspieler sich erst den Beitritt der von ihm selbst geworbenen Mitspieler sichern würde und diese neu Geworbenen sich ihrerseits erst wiederum absichern würden, vor dem Aufbau der einzelnen Ketten eine Sicherungskette entstehen würde, bevor jemand in das eigentliche System einsteigen würde. Eine derartige Sicherungskette vereitelt aber den Aufbau des eigentlichen Systems, weil niemand in das System einsteigen würde, ohne sich der von ihm zu werbenden neuen Mitspieler sicher zu sein. Für den Aufbau eines progressiven Systems ist ein bedingungsloses Einsteigen der einzelnen Mitglieder erforderlich, wenn das Gesamtsystem nicht sofort zum Erliegen kommen soll. Eine auch nur kurze Sicherungskette würde zu einer erheblichen Verzögerung des Fortlaufs des Systems und damit praktisch zu dessen Zusammenbruch führen. Demnach ist das Spielsystem mit einer kettenweisen Sicherung nicht vereinbar[121]. Aus diesem Grund wird in einigen "Spielanleitungen" der Möglichkeit des Aufbau einer derartigen Sicherungskette dadurch begegnet, daß die Liste innerhalb eines bestimmten Zeitraums weitergegeben werden muß[122].
Da auch Kettenbriefe mathematisch gesehen in Form einer geometrischen Reihe ablaufen, tritt auch hier aufgrund der Progression zwingend eine Marktverengung ein. Der neue Mitspieler hat keine Kenntnis davon, in welchem Stand der Progression er in das System eintritt und kann deshalb sein Risiko nicht abschätzen. Demzufolge beeinträchtigen Kettenbriefe das Vermögen der Teilnehmer, die am Ende der Progression stehen, in vergleichbarer Weise wie Systeme der progressiven Kundenwerbung[123].

Der oben dargestellte unzureichende Zivilrechtsschutz (s.o. S.28ff.) gilt für Kettenbriefsysteme in gleicher Weise.

---

[121] So auch BGH, NJW 55,377(378); AG Berlin-Charlottenburg, GewArch 88,348(349).

[122] Vergl. z.B. TOP-12, Nr.8 der Verbindlichen Richtlinien (s.Anlage 4): Weitergabe innerhalb von sechs Wochen.

[123] So im Ergebnis auch Granderath, wistra 88,173(176).

Auch dieselbe Motivationslage der Beteiligten spricht für eine Gleichbehandlung der Systeme. Zwar steht bei Modellen progressiver Kundenwerbung vordergründig der Absatz einer Ware im Mittelpunkt, jedoch nehmen auch diese Personen in erster Linie nur wegen der erheblichen Gewinnaussicht am System teil. An der eigentlichen Ware hat der Teilnehmer häufig überhaupt kein Interesse (z.B. 60 Flaschen Motorenöl für 3.888,40 DM[124]; Wasch- und Reinigungsmittel sowie eine Vertreterschulung für 11.000,- DM[125]; Bewußtseinserweiterungskurs für 1.000,- DM[126]). Die Hauptmotivation für die Teilnahme liegt demnach sowohl bei Kettenbriefmodellen als auch bei herkömmlichen Systemen von progressiver Kundenwerbung in der Gewinnchance, so daß aufgrund dieser übereinstimmenden Motivationslage der Betroffenen eine einheitliche Betrachtungsweise geboten ist.

Für die Strafbedürftigkeit von Kettenbriefmodellen spricht auch deren Verbreitungsgrad und damit zusammenhängend, daß die Mitspielerzahl in die Tausende geht und die eingezahlten Gelder Millionenbeträge erreichen[127].

---

124 Vergl. OLG Frankfurt, wistra 86,31 ff. sowie Vorinstanz LG Fulda, wistra 84,188 ff.

125 Vergl. OLG München v. 20.12.73 - 6 U 3944/73 ("Firma Golden Products").

126 Vergl. LG Frankfurt, wistra 87,36 ff.

127 Die Zentrale beim "Sieg der Logik" erzielte Einnahmen von über 1,1 Millionen DM, vergl. OLG Stuttgart, wistra 90,165 (166).
Nach Auskunft der Staatsanwaltschaft Stuttgart erzielte das TOP-12-System allein im Jahre 1989 zwei Millionen DM an Einnahmen (40.000 Mitspieler leisteten jeweils 50,- DM an die Zentrale).
Beim "Pyramidenspiel" nahmen allein in einer Kleinstadt in Sachsen 3.000 Bürger an dem Spiel teil und zahlten jeweils 300,- DM an den Veranstalter (= ein Unternehmen in der Schweiz); vergl. Bericht im "Stern" 1990, Heft 50,S.266(267).

Zu prüfen ist aber, ob hinsichtlich der Strafbedürftigkeit zwischen den unterschiedlichen Kettenbriefarten differenziert werden muß.

Fraglich ist die Strafbedürftigkeit insbesondere bei den sog. Selbstläufersystemen. Wird ein Kettenbriefsystem nicht von einer Zentrale bzw. von einem Veranstalter überwacht, so ist auch eine Gefährdung der Interessen der Mitspieler durch eine derartige übergeordnete Zentrale ausgeschlossen[128]. Nehmen die Spieler keine Leistungen von einer gewerblich tätigen Zentrale (Überwachung des Ablaufs etc.) in Anspruch, so besteht eine hohe Wahrscheinlichkeit dafür, daß die Einzelketten mangels Überprüfung bald abbrechen. Das Spiel und damit der Schaden sind demnach bei Selbstläufersystemen zeit- und umfangmäßig begrenzt, so daß insoweit keine Strafbedürftigkeit besteht[129]. Für dieses Ergebnis spricht auch, daß die Gelder zwischen den einzelnen Mitspielern gezahlt werden und keine übergeordnete Zentrale von den Zahlungen profitiert.
Es bleibt festzuhalten, daß hinsichtlich der Strafbedürftigkeit zwischen den verschiedenen Kettenbriefarten differenziert werden muß. Lediglich Kettenbriefe mit zentraler Steuerung sind strafbedürftig.

---

128 Lampe, JR 87,383(385).

129 Vergl. auch Richter (wistra 88, 245), nach dem aus diesem Grunde schon die Strafwürdigkeit zu verneinen ist.

Jedoch ist zu beachten, daß die Begriffe der Strafwürdigkeit bzw. der Strafbedürftigkeit auf der einen Seite und der der Strafbarkeit auf der anderen Seite keineswegs identisch sind[130]. Im nächsten Kapitel ist zu prüfen, ob auch jedes strafwürdige bzw. strafbedürftige Verhalten unter die bestehenden Strafvorschriften (§§ 284ff., 263 StGB, 4, 6c UWG) subsumiert werden kann oder ob Strafbarkeitslücken bestehen, die ein Handeln des Gesetzgeber erforderlich machen.

---

[130] Bruns, GS für Schröder, S. 273(274); so auch Otto, GRUR 79,90(92).

3. Kapitel: Strafbarkeit der einzelnen Formen progressiver Kundenwerbung

I. Probleme innerhalb der §§ 284 ff. StGB

Im folgenden soll geklärt werden, ob progressive Kundenwerbungsmodelle als unerlaubte Veranstaltung eines Glückspiels, einer Lotterie oder einer Ausspielung i.S.d. §§ 284, 286 StGB angesehen werden können.

1.) Der Begriff des Glückspiels i.S.d. §§ 284 ff. StGB

Der Gesetzgeber hat den Begriff des Glückspiels nicht definiert[131]. Deshalb wird durch Rechtsprechung und Literatur eine Konkretisierung dieses Begriffes durch das Erfordernis von Einzelkriterien vorgenommen.
Gemeinhin wird das Glücksspiel als ein Spiel definiert, bei dem aufgrund eines wirtschaftlichen Einsatzes ein nicht unerheblicher Vermögensvorteil bei Eintritt eines zufallbedingten Ereignisses erlangt werden kann[132].
Unter genauer Betrachtung der einzelnen Elemente dieser Definition soll deshalb untersucht werden, ob Modelle der progressiven Kundenwerbung und insbesondere Kettenbriefsysteme Glücksspiele in diesem Sinne darstellen.

---

131 Der Begriff wird gewohnheitsrechtlich hergeleitet, vergl. Maurach-Schroeder-Maiwald, BT 1, S.490; OLG Braunschweig, NJW 54,1777(1778).

132 Siehe z.B. Sch-Sch-Eser, § 284, Rd.5f.; SK-Samson, § 284, Anm.3; Dreher-Tröndle, § 284, Rd.3.

a) Abgrenzung Glücksspiel - Wette

Durch das Merkmal "Spiel" wird das Glücksspiel i.S.d. §§ 284 ff. StGB von der straflosen Wette abgegrenzt.
Sowohl das Spiel als auch die Wette sind Schuldverträge (vergl. § 762 BGB), bei denen die Entscheidung über Gewinn und Verlust von einer ungewissen Tatsache abhängt[133].
Objektiv betrifft die Wette in der Regel etwas Vergangenes oder Gegenwärtiges, das Spiel dagegen etwas Zukünftiges[134]. Nach allgemeiner Ansicht wird die Abgrenzung zwischen beiden Formen durch eine Betrachtung der Beweggründe und Zwecke der Beteiligten vorgenommen (subjektive Abgrenzung)[135]. Bei der Wette ist Beweggrund oder Zweck des Vertrages die Bekräftigung eines Meinungsstreites über entgegengesetzte Behauptungen, während das Spiel der Unterhaltung oder der Gewinnsucht dient[136].

Systeme derüüü progressiven Kundenwerbung werden zum Zwecke der Unterhaltung bzw. des Gewinns veranstaltet, unabhängig davon, welche Erscheinungsform man betrachtet, und nicht etwa zum Zwecke der Bekräftigung eines Meinungsstreites. Dies gilt uneingeschränkt auch für alle Formen von Kettenbriefen. Demnach liegt bei progressiven Kundenwerbungsmodellen ein Spiel und keine Wette vor.

---

133 Dreher-Tröndle, § 284, Rd.6; Maurach-Schroeder-Maiwald, BT 1, S.490.

134 Vergl. nur Palandt-Thomas, § 762, Rd.3.

135 RGSt 6,421(425); Sch-Sch-Eser, § 284, Rd.4; Dreher-Tröndle, § 284, Rd.6; Lk-Bubnoff, § 284, Rd.3; Maurach-Schroeder-Maiwald, BT 1, S.490.
Die früher vertretenen objektive "Verschiedenheitstheorie" (s. Frank, § 284, Anm.II), die "Gleichheitstheorie" (s. Weiser, S.13f.; Kriegsmann, VDB, BT, Bd.VI, S.375(387); Stenglein, ZStW 3,S.111(138,143)) sowie die "Theorie der sich schneidenden Begriffe" (Seelig, S.67f.) decken sich nicht mit dem herrschenden Sprachgebrauch und werden heute nicht mehr vertreten.

136 Vergl auch RGSt 40,21(31ff.); Maurach-Schroeder-Maiwald, BT 1, S.490; Erman-Seiler, § 762, Rd.1; Staudinger-Engel, § 762, Rd.3 und 4.

b) Abgrenzung Glücksspiel - Geschicklichkeitsspiel

Für das Vorliegen eines Glücksspiels ist im Gegensatz zu einem Geschicklichkeitsspiel erforderlich, daß die Entscheidung über Gewinn oder Verlust nach den Vertragsbedingungen nicht wesentlich von den Fähigkeiten, den Kenntnissen oder der Aufmerksamkeit der Spieler, sondern allein oder jedenfalls hauptsächlich vom Zufall abhängt[137].

aa) Aus wessen Sicht wird die Beurteilung vorgenommen?

Es stellt sich zunächst die Frage, aus wessen Sicht beurteilt wird, ob der Gewinn wesentlich von den Fähigkeiten der Mitspieler abhängt.

Nach Weiser[138] ist ein Geschicklichkeitsspiel dann anzunehmen, wenn bei der konkretenüü Durchführung des Spieles irgendjemand in der Lage ist, den Spielverlauf zu beeinflussen. Es sei eine Einzelfallbetrachtung vorzunehmen und u.U. zugunsten des Täters auf die Fähigkeiten eines besonders geübten Mitspieler abzustellen.
Nach der herrschenden Ansicht[139] ist über den Charakter eines Spiels zumindest innerhalb derselben Veranstaltung einheitlich zu entscheiden. Hierbei komme es dann auf die Fähigkeiten eines Durchschnittsspielers an.

Für die erste Ansicht spricht zwar, daß es dann keines Strafrechtschutzes bedarf, wenn sich zwei ebenbürtige Spieler gegenüber stehen bzw. der Spieler den Spielablauf bestimmen kann.

---

137 BGHSt 34,171(175); 2,274(276); 11,209; wistra 89,225.

138 Sog. objektiver Zufall, vergl. Weiser, S.15ff.

139 BGH, wistra 89,225(226) zum sog. "Hütchenspiel"; BGHSt 2,274(276); 2,139(141); OLG Karlsruhe, Die Justiz 1971, 61; LK-Bubnoff, § 284, Rd.5; Sch-Sch-Eser, § 284, Rd.5; Maurach-Schroeder-Maiwald, BT 1, S.490; Sack, NJW 92,2540(2541).

Jedoch ist gegen sie einzuwenden, daß ein Spielsystem strafrechtlich nicht einheitlich beurteilt werden könnte, sondern von den persönlichen Fähigkeiten der einzelnen Mitspieler abhängen würde. Eine einheitliche Beurteilung ist aber insbesondere in den Fällen vorteilhaft, in denen wie bei Systemen der progressiven Kundenwerbung mehrere Mitspieler beteiligt sind. Würde man jeweils auf die Fähigkeiten der Einzelspieler abstellen, so käme es für die Strafbarkeit eines Systems auf die Qualität der Mitspieler an, was eine einheitliche Beurteilung gerade ausschließen würde.
Ferner darf die Strafbarkeit nicht von dem für den Veranstalter zufälligen Umstand abhängen, welche persönlichen Fähigkeiten die von ihm geworbenen Mitspielerüü haben. Die erste Ansicht läßt folglich nicht klar erkennen, welches Verhalten zu einer Bestrafung führt und ist deshalb abzulehnen. Aus denselben Gründen ist mit der herrschenden Meinung die Entscheidung darüber, ob ein Glücks- oder ein Geschicklichkeitsspiel vorliegt, aus der Sicht eines Durchschnittsspielers zu treffen.

bb) Das Zufallselement

Bei der Beantwortung der Frage, ob bei den hier zu untersuchenden Systemen der progressiven Kundenwerbung die Entscheidung über Gewinn und Verlust vom Zufall oder von den Fähigkeiten der einzelnen Mitspieler abhängt, kommt es entscheidend auf den Begriff des Zufalls an.

aaa) Begriffsbestimmung

Die Rechtsprechung des Reichsgericht definierte den Begriff des Zufalls nicht einheitlich. Einerseits sah man das Wesen des Zufalls in dem Mangel der Erkennbarkeit[140], andererseits in dem Wirken unberechenbarer, dem Einfluß der

---

140 RGSt 27,94(95); 34,140(143).

Beteiligten entzogenen Ursachen[141]. Der Unterschied zwischen Erkennbarkeit und Unberechenbarkeit ist jedoch ohne praktische Bedeutung, weil der Ursachenverlauf dann unberechenbar ist, wenn er mehr oder weniger nicht erkennbar ist[142].
Nach einer anderen Meinung[143] soll ein "Zufall" nur dann vorliegen, wenn eine Beeinflußbarkeit des Erfolges durch ein zielstrebiges Handeln völlig entfällt. Diese Begriffsbestimmung geht jedoch zu weit, denn es kommt nicht darauf an, ob eine Beeinflussung überhaupt möglich ist, sondern in welchem Maße eine solche vorliegt[144]. Der Eintritt des Erfolges darf also nicht überwiegend von Umständen abhängen, die dem Einfluß des Mitspielers entzogen sind.
Demnach ist mit der ganz herrschenden Meinung davon auszugehen, daß ein "Zufall" dann vorliegt, wenn die Entscheidung über Gewinn und Verlust ganz oder hauptsächlich von unberechenbaren, d.h. dem Einfluß der Beteiligten entzogenen Ursachen abhängt[145].

bbb) Einfluß des Mitspielers auf die Gewinnmöglichkeit?

Fraglich ist nun, welche besonderen Umstände bei Systemen der progressiven Kundenwerbung das Merkmal des Zufalls begründen.
Es ist also zu prüfen, ob und - wenn ja - worauf der Mitspieler bei progressiven Kundenwerbungsmodellen Einfluß hat, insbesondere, ob er die Gewinnmöglichkeit beeinflussen kann.

Es wird vertreten, daß die Entscheidung über Gewinn oder Verlust entscheidend von der Gewandtheit und der Entschluß- bzw. Überzeugungskraft des jeweiligen

---

141 RGSt 34,403(405); 62,163(166f.).

142 Vergl. OLG Celle, NJW 51,453; BGHSt 2,139(140).

143 OLG Hamburg, MDR 51,492(494).

144 S. auch BGHSt 2,139(140).

145 LG Fulda, wistra 84,188(190); RGSt 62,163(165);
Lampe, GA 77,33(39) spricht von Unbeeinflußbarkeit des Ur-sachenverlaufs.

Werbers abhänge[146]. Auch der Umstand, daß aufgrund des hier regelmäßig vorliegenden Progressionselements eine Marktverengung vorliege, begründe eine Abhängigkeit vom Zufall erst dann, wenn diese Marktverengung bereits eingetreten sei[147]. Darauf, daß das System auf eine Marktverengung angelegt sei, komme es hier nicht an, weil dies allen Arten von Werbung wie z.B. beim Makler, Provisionsreisenden etc. immanent sei. Daneben sei eine vollständige Unmöglichkeit, neue Mitglieder zu werben, nur selten gegeben.
Nach dieser Ansicht kommt es bei der Beurteilung von Modellen der progressiven Kundenwerbung sowie von Kettenbriefarten darauf an, ob der Mitspieler aufgrund seiner persönlichen Fähigkeiten in der Lage ist, neue Mitspieler zu werben. Ist dies der Fall, so hängt der Fortlauf der Einzelketten nicht ausschließlich von Umständen ab, die dem Einfluß des Mitspielers entzogen sind. In diesen Fällen läge wegen des fehlenden Zufallelements demzufolge lediglich ein strafloses Geschicklichkeitsspiel vor.

Nach anderer Ansicht[148] kommen jedoch bei progressiven Kundenwerbungsmodellen mehrere Umstände in Betracht, die dem Einfluß der Mitspieler entzogen sind.
Der Werber habe z.B. keine Kenntnis davon, in welchem Abschnitt der Progression er sich befindet und inwieweit der Markt mit Waren bzw. Bestellscheinen gesättigt sei. Auch auf den Entschluß des Veranstalters, die Ausgabe von Bestellscheinen einzustellen, habe der Werber regelmäßig keinen Einfluß. Desweiteren vermöge der Werber auch nicht auf die freie Willensentschließung der Geworbenen einzuwirken.
Nach dieser Ansicht ist dem Mitspieler eine Einflußnahme auf die Entscheidung

146 BGH,GA 78,332(334); Lampe, GA 77,33(39); StA München, wistra 86,36(37).

147 Lampe, GA 77,33(39); StA München, wistra 86,36(37); vergl. insoweit auch Hartung, NJW 54,393(395), der ebenso wie das OLG Hamburg (NJW 54,393ff.) das Vorliegen einer Marktverengung bei progressiven Kundenwerbungsmodellen fälschlicherweise ablehnt (s. hierzu o. Fn.56).

148 BGHSt 2,139(141); ohne nähere Begründung LG Trier, NJW-RR 90,313.

über Gewinn oder Verlust nicht möglich, so daß das Merkmal des Zufalls gegeben wäre.

Es ist der ersten Ansicht zwar zuzugeben, daß es nicht darauf ankommen kann, ob der Werber Einfluß darauf hat, daß der Geworbene seine vertraglich eingegangenen Verpflichtungen nicht erfüllt bzw. von diesen später zurücktritt, weil dieses Risiko jeden Vertragsabschluß belastet und nicht unbedingt typisch für Modelle der progressiven Kundenwerbung ist.
Jedoch sind die Besonderheiten von derartigen Systemen stärker zu berücksichtigen. Ihnen eigen ist das Kettenelement, d.h., eine Gewinnaussicht eröffnet sich regelmäßig erst dann, wenn eine Kette von mehreren erfolgreichen Anwerbungen entsteht[149]. Hieraus folgt, daß die Entscheidung über Gewinn oder Verlust erst nach mehreren Stufen fällt. Der Werber hat aufgrund seiner persönlichen Fähigkeiten höchstens Einfluß auf den direkt von ihm Geworbenen und eventuell noch auf dessen Motivation, sich seinerseits wieder um neue Mitspieler zu kümmern. Eine Einflußnahme auf die gesamte Kette, die aber für die Gewinnaussicht erforderlich ist, hat der einzelne Werber - so die zweite Ansicht zutreffenderweise - indes nicht[150]. Für den Begriff des Zufalls genügt aber nicht die Einflußnahme auf den Geworbenen, sondern nur die Einflußnahme auf die Entscheidung über Gewinn oder Verlust. Deshalb ist bei der Beantwortung der hier vorliegenden Frage nicht auf das Verhältnis Werber - Geworbener abzustellen. Vielmehr ist eine Gesamtbetrachtung vorzunehmen.

Die mangelnde Kenntnis des Werbers über den Stand der Progression - auch hierin ist der zweiten Ansicht zuzustimmen - führt dazu, daß er keinen Einfluß auf die Entscheidung über Gewinn oder Verlust hat. Ist aufgrund der schon fort-

---

149 Hierin besteht gerade der Unterschied zu herkömmlichen Formen von Glücksspielen, wie z.B. dem "Hütchenspiel" (vergl. BGH, wistra 89,225).

150 Beim sog. "Hütchenspiel" dagegen hat der Spieler kraft seiner persönlichen Fähigkeiten Einfluß auf das gesamte Spielsystem und damit auch auf den gesamten Spielverlauf, so daß die Ablehnung des Zufalls in diesen Fällen näherliegt, vergl. nur BGH, wistra 89,225. Aus diesem Grunde ist diese Entscheidung auf den vorliegenden Sachverhalt aber nicht übertragbar.

geschrittenen Progression eine Marktverengung bzw. eine Marktsättigung eingetreten, so wird auch ein noch so guter Werbespezialist zumindest Probleme haben, weitere Mitspieler zu finden[151]. Nahezu ausgeschlossen ist es dann aber, daß noch weitere Mitspieler gefunden werden, die gewährleisten, daß die Einzelketten nicht abbrechen. Auch hierauf hat der Mitspieler keinen Einfluß. Es ist ebenfalls nicht, wie von der ersten Ansicht vertreten, erforderlich, daß aufgrund der Marktverengung eine vollständige Unmöglichkeit von Neuanwerbungen eintritt. Indem Neuanwerbungen erheblich erschwert werden, wird das Abbrechen der Einzelketten immer wahrscheinlicher. Auch dieser Umstand ist von dem Werber nicht vorherzusehen und deshalb seinem Einfluß entzogen.
Außerdem ist hinsichtlich der Marktverengung eine Gesamtbetrachtung vorzunehmen (s.o. S.19) und nicht auf einen besonders engagierten Werbespezialisten abzustellen. Bei einem durchschnittlich begabten Werber sinkt die Gewinnchance aufgrund der fortgeschrittenen Progressionstufe aber erheblich.
Weiterhin wäre nach der ersten Ansicht ein Spiel bis zum Eintritt der Marktverengung als Geschicklichkeitsspiel, danach jedoch als Glücksspiel anzusehen, was aber deswegen nicht einzusehen ist, weil bei einer derartigen Betrachtung die Strafbarkeit von dem für den Mitspieler zufälligen Umstand der Marktverengung abhängen würde. Daneben dürfte das Vorliegen einer Marktverengung nur unter erheblichen Aufwendungen auf demoskopischem Wege feststellbar sein.
Aus diesen Gründen ist die erste Ansicht abzulehnen.

Es bleibt demnach festzuhalten, daß bei allen Formen von progressiver Kundenwerbung die Entscheidung über Gewinn und Verlust dem Einfluß des Mitspielers entzogen ist, so daß das Merkmal des Zufalls vorliegend gegeben ist und kein Geschicklichkeitsspiel vorliegt.

---

151 Daß eine Marktverengung selbst bei einer Begrenzung der Teilnehmerzahl notwendigerweise eintritt, wurde oben schon festgestellt (s.o. S.18ff.); vergl. insoweit auch v.Gamm, Wettbewerbsrecht, Bd.1, S.531.

c) Der Einsatz beim Glücksspiel

aa) Notwendigkeit eines Einsatzes

Zwar wird in den Tatbeständen der §§ 284 ff StGB die Erforderlichkeit eines Einsatzes nicht ausdrücklich erwähnt, jedoch ist nach überwiegender Rechtsprechung und Literatur für ein Glücksspiel das Vorliegen eines Einsatzes unabdingbare Voraussetzung[152].
Vereinzelt wird bezweifelt, daß der Glücksspielbegriff einen Einsatz erfordert[153].
Diese Ansicht verkennt aber, daß es bei einem Glücksspiel um die Erzielung eines Gewinnes und als dessen Kehrseite um den Verlust eines Einsatzes geht[154]. Hierfür spricht zum einen die Systematik des Gesetzes, da die §§ 284 ff. StGB in den Abschnitt über "strafbaren Eigennutz" eingegliedert sind, zum anderen spricht hierfür auch die Existenz der §§ 284 ff. StGB als solche, weil bei einem Glücksspiel ohne Einsatz der Spieler keinen Verlust erleiden und demnach auch nicht schutzwürdig sein kann.

bb) Möglichkeit des Verlustes des Einsatzes

Umstritten ist auch die Frage, ob für den Begriff des Glücksspiels erforderlich ist, daß der vom Spieler geleistete Einsatz bei ungünstigem Ausgang zu einem Vermögensverlust führen muß.

---

152 RGSt 55,270(271); BGHSt 3,99(103); GA 78,332(334); 34,171(176); OLG Braunschweig, NJW 54,1777(1778); OLG Stuttgart, NJW 64,365(366); OLG Karlsruhe, NJW 72,1963; OLG Hamburg, MDR 51,492(494); Dreher-Tröndle, § 284, Rd.3 m.w.N..

153 Siehe RGSt 64,355(360), aber auch in dieser Entscheidung wurde zumindestens von dem Vorliegen eines versteckten Einsatzes ausgegangen; offengelassen in BGHSt 11,209(210).

154 Vergl BGHSt 34,171(176).

Die frühere Rechtsprechung[155] verneinte dies mit der Begründung, ein Glücks spiel sei unabhängig von einem möglichen Verlust schon dann strafbar, wenn die obrigkeitliche Erlaubnis fehle[156].
Die heute herrschende Auffassung[157] bejaht das Erfordernis der Möglichkeit des Einsatzverlustes. Dem Begriff des Glücksspiels sei immanent, daß der von dem Mitspieler erbrachte Einsatz bei für diesen Mitspieler ungünstigem Ausgang zu einem Vermögensverlust führen könne, zumal ansonsten für den Spieler nicht das Risiko bestünde, seinen Einsatz zu verlieren.
Dem ist zuzustimmen, denn ohne die Möglichkeit eines Vermögensverlustes mag ein Spiel vielleicht wegen der Anstachelung der Spiellust zwar sozialschädlich sein, strafwürdig ist ein derartiges Verhalten aber jedenfalls nicht.

cc) Der Begriff des Einsatzes

Problematisch und umstritten ist nun aber weiterhin, was unter dem Begriff des Einsatzes zu verstehen ist.

Dieses Problem soll anhand zweier typischer Schneeballsysteme dargestellt werden.
Zum einen anhand der vom BGH in der sog. "Goldkreis"-Entscheidung zu beurteilenden Kettenbriefaktion. Hier hatte der einsteigende Teilnehmer 100,- DM an die Nr.1 einer aus 12 Personen bestehenden Liste und 100,- DM an den Überbringer der Liste zu zahlen[158].
Zum anderen anhand des Top 12 - Systems, welches sich von dem ersten Fall nur insoweit unterscheidet, als hier zusätzlich 50,- DM an eine Zentrale gezahlt wer-

---

155 RGSt 17,379(382f.); 34,390(395f.); 45,424(425f.).

156 Vergl. RGSt 17,379(383).

157 Vergl. nur OLG Hamburg, MDR 51,492(494); OLG Hamm, JMBl.NW 57,250(251); LG Trier, NJW-RR 90,313; SK-Samson, § 284, Rd.5.

158 Zur genauen Ausgestaltung des Systems vergl. oben S.12.

den mußten[159].

Mit Hilfe dieser Beispiele soll geklärt werden, ob die von den Mitspielern geleisteten Zahlungen als Einsätze zu qualifizieren sind.

(1) Die herrschende Meinung

Nach heute herrschender Auffassung[160] ist für den Begriff des Einsatzes erforderlich, daß zwischen der Aufwendung eines Vermögenswertes und dessen Gewinn oder Verlust notwendigerweise ein unmittelbarer Zusammenhang bestehen muß.

Daran fehle es aber gerade bei den oben beschriebenen Systemen. Die 100,- DM, die an den Verkäufer der Liste gezahlt würden, seien als verlorener Betrag zu werten, weil dieses Geld lediglich die Mitspielberechtigung gewähre und damit dem für den Eintritt in eine Spielbank aufgewendeten Betrag gleichzusetzen sei. Der an die Nr. 1 der Liste gezahlte Betrag von 100,- DM fließe einem Mitspieler zu und sei deshalb für den Leistenden verloren, so daß auch durch diese Zahlung die Gewinnchance nicht unmittelbar eröffnet werde. Diese Gewinnchance eröffne sich erst durch den von den Zahlungen unabhängigen Umstand, daß es dem Spieler gelinge, zwei neue Mitspieler zu werben. Man dürfe die Chance, zu gewinnen, nicht mit der Chance, sich einen Gewinn zu verschaffen, identifizieren[161].

Danach wäre die Zahlung eines Geldbetrages an die Zentrale wie bei "Top 12" als verlorener Betrag zu werten, weil dieser Betrag die Gewinnchance ebenfalls

---

159 Siehe hierzu auch oben S.14.

160 BGHSt 34,171(175ff); BayObLG, NJW 90,1862(1863); OLG Stuttgart, NJW 64,365(366); LG Trier, NJW-RR 90,313; Klenk, GA 76,361(367); Sch-Sch-Eser, § 286, Rd.4;
zweifelnd Dreher-Tröndle, § 284, Rd.3.

161 Lampe, GA 77,33(35).

noch nicht unmittelbar eröffnet, sondern auch hier die Werbung neuer Mitspieler erforderlich ist[162].

Nach dieser Ansicht wird bei typischen Schneeballsystemen nie ein Einsatz von den Mitspielern geleistet mit der Folge, daß eine Strafbarkeit nach den §§ 284 ff. StGB ausscheidet.

Dies gilt neben den hier betrachteten Kettenbriefmodellen ebenfalls für Systeme der klassischen progressiven Kundenwerbung, denn auch hier sind die Zahlungen an den Veranstalter unabhängig davon, ob der Spieler neue Mitspieler anwerben kann und sich damit seine Gewinnchance eröffnet.

(2) Die Gegenansicht

Nach einer ausnahmslos vor der "Goldkreis"-Entscheidung des BGH vertretenen Auffassung sollte für das Vorliegen eines Einsatzes genügen, daß die Zahlungen zum Zwecke der Beteiligung an dem Spiel geleistet werden[163]. Insbesondere werde die Gewinnaussicht schon durch Zahlungen an andere Mitspieler eröffnet[164], weil zwischen den Geldzahlungen und der Erlaubnis, neue Spieler zu werben, ein so enger Zusammenhang bestehe, daß die Zahlungen letztlich die Gewinnaussicht begründen[165].

Nach dieser Ansicht eröffnet jede Zahlung die Mitspielmöglichkeit und damit die Gewinnaussicht und wäre demnach als Einsatz zu bewerten.

(3) Stellungnahme und eigene Lösung

Im folgenden ist festzustellen, unter welchen Voraussetzungen ein Einsatz vor-

---

162 So BayObLG, NJW 90,1862(1863).

163 Astl-Rathleff, S.17; RGSt 60,385(387).

164 BGHSt 2,79(84); OLG Hamburg, MDR 51,492(494); RGSt 60,250(251); RGZ 115,319(326); Richter, WIK 83,196(198); so wohl auch LK-Bubnoff, § 286, Rd.4, der lediglich auf die Eröffnung der Gewinnchance abstellt, aber nicht darlegt, ab wann diese Gewinnchance eröffnet ist.

165 OLG Karlsruhe, NJW 72,1963(1964).

liegt.

Bei der näheren Konkretisierung des Begriffes Einsatz ist der Sinn und Zweck des Glücksspielstrafrechts zu beachten. So nimmt auch der BGH für seine Begriffsbestimmung "den vom Gesetzgeber vorausgesetzten und deshalb in §§ 284 ff. StGB nicht definierten Begriff des Glücksspiels" in Anspruch[166].

Demzufolge ist zunächst einmal festzustellen, worin der Schutzzweck der §§ 284 ff. StGB liegt. Dies wird nicht einheitlich beurteilt.
Nach ausschließlich früher vertretenen Meinungen verfolgen die Glücksspieltatbestände nur gewerbe-, sittenpolizeiliche und fiskalische Interessen[167] bzw. liegt das Rechtsgut allein in der Bewahrung der Wirtschaftsmoral[168].
Nach überwiegender Ansicht sollen die §§ 284 ff. StGB das Vermögen der einzelnen Mitspieler vor der eigenen Spielleidenschaft sowie vor der Ausbeutung durch andere schützen[169]. Auch Momente der öffentlichen Sicherheit sowie des fiskalischen Nutzens spielen bei der Bestimmung des Schutzgutes eine Rolle, treten jedoch gegenüber der Bedeutung des Vermögensschutzes zurück[170].
Vereinzelt wird vertreten, daß die §§ 284 ff. StGB zwar der Spielleidenschaft entgegentreten, nicht aber verhindern sollen, daß die Spieler ihr Geld verlieren[171].

Nach der Gegenansicht liegt der Schutzzweck der §§ 284 ff. StGB in der Absiche-

---

166 Vergl. BGHSt 34,171(178).

167 Siehe Kohlrausch-Lange, § 284, Anm.II.

168 So Seelig, S.79ff.; Weiser, S.69ff..

169 BVerfGE 28,119(148); BGHSt 11,209(210); RGSt 65,194(195); LK-Bubnoff, Vor § 284, Rd.4; Meurer-Bergmann, JuS 83,668 (671); E.Schmidt, ZStW 41(1920), S.609; Astl-Rathleff, S.12; SK-Samson, § 284, Rd.1;
vergl. auch Dreher-Tröndle, § 284, Rd.1 und Lackner, § 284, Rd.1, die als Rechtsgut die Sicherung der staatlichen Kontrolle vor einer Kommerzialisierung der natürlichen Spielleidenschaft ansehen.

170 Siehe LK-Bubnoff, Vor § 284, Rd.4.

171 BGH, MDR 68,938.

rung eines ordnungsgemäßen, staatlich kontrollierbaren Spielsystems[172]. Dies wird damit begründet, der Gesetzgeber habe die gewerbsmäßige Veranstaltung eines Glücksspiels i.S.d. § 285 StGB, welche das Vermögen der Mitspieler viel eher zu gefährden geeignet ist, durch Art. 19 Nr.148 des Einführungsgesetzes zum Strafgesetzbuch vom 2. März 1974 (BGBl. I, S.492) aufgehoben[173]. Daneben spreche gegen das Vermögen als Schutzgut, daß der Staat selbst Spielbanken, Lotto, Toto etc. konzessioniere und über die Gewinne bzw. über die Steuer an diesen Spielsystemen auch partizipiere[174].

Gegen die letztgenannte Ansicht, die den Schutzzweck der §§ 284ff. StGB in der Absicherung des ordnungsgemäßen Spielbetriebs sieht, ist einzuwenden, daß die bloße Ordnungsmäßigkeit eines Spielsystems selbst kein strafrechtlich schützenswertes Rechtsgut ist. Die Kontrolle des Spielsystems wäre bloßer Selbstzweck, wenn nicht auch das Vermögen geschützt würde. Die bloße manipulierte Durchführung eines Spiels gefährdet erst dann schützenswerte Rechtsgüter, wenn aufgrund der Manipulation auch ein irgendwie gearteter Schaden eintreten kann. Ein derartiger Schaden für den Einzelnen, die Allgemeinheit bzw. die Volkswirtschaft droht hier erst, wenn geldwerte Leistungen Gegenstand des Spiels sind[175]. Auch daß der Gesetzgeber lediglich die ohne behördliche Erlaubnis betriebenen Glücksspiele unter Strafe gestellt hat, spricht nicht gegen die Anerkennung des Vermögens als durch die §§ 284 ff. StGB geschütztes Rechtsgut. Diese Differenzierung deutet lediglich darauf hin, daß der Gesetzgeber die behördlich genehmigten Glücksspiele nicht als strafbedürftig angesehen hat[176].

---

172 Maurach/Schroeder/Maiwald, BT I, S.489f.; Sch-Sch-Eser, § 284, Rd.1 m.w.N..

173 So Sch-Sch-Eser, § 284, Rd.1.

174 So Maurach/Schroeder/Maiwald, BT I, S.489.

175 So beeinträchtigt z.B. ein manipulierter Roulettetisch dann keine Rechtsgüter, wenn der Einsatz nicht in einer geldwerten Leistung besteht.

176 Bezüglich des staatlich überprüften Glücksspiels hat sich der Gesetzgeber für einen milderen Weg als die Pönalisierung entschieden. Daß die Veranstaltung von staatlich konzessionierten Spielen vom Gesetzgeber nicht als strafbedürftig angesehen wird, ergibt sich schon unmittelbar aus dem Gesetzeswortlaut der §§

Darüberhinaus spricht auch die Streichung des § 285 StGB nicht gegen das Vermögen als schützenswertes Rechtsgut im Rahmen der §§ 284 ff. StGB, denn die Streichung erfolgte lediglich deshalb, weil § 285 StGB auch auf den an einem behördlich erlaubten Glücksspiel teilnehmenden gewerbsmäßigen Spieler Anwendung fand, was aber kriminalpolitisch verfehlt war. Im übrigen reicht auch der Strafrahmen der Grundtatbestände (§§ 284, 284a StGB) für eine angemessene Bestrafung eines gewerbsmäßig Handelnden aus[177]. Aus diesen Gründen ist die zweite Ansicht abzulehnen.
Als Ergebnis bleibt festzuhalten, daß als Schutzgut der §§ 284 ff. StGB das Vermögen der Mitspieler anzusehen ist.

Wird aber durch die §§ 284 ff. StGB das Vermögen der Mitspieler vor der eigenen Spielleidenschaft und vor Ausbeutung durch andere geschützt, so kommt es nicht darauf an, an wen der Mitspieler zahlt. Entscheidendes Kriterium kann nur sein, daß die Mitspieler aus Spielleidenschaft Geld gezahlt haben und jemand anderer sich hieran bereichert.
Berücksichtigt man demnach den Schutzzweck der §§ 284 ff. StGB bei der Bestimmung des Begriffs "Einsatz", so liegt ein Einsatz schon immer dann vor, wenn der Mitspieler eine Vermögensdisposition getroffen hat, die sich unmittelbar vermögensmindernd auswirkt, ohne daß es darauf ankommt, an wen er zahlt und ob er die Zahlung für die Eröffnung einer Gewinnaussicht vornimmt.
Dies wird von der oben dargelegten Meinung des BGH in der "Goldkreis"- Entscheidung, nach der zwischen der Aufwendung des Vermögenswertes und einem möglichen Gewinn ein unmittelbarer Zusammenhang bestehen muß, nicht beachtet. Das Vermögen des Mitspielers ist unabhängig davon schutzwürdig, an wen dieser zahlt.

Auch der allgemeine Sprachgebrauch läßt nicht den Rückschluß darauf zu, daß

284, 286 StGB ("Wer ohne behördliche Erlaubnis ..."); vergl so auch Astl-Rathleff, S.12.

177 Göhler, NJW 74, 825(833) .

zwischen den Vermögensaufwendungen und dem angestrebten Gewinn ein unmittelbarer Zusammenhang bestehen muß. Nach dem allgemeinen Sprachgebrauch ist unter Einsatz die Eröffnung einer Gewinnaussicht zu verstehen[178]. Dies allein hilft hier aber nicht, da weiterhin offen ist, ob die Gewinnaussicht bei Modellen progressiver Kundenwerbung schon mit den Zahlungen eröffnet ist oder erst mit der Werbung neuer Mitspieler.
Vom Wortsinn ist es schwer verständlich, daß jemand 200,- DM zahlt, ohne daß ihm dies eine Gewinnchance eröffnet und ohne daß dieses Geld als Einsatz angesehen wird. Der Wortsinn von "Einsatz" spricht also eher dafür, daß mit den Geldzahlungen neben der Teilnahme am Spiel auch die Gewinnmöglichkeit eröffnet wird.
Die herrschende Meinung, die zwischen der Einstandszahlung und der Eröffnung der Gewinnchance differenziert, berücksichtigt nicht, daß auch nach dem Willen der Veranstalter der die Einstandzahlung Leistende mit seiner Zahlung nicht lediglich den Beitritt erkaufen will, sondern sich hiermit in Zusammenhang mit der Werbung neuer Mitspieler auch unmittelbar die Gewinnchance eröffnen will.
Der Begriff des Einsatzes ist aber aus der Sicht des Täters und damit subjektiv zu bestimmen[179].

Problematisch erscheint auch, daß der BGH in seiner maßgeblichen Goldkreis-Entscheidung die Zahlung von 100,- DM an den Übergeber der Liste mit dem für den Eintritt in eine Spielbank geleisteten Betrag gleichsetzt und damit lediglich als Mitspielberechtigung qualifiziert.
Hierbei wird verkannt, daß der Eintritt in eine Spielbank (z.B. 5,-DM) schon der Höhe nach mit den Zahlungen der Mitspieler eines Kettenbriefmodells wie in den vorliegenden Fällen (2 x 100,- DM) nicht vergleichbar ist.
Ferner ist zu berücksichtigen, daß eine Spielbankeintrittszahlung auch den

---

178 Nach der Brockhaus-Enzyklopädie (Band 5, S.314) ist unter dem Begriff "Einsatz" lediglich eine Gebühr für eine Teilnahme an einem Spiel zu verstehen.

179 Vergl. OLG Düsseldorf, NJW 58,760(761); Sch-Sch-Eser, § 286, Rd.6.

Zweck hat, Zuschauer von dem Besuch einer Spielbank abzuhalten. Daneben wird ein Teil des hohen organisatorischen Aufwands einer solchen Einrichtung abgegolten. Diesen Sinn und Zweck erfüllen die Zahlungen bei einem Kettenbrief aber eindeutig nicht.
Nota bene stimmen auch die durch die Zahlungen herbeigeführten praktischen Folgen nicht überein. Die Eintrittszahlung in eine Spielbank eröffnet unmittelbar noch keine Gewinnchance, denn hierfür ist eine erneute Zahlung erforderlich, die dann unproblematisch als Einsatz anzusehen ist. Dagegen sind nach den "sog. Einstandszahlungen" bei einer Kettenbriefaktion keine weiteren Zahlungen erforderlich, um die Gewinnchance zu eröffnen. Mit dem Erhalt der Liste sowie der Anwerbung neuer Spieler erwirbt der Mitspieler hier unmittelbar die Gewinnchance. Demnach ist der vom BGH vorgenommene Vergleich mit der Eintrittszahlung in eine Spielbank nicht sachgerecht.

Aber auch die der Gegenansicht[180] zugrunde liegende Prämisse, mit der Zahlung eröffne sich die Gewinnchance, ist unzutreffend. Die Gewinnchance resultiert aus der erfolgreichen Anwerbung neuer Mitspieler, denn erst in diesem Zeitpunkt hat der Mitspieler die Voraussetzungen für einen möglichen Gewinn geschaffen. Demzufolge ist auch die Argumentation der Vertreter dieser Auffassung abzulehnen.

Vielmehr genügt für den Begriff des Einsatzes, daß der Mitspieler Zahlungen an andere Teilnehmer innerhalb des Systems leistet. Ohne daß weitere Zahlungen erforderlich sind, wird nämlich bereits dadurch die Werbung zweier neuer Mitspieler ermöglicht und damit untrennbar verbunden auch die Möglichkeit der Eröffnung der Gewinnchance.
Unerheblich ist in diesem Zusammenhang, daß die Ware durchaus einen entsprechenden Gegenwert haben kann, denn häufig werden bei Kundenwerbungsmodellen die Waren nur deshalb gekauft, weil neben der Ware noch ein weiterer

---

180 Siehe oben S.52, (2).

Vorteil geboten wird[181]. Der Warenpreis wird also in diesen Fällen nicht lediglich für die Ware, sondern auch - in allerdings nicht festzustellender Höhe - für die Möglichkeit der Eröffnung der Gewinnaussicht geleistet.
Dies gilt auch für die Fälle der progressiven Kundenwerbung, denn für die Beurteilung, ob ein Einsatz vorliegt, kommt es bei den §§ 284 ff. StGB im Gegensatz zu § 263 StGB nicht darauf an, ob der Spieler für seine Zahlung ein gleichwertiges Äquivalent erhalten hat[182]. Entscheidendes Kriterium kann nur sein, daß der Einsatz für die offerierte Gewinnaussicht geleistet worden ist.

Demzufolge werden bei allen Kettenbriefmodellen regelmäßig Einsätze geleistet.

dd) Der "versteckte" Einsatz

Verschiedentlich wurde bei Modellen der klassischen Form von progressiver Kundenwerbung diskutiert, ob auch ein sog. "versteckter Einsatz" für die Bejahung des Glücksspielbegriffes genügt.
Ein versteckter Einsatz solle dann vorliegen, wenn der Einsatz äußerlich nicht erkennbar im Warenpreis mitenthalten sei[183].
Der versteckte Einsatz sei durch einen Vergleich zwischen dem objektiven Wert der Sache und dem geleisteten Entgelt abzüglich der Gewinnspanne des Unternehmers zu ermitteln[184].
Aufgrund dieser Berechnung wurde eine Strafbarkeit verschiedentlich sogar verneint[185].

---

181 So RGSt 34,447(448).

182 Vergl. insoweit auch BGHSt 2,79(84).

183 BGHSt 11,209(210); 3,99(104); 2,79(84); 2,139; RGSt 34,447(448); 65,194(196f.); 67,397(400); OLG Düsseldorf NJW 58,760; Volmer, GRUR 53, 196(197).

184 Vergl. nur LK-Bubnoff, § 286, Rd.6.

185 Lampe, GA 77,33(41); Bruns, Schröder-GS, S.273 (277f.); BGH GA 78,332(334); RGZ 115,319(326).

Der Begriff des versteckten Einsatzes dient lediglich der Begriffsverwirrung, denn falls ein überhöhter Preis für eine Sache bezahlt wird, so ist es für die rechtliche Bewertung ohne Bedeutung, ob man dies als Einsatz oder als versteckten Einsatz qualifiziert. Mit Einführung der nunmehr umfassenderen Strafdrohung des § 6 c UWG ist diese Frage gegenstandslos geworden[186]. Darüberhinaus stellt sich dieses Problem bei allen Kettenbriefmodellen nicht, weil in diesen Fällen die Zahlungen der Mitspieler für die Beteiligung an dem System und nicht vordergründig für eine Ware geleistet werden, so daß die Annahme eines versteckten Einsatzes hier von vorneherein nicht in Betracht kommt.

d) Abgrenzung Glücksspiels - Unterhaltungsspiel

Kein Glücksspiel, sondern ein Unterhaltungsspiel liegt dann vor, wenn der Gegenstand des Spiels keinen oder nur einen völlig unbedeutenden Vermögenswert besitzt[187].

aa) Beurteilung des Vermögenswertes anhand des Einsatzes oder des Gewinnes?

Fraglich ist, ob bei der Bewertung, ob der Gegenstand des Spiels einen Vermögenswert besitzt, auf den geleisteten Einsatz oder auf den zu erwartenden Gewinn abzustellen ist.

Nach der wohl herrschenden Meinung ist erforderlich, daß der zu erwartende Gewinn einen nicht ganz geringfügigen Vermögenswert besitzt[188]. Hiernach wären z.B. auch die Kettenbriefe, die lediglich einen geringen Einsatz erfordern[189],

---

186 BGHSt 34,171(178); Lackner, § 286, Rd.2.

187 RGSt 18,342(343); 19,253(254); 40,21(33); OLG Hamm, JMBl.NRW 57,251.

188 Vergl. RGSt 64,355(357); Sch-Sch-Eser, § 284, Rd.6; Dreher-Tröndle, § 284, Rd.4; LK-Bubnoff, § 284, Rd.6.

189 Vergl. nur OLG Stuttgart, NJW 64,365 ff.(Einsatz: 1,- DM; möglicher Ge-

wegen des zu erwartenden hohen Gewinnes nicht mehr als Unterhaltungsspiel zu bewerten.
Anderer Ansicht zufolge ist bei der Ermittlung des Charakters eines Unterhaltungsspiels auf den erbrachten Einsatz abzustellen[190]. Danach würden solche Spiele bloße Unterhaltungsspiele darstellen, in denen der Einsatz der Mitspieler lediglich in Kleinstbeträgen besteht (z.B. 1,- DM, eine Schokolade etc., s.o. Fn.41).

Zur Beantwortung der Frage, worauf die Bewertung abzustellen hat, ist zum einen erneut der Schutzzweck der §§ 284 ff. StGB heranzuziehen. Wie oben festgestellt, liegt dieser in dem Schutz des Vermögens der einzelnen Mitspieler[191]. Jenes Schutzgut wird bei sehr geringen Einsätzen nicht tangiert, weil in diesem Fall eine erhebliche Vermögensbeeinträchtigung ausscheidet[192]. Zu beachten ist zum anderen, daß der avisierte Gewinn bei geringen Einsätzen erheblich niedriger als bei hohen Einsätzen und demzufolge auch die Gefahr der Anstachelung der Spielsucht erheblich geringer ist. Diese Formen der progressiven Kundenwer-

---

winn: 3.125,- DM); s. hierzu Fn.41.

190 SK-Samson, § 284, Rd.5; OLG Hamm, JMBl.NRW 57,251; vergl. aber auch OLG Braunschweig, NJW 54,1777(1778) und Maurach/Schroeder/Maiwald, BT 1, S.491, wonach sowohl für den Einsatz als auch für den erwarteten Gewinn das Vorliegen eines nicht unerheblichen Vermögenswertes erforderlich ist. Daß bei einem nicht unerheblichen Einsatz auch der erwartete Gewinn einen nicht geringen Vermögenswert besitzt, ist bei progressiven Kundenwerbungsmodellen evident, so daß auch hiernach letztlich auf den Einsatz abgestellt wird.

191 Vergl. hierzu oben S. 52ff..

192 Nach LK-Bubnoff (§ 284, Rd.6) ist der Schutzzweck nur dann nicht tangiert, wenn der erzielbare Gewinn überhaupt keine Rolle spielt. Derartig kleine Einsätze, daß der Gewinn keine Rolle spielt, gibt es aber bei Systemen der progressiven Kundenwerbung nicht, so daß in dem hier untersuchten Bereich nie ein Unterhaltungspiel vorliegen würde.
Die weitergehende Frage, ob bei Minimaleinsätze, die innerhalb kurzer Zeit geleistet werden (z.B. bei Spielautomaten), eine Gesamtbetrachtung erforderlich ist, kann im Rahmen dieser Arbeit dahinstehen (vergl. hierzu OLG Hamm, JMBl.NW 57,250).

bung sind auch weder strafwürdig noch strafbedürftig (s.o. 2.Kap., II. 1.) und 2.)). Folglich ist bei einer Qualifizierung eines Spiels als Glücks- bzw. als Unterhaltungsspiel auf den geleisteten Einsatz und nicht auf den erwarteten Gewinn abzustellen.

bb) Aus wessen Sicht bestimmt sich die Geringwertigkeit?

Weiterhin muß festgestellt werden, aus wessen Sicht das Vorliegen der Geringwertigkeit zu beurteilen ist. Auch dies wird nicht einheitlich beurteilt.

Teilweise stellt man bei Ermittlung der Geringwertigkeit rein subjektiv auf die sozialen Verhältnisse[193] bzw. auf die Vermögenslage der Spieler ab[194].
Nach anderer Ansicht[195] soll die Verkehrsanschauung unter Würdigung der Vermögensverhältnisse des Durchschnitts der Spieler entscheidend sein.
Letztlich werden für die Feststellung der Geringwertigkeit die allgemeinen gesellschaftlichen Anschauungen für ausschlaggebend gehalten, d.h. der zu beurteilende Vermögenswert wird nach rein objektiven Kriterien beurteilt[196]. Nach der allgemeinen Verkehrsanschauung wären also die durchschnittlichen Vermögensverhältnisse der Bevölkerung ausschlaggebend, da ja jede Person Mitspieler werden kann[197].
Für die Bestimmung der Geringwertigkeit werden also sowohl objektive als auch subjektive Kriterien herangezogen.

Es mag den Ansichten, die ganz oder teilweise auf subjektive Kriterien bei der

---

[193] So Olshausen, § 284, Anm.2b.

[194] Sch-Sch-Eser, § 284, Rd.6; Binding 1, S.406; Frank, § 284, Anm.II.

[195] BayObLG, GA 56,385(386); Dreher-Tröndle, § 284, Rd.4.

[196] RGSt 19,253(254); 18,342(343); 6,70(74); LK-Bubnoff, § 284, Rd.6; Maurach/Schroeder/Maiwald, BT 1, S.490f.; so wohl auch OLG Hamm, JMBl.NRW 57,250.

[197] So Richter, WIK 83,196(197).

Feststellung der Geringwertigkeitsgrenze abstellen, zuzugeben sein, daß die Berücksichtigung der Vermögensverhältnisse der Mitspieler den Vorteil hat, daß nur dort eine Strafbarkeit angenommen werden kann, wo der Vermögensverlust den Spieler auch subjektiv trifft. Eine derartige Betrachtung hätte aber zur Folge, daß die Strafbarkeit von dem zufälligen Umstand abhängen würde, ob die Mitspieler vermögend sind oder nicht. Demnach wäre eine einheitliche Beurteilung der einzelnen Systeme nicht möglich. Die Vermögensverhältnisse der einzelnen Mitspieler wären wohl auch praktisch nur mit unverhältnismäßigem Aufwand festzustellen[198]. Aus diesen Gründen ist jede Art von subjektiver Bestimmung des Begriffs der Geringwertigkeit abzulehnen. Die Festlegung darf folglich nur auf der Grundlage von rein objektiven Kriterien erfolgen.

cc) Grenze der Geringwertigkeit

Fraglich ist weiterhin, bei welchem Geldbetrag eine Geringwertigkeit anzuneh men ist.

Das OLG Hamm sah in einer Entscheidung aus dem Jahre 1957[199] einen Einsatz in Höhe von 1,- DM schon nicht mehr als geringwertig an mit der Folge, daß es das Vorliegen eines bloßen Unterhaltungsspiels verneinte[200].
Auch das Bayerische Oberste Landesgericht qualifizierte im Jahre 1956 einen Einsatz von 5,- DM als nicht unbedeutenden Vermögenswert[201].

---

[198] So auch für den unüberschaubaren Kreis der Spielautomatenkundschaft LK-Bubnoff, § 284, Rd.6 und Maurach/ Schroeder/ Maiwald, BT 1, S.491.

[199] OLG Hamm, JMBl.NRW 57,251.

[200] Vergl. in diesem Zusammenhang auch den Sachverhalt des OLG Stuttgart (NJW 64,365f.), wo auch ein Kettenbriefsystem mit einem Einsatz von 1,- DM strafrechtlich zu beurteilen war. Der Senat stellte zwar fest, daß es Ziel des Spiels sei, einer gewissen Unterhaltung zu dienen (S.366), jedoch ließ er die Anwendung der §§ 284 ff StGB nicht konsequenterweise an der Geringwertigkeit des Einsatzes, sondern an dem Fehlen eines Einsatzes, einer Spieleinrichtung sowie an der fehlenden Öffentlichkeit scheitern.

[201] Siehe BayObLG, GA 56,385(386).

Nach heutiger Sicht ist es sicherlich unzutreffend, einen einmalig gezahlten Einsatz in Höhe von 1,- DM als so bedeutenden Vermögenswert anzusehen, daß ein strafrechtlicher Schutz vor einer entsprechenden Gefährdung dieses Vermögens erforderlich wäre. Die Entscheidung des OLG Hamm stammt aus dem Jahre 1957 und ist vor dem Hintergrund eines erheblich niedrigeren Durchschnittseinkommens der Bevölkerung zu verstehen. Heutzutage wird man den Einsatz von 1,- DM als geringwertig ansehen müssen, so daß dann ein strafloses Unterhaltungsspiel vorläge.

Es stellt sich das Problem, bei welchem konkreten Betrag die Grenze zwischen einem Glücks- und einem Unterhaltungsspiel verläuft.
Man könnte erwägen, zur Lösung dieser Frage die Geringwertigkeitsdefinition aus § 248 a StGB heranzuziehen[202].
Jedoch bliebe dann unberücksichtigt, daß eine Geringwertigkeit nach § 248 a StGB lediglich ein eingeschränktes Antragserfordernis, nicht aber die Straflosigkeit zur Folge hat. Damit würde nur eine Abgrenzung zum Offizialdelikt vorgenommen. Auch eine geringwertige Sache wird aber als Vermögensbestandteil bei Stellung eines Strafantrages geschützt.
Aufgrund dieser nicht vergleichbaren Rechtsfolgen ist die Geringwertigkeitsgrenze des § 248 a StGB nicht auf den zu beurteilenden Fall übertragbar.

Nach Richter[203] soll die Grenze bei einem Gesamtkostenbetrag von 20,- DM bis 30,- DM liegen. Jedoch ist ein Betrag von 20,- DM nicht als unbedeutend anzusehen. Daneben erscheint diese Grenze willkürlich und berücksichtigt nicht die gesellschaftlichen und konjunkturellen Entwicklungen. Demnach ist auch dieser Vorschlag abzulehnen.

---

202 Hiernach liegt gegenwärtig ein geringwertiger Vermögenswert bei Beträgen unter ca. 50,-DM vor; vergl. Dreher-Tröndle, § 248 a, Rd.5 und Lackner, § 248a, Rd.5.

203 Vergl. Richter, WIK 83,196(197).

Bei der Bestimmung der Grenze ist der Zweck der Differenzierung zu beachten. Bei Unterhaltungsspielen stehen Motive wie Spaß, Freude etc. im Vordergrund, nicht aber der eventuelle Verlust des Einsatzes. Deshalb sind als Unterhaltungsspiele nur solche Spiele zu qualifizieren, bei denen die Verlustmöglichkeit völlig zurücktritt.

Als taugliches Abgrenzungskriterium, das auch den wirtschaftlichen Veränderungen Rechnung trägt, kann man den niedrigsten in der Praxis existenten Arbeitsstundenlohn heranziehen[204]. Für dieses Abgrenzungkriterium spricht, daß ein Betrag nach allgemeiner Verkehrsanschauung nicht als unerheblich angesehen werden kann, wenn jemand für diesen Betrag seine Arbeitskraft zu verkaufen bereit ist. Ferner spricht hierfür, daß dieses Kriterium den notwendigerweise eintretenden wirtschaftlichen Wandel berücksichtigt, der sich in einer Änderung der Löhne und Preise ausdrückt.

Unter Berücksichtigung dieses Kriteriums sollte derzeit die Grenze bei etwa 10,- DM zu ziehen sein, so daß nur die Systeme als straflose Unterhaltungsspiele zu werten sind, bei denen Einsätze bis zu ca. 10,- DM von den Mitspielern geleistet werden.

Hiernach liegt sowohl bei dem oben beschriebenen Schokoladenkettenbrief als auch bei einem Kettenbrief mit 1,- DM Einsatz kein strafbares Glückspiel, sondern lediglich ein strafloses Unterhaltungsspiel vor. Dies erscheint unter Berücksichtigung der oben getroffenen Feststellungen zur Strafwürdigkeit derartiger Systeme auch sachgerecht.

2.) Begriff der Öffentlichkeit

---

204 So OLG Hamm, JMBl.NW 57,250, wonach 7,20 DM unter Berüchsichtigung der damaligen Arbeitslöhne nicht als unwesentlicher Betrag angesehen wurde. Als weiteres Kriterium nennt der Senat den Eintrittspreis für eine Unterhaltungsveranstaltung. Dieses Kriterium ist aber abzulehnen, weil die unterschiedlichen Arten von Veranstaltungen und der damit verbundene divergierende Eintrittspreis eine auch nur einigermaßen genaue Festlegung nicht zulassen.

Nach dem Wortlaut des § 284 Abs.1 StGB ist für die Strafbarkeit eines Glücksspiels erforderlich, daß dieses öffentlich veranstaltet wird bzw. gemäß § 284 Abs.2 StGB als öffentlich veranstaltet gilt.

a) Begriffsbestimmung

Das Merkmal der Öffentlichkeit ist trotz des entgegenstehenden Gesetzeswortlauts eine Eigenschaft des Spiels, nicht eine Modalität der tatbestandsmäßigen Handlung[205].

Ein Spieüüül ist öffentlich, wenn für einen größeren, nicht fest geschlossenen Personenkreis, der nicht durch persönliche Beziehungen miteinander verflochten ist, die Möglichkeit der Beteiligung besteht (objektives Kriterium)[206] und bei den Spielern der Wille erkennbar ist, auch andere am Spiel teilnehmen zu lassen (subjektives Kriterium)[207].

Demnach kommt es bei der Beurteilung dieses Tatbestandsmerkmales auf die Spielumstände sowie die Bereitschaft der Mitspieler, nicht aber auf den konkreten Ort des Spiels an[208].

b) Öffentlichkeit bei begrenztem Personenkreis

Problematisch ist, ob das Merkmal der Öffentlichkeit auch dann vorliegt, wenn das Spiel auf einen bestimmten Personenkreis begrenzt wird, denn nicht jede Begrenzung schließt notwendig die Öffentlichkeit aus.

Bei der Beurteilung, ob - und wenn ja - welche Modelle der progressiven Kundenwerbung als öffentlich veranstaltet anzusehen sind, ist zwischen den unter-

---

205 Vergl. OLG Hamm, JMBl.NRW 57,251; LK-Bubnoff, § 284, Rd.9.

206 RGSt 57,190(193); 59,347(349); 63,44(45); BGHSt 9,39(42); VGH Mannheim, GewArch 78,387(389).

207 BayObLG, GA 56,385(386); Sch-Sch-Eser, § 284, Rd.9; SK-Samson, § 284, Rd.10; OLG Hamm, JMBl.NW 57,251; OLG Karlsruhe, Die Justiz 1971, S.61.

208 Vergl. Sch-Sch-Eser, § 284, Rd.9.

schiedlichen Möglichkeiten der Durchführung derartiger Systeme zu unterscheiden.
Die Güüüewinnung neuer Kunden bzw. Mitspieler kann auf verschiedenen Wegen erfolgen, wie z.B. durch ein gezieltes Anschreiben bzw. Ansprechen, durch extra zu diesem Zwecke durchgeführte Werbeveranstaltungen sowie durch Wurfsendungen.

aa) Werbung durch persönliches Ansprechen und Anschreiben[209]

Wird der neue Kunde bzw. Mitspieler durch direktes Ansprechen oder Anschreiben angeworben, so könnte man erwägen, daß kein unbeschränkter Personenkreis die Möglichkeit hat, an dem System teilzunehmen, sondern lediglich die unmittelbar Angesprochenen[210]. Möglicherweise ist nämlich der Wille des Werbers erkennbar, gerade nicht jeden Mitspielwilligen am Spiel teilnehmen zu lassen, sondern nur die von ihm individuell Angesprochenen, weil er sich gerade von diesen ein engagiertes Weiterwerben und damit den Fortlauf der Einzelketten verspricht. Hiergegen spricht jedoch, daß die Werbequalitäten der individuell Angesprochenen nicht äußerlich erkennbar sind. Weiterhin wird der Werber in der Regel froh sein, überhaupt Mitspieler zu finden, so daß es auf diesen Aspekt nicht entscheidend ankommt. Daneben ist zu berücksichtigen, daß der Werber grundsätzlicüüüüh jeden ansprechen bzw. anschreiben kann, so daß der angesprochene Personenkreis nicht fest abgeschlossen ist[211]. Demnach liegt sowohl objektiv als auch nach dem Willen des Werbers bei einem wahllosen Anschreiben bzw. Ansprechen der Personen ein öffentliches Spiel vor.

---

[209] Auf diese Art und Weise werden bei den meisten der hier untersuchten Systeme die neuen Teilnehmer angeworben.
Vergl. nur als Beispiel für Ansprechen z.B.: "Goldkreis"; "TOP - 12" (Anlage 4); weitere Beispiele s.o. Fn. 34,37,43,44;
Beispiele für Anschreiben: "Selbsthilfe-Gemeinschafts-Kreis" (Anlage 1); "Kapitalaufbauplan" (Anlage 2); zu diesen Systemen vergl. oben Fn.40.

[210] So StA München, wistra 86,36(37); OLG Stuttgart, NJW 64,365(366); so wohl auch Granderath, wistra 84,169.

[211] So auch Richter, WIK 83,196(198) und RGZ 115,319(327).

bb) Werbeveranstaltungen

Werden die neuen Teilnehmer auf Werbeveranstaltungen angeworben, so ist zu unterscheiden, ob bei diesen Veranstaltungen nur geladene Interessenten teilnahmeberechtigt sind oder ob die Veranstaltungen für jedermann zugänglich sind.

Bei einer Werbeveranstaltung mit lediglich geladenen bzw. persönlich angesprochenen Teilnehmern hat nicht jedermann die Möglichkeit, Mitspieler zu werden, so daß das Merkmal der Öffentlichkeit i.S.d. §§ 284 ff. StGB nicht vorliegt[212]. Es handelt sich quasi um eine geschlossene Gesellschaft.

Möglicherweise ist auf derartig veranstaltete Spielsysteme die gesetzliche Fiktion des § 284 Abs.2 StGB anwendbar, wonach als öffentlich vüüeranstaltet auch solche Glücksspiele in geschlossenen Gesellschaften gelten, die gewohnheitsmäßig veranstaltet werden.
Es ist aber fraglich, ob die Teilnehmer eines Modells der progressiven Kundenwerbung oder eines Kettenbriefes die Werbeveranstaltungen gewohnheitsmäßig besuchen. Auch wenn die Werbeveranstaltungen mit einer zeitlichen und örtlichen Regelmäßigkeit veranstaltet werden[213], so wechselt doch der Teilnehmerkreis ständig, denn die Mitspieler nehmen nur so lange an den Veranstaltungen teil, bis sie ihrerseits neue Teilnehmer angeworben haben. Für eine gewohnheitsmäßig veranstaltete geschlossene Gesellschaft ist aber erforderlich, daß sich die Teilnehmer mit einiger Regelmäßigkeit zusammenfinden[214], was aber, wie so-

---

212 In der Regel sind Werbeveranstaltungen frei zugänglich.
Zum einzigen bekannten Fall, in dem nur namentlich bekannte Personen Zutritt hatten, vergl. Nichteröffnungsbeschluß des
LG Fulda, wistra 84,188(190).

213 Vergl. Top-12 - System (Anlage 4), bei dem die Werbeveranstaltungen bundesweit in einem bestimmten zeitlichen Rythmus sowie an einem festgelegten Ort durchgeführt werden.

214 Siehe auch LK-Bubnoff, § 284, Rd.10; vergl auch Begründung z. Entwurf z.

eben dargelegt, bei den hier zu beurteilenden Veranstaltungen gerade nicht der Fall ist[215]. Folglich wäre ein derartiges Spiel als nicht öffentlich veranstaltet zu qualifizieren[216].

Ist die Werbeveranstaltung dagegen für jedermann zugänglich, so ist der potentielle Teilnehmerkreis nicht abgeschlossen. Zwar könnte man nun annehmen, daß im Gegensatz zu dem Kauf von Losen der um Mitspieler bei einem System progressiver Kundenwerbung Werbende nur denjenigen mitspielen lassen will, der die Gewähr dafür bietet, daß die Kette nicht abreißt. Jedoch ließe man dann unberückuüsichtigt, daß der Werbende keinen Einfluß auf die Werbequalitäten der späteren Mitspieler hat. Eine Beschränkung der Teilnehmer liegt insoweit vor, als nur die auf der Werbeveranstaltung anwesenden Personen an dem System teilnehmen können. Allerdings ist die Teilnahme an einer Werbeveranstaltung an derartig leichte Bedingungen geknüpft, daß praktisch gesehen jeder teilnehmen kann[217]. Außerdem sind für Veranstaltungen, die jedermann zugänglich sind, Werbemaßnahmen in Form von Zeitungsannoncen, Plakaten, Handzetteln oder "Mund-zu-Mund-Propaganda" erforderlich, um den erwarteten Zulauf zu gewährleisten. Diese Ankündigungsarten sind aber jedem zugänglich, so daß auch aus diesem Grunde der angesprochene Personenkreis nicht fest abgrenzbar ist. Diese Art von Veranstaltungen sind also als öffentlich veranstaltet anzusehen.

cc) Wurfsendungen

Gesetz v. 23.12.1919 - Drucks. der Nationalversammlung (NV) Nr.1791, S.3.

215 Aus diesem Grunde kann auch eine Untersuchung der Frage unterbleiben, ob die gesetzliche Fiktion des § 284 Abs.2 StGB auf die Fälle, die nach § 286 StGB beurteilt werden, übertragen werden kann; s. zu diesem Problem Bruns, Schröder-GS, S.273(283).

216 Aufgrund dieses Ergebnisses kann die grundsätzliche Kritik an § 284 Abs.2 StGB (vergl. Lange, FS f. Dreher, S.573(581); Berg, MDR 77,277) unberücksichtigt bleiben.

217 Vergl. für die Teilnahme an Organisationen bzw. Vereinen BFH, BStBl 53 (Teil III), S.258(259); Schild, NStZ 82,446(448).

Bei der Beurteilung von Wurfsendungen ist zu beachten, daß der angesprochene Personenkreis grundsätzlich nicht unbegrenzt zu sein braucht, d.h. auch bei einem eingegrenzten Personenkreis kann das Merkmal der Öffentlichkeit vorliegen[218]. Für die Öffentlichkeit eines Spiels muß der angesprochene Personenkreis nicht durch persönliche Beziehungen verbunden sein[219]. Wurfsendungen werden wahllos an alle Haushalte im Verteilungsbezirk versandt und treffen demnach einen unbegrenzten Personenkreis, so daß bei dieser Art der Mitspielerbestimmung ein öffentliches Spiel anzunehmen ist[220].

Es bleibt festzuhalten, daß nur solche Formen der progressiven Kundenwerbung bzw. von Kettenbriefsystemen als nicht öffentlich veranstaltet anzusehen sind, bei denen die neuen Mitspieler auf nicht frei zugänglichen Werbeveranstaltungen geworben werden. Diese Formen treten aber selten auf[221], weil bei ihnen die persönlichen Kontakte der schon beteiligten Mitspieler nicht unmittelbar genutzt werden können. Gerade dies ist aber für den Erfolg dieser Systeme häufig erforderlich, so daß die praktische Relevanz dieses Teils vernachlässigt werden kann. Die herkömmlichen Systeme dagegen sind als öffentlich veranstaltet anzusehen.

3.) Die Tatmodalitäten

Als Tathandlung kommt das Veranstalten oder Halten eines Glücksspiels sowie das Bereitstellen von Einrichtungen in Betracht.

---

218 BGHSt 9,39(42); RGSt 63,44(45); LK-Bubnoff, § 284, Rd.9.

219 BGHSt 9,39(42); LK-Bubnoff, § 284, Rd.9; Dreher-Tröndle, § 284, Rd.14.

220 So auch OLG Karlsruhe, NJW 72,1963(1964).

221 Die praktische Relevanz dieser Fallgruppe ist gering.
Einzig bekanntes Modell einer Verbreitung durch Wurfsendung: OLG Karlsruhe, NJW 72,1963(1964).

a) Veranstalten

Umstritten ist, ob für das "Veranstalten" i.S.d. § 284 Abs.1 StGB erforderlich ist, daß bereits eine Beteiligung am Spiel stattgefunden hat[222] oder ob schon die Gelegenheit der Beteiligung für das Publikum ausreichend ist[223].
Der Wortsinn des Begriffs "Veranstalten" erfaßt lediglich ein Tätigwerden des Initiators des Glücksspiels, nicht aber auch eine Beteiligung Dritter, so daß es in diesem Zusammenhang genügt, dem Publikum die Möglichkeit zur Beteiligung zu geben. Demgemäß liegt diese Tatmodalität bei progressiven Kundenwerbungsmodellen regelmäßig vor.

b) Halten

Das Spiel hält, wer als Unternehmer die Spieleinrichtungen zur Verfügung stellt, wobei auch hier eine bereits erfolgte Beteiligung am Spiel nicht erforderlich ist[224].
Eine scharfe begriffliche Trennung der Tatmodalitäten "Veranstalten" und "Halten" ist nicht möglich[225] mit der Folge, daß häufig beide Tatmodalitäten erfüllt sind.

c) Bereitstellen von Einrichtungen

Als weitere Tathandlung kommt das Bereitstellen von Einrichtungen in Betracht. Als Spieleinrichtungen sind die Gegenstände anzusehen, die dazu bestimmt sind, bei Glücksspielen benutzt zu werden[226].

---

222 So SK-Samson, § 284, Rd.13; Frank, § 284, Anm.I,1.

223 BayObLG, NJW 79,2258; Sch-Sch-Eser, § 284, Rd.12; Dreher-Tröndle, § 284, Rd.11; LK-Bubnoff, § 284, Rd.11.

224 BayObLG, NJW 79,2258; Sch-Sch-Eser, § 284, Rd.13; LK-Bubnoff, § 284, Rd.12; a.A.: Meurer/Bergmann, JuS 83,668(672).

225 LK-Bubnoff, § 284, Rd.12.

226 Vergl. Sch-Sch-Eser, § 284, Rd.15; Dreher-Tröndle, § 284, Rd.13. Typische

Für die Fälle, in denen der Mitspieler den Kettenbrief selbst vervielfältigen muß, wird vom Veranstalter schon nichts bereitgestellt, was als Spieleinrichtung bewertet werden könnte.
Möglicherweise stellen aber die bei Modellen progressiver Kundenwerbung bereitgestellten Bestellcoupons oder auch Kettenbriefe selbst, wenn sie ausschließlich vom Veranstalter ausgegeben werden, derartige Spieleinrichtungen dar[227].
Dies wird einerseits wegen der spielbeherrschenden Stellung der lediglich vom Veranstalter ausgegebenen Kettenbriefe bejaht[228].
Nach anderer Ansicht können die einzelnen Kettenbriefe nicht als Spieleinrichtungen angesehen werden, weil sie lediglich dazu dienen, den Mitspielern die Spielregeln mitzuteilen, was theoretisch auch mündlich erfolgen könnte[229].
Für die erste Ansicht spricht, daß ohne die Bereitstellung der Kettenbriefvordrucke das Spiel nicht ablaufen kann. Jedoch ist zu bedenken, daß Kettenbriefe von jedem Mitspieler durch einen simplen Fotokopiervorgang selbst vervielfältigt werden können und dann nicht mehr von den vom Veranstalter zur Verfügung gestellten Briefen zu unterscheiden sind, denn auch der Veranstalter stellt die einzelnen Kettenbriefe i.d.R. durch Fotokopieren her. Bei dieser Situation sind folglich die vorgedruckten Kettenbriefe mit einem Spieltisch, mit Spielkarten etc. nicht vergleichbar. Demnach sind Kettenbriefe nicht als Spieleinrichtungen i.S.d. § 284 Abs.1 StGB anzusehen, so daß diese Tatmodalität nicht erfüllt ist.

Jedoch liegt in diesen Fällen - wie gesehen - regelmäßig ein Veranstalten bzw. ein Halten eines Glückspiels vor.

Veranstalter von progressiven Kundenwerbungsmodellen sind häufig juristische Personen oder Personengesellschaften.

Spieleinrichtungen sind z.B. Karten, Würfel, Spieltische, Jetons, etc..

227 Von BGHSt 34,171(178f.) offengelassen, da es schon an der Voraussetzung des Glücksspieles fehlte.

228 OLG Karlsruhe, NJW 72,1963.

229 OLG Stuttgart, NJW 64,365(366).

In diesen Fällen ist nach herrschender Meinung § 14 StGB anzuwenden, weil es sich bei den Mermalen "Veranstalten" und "Halten" um strafbegründende besondere persönliche Merkmale handelt[230].

4.) Lotterie und Ausspielung (§§ 286 Abs.1 und 2 StGB)

a.) Allgemeines

Sowohl die Lotterie (§ 286 I) als auch die Ausspielung (§ 286 II) werden als besondere Arten des Glückspiels[231] bzw. als Glücksspiele im weitesten Sinne angesehen[232]. Hieraus folgt, daß § 286 StGB bei Vor-liegen seiner Voraussetzungen als lex specialis dem § 284 StGB vorgeht[233].
Demnach ist für alle Varianten der §§ 284, 286 StGB erforderlich, daß die allgemeinen Merkmale eines Glückspiels erfüllt sind, so daß die Ausführungen zu dem Erfordernis des Glückspiels i.S.d. § 284 StGB bei § 286 StGB in gleicher Weise gelten.

Auch bezüglich der Tatmodalität des Veranstaltens sowie hinsichtlich des Tatbestandsmerkmals der Öffentlichkeit kann insoweit auf die Ausführungen zu § 284 StGB verwiesen werden.

---

230 BayObLG, NJW 79,2258(2259); Bruns, GA 82,5 und 35; LK-Bubnoff, § 284, Rd.12; Dreher-Tröndle, § 284, Rd.12;
a.A. Meurer/Bergmann, JuS 83,668(672) und Sch-Sch-Eser, § 284, Rd.13, nach denen eine Anwendung des § 14 StGB für eine Strafbarkeit nach § 284 StGB nicht erforderlich ist, weil das Rechtsgut des § 284 StGB durch das Halten bzw. Veranstalten unabhängig von dem Vertreterstatus verletzt wird.

231 Dreher-Tröndle, § 286, Rd.2; Astl-Rathleff, S.16 und 18; BGHSt 34,171(179) zu Lotterie.

232 SK-Samson, § 286, Rd.1; OLG Braunschweig, NJW 54,1777(1778); LK-Bubnoff, § 286, Rd.1.

233 LK-Bubnoff, § 286, Rd.20; Astl-Rathleff, S.16 und 18; OLG Braunschweig, NJW 54,1777(1778); OLG Karlsruhe, NJW 72,1963.

Bei der Lotterie und der Ausspielung ist zu beachten, daß § 284 a StGB nach dem klaren Wortlaut lediglich die an einem Glücksspiel i.S.d. § 284 StGB, nicht aber die an einer Ausspielung bzw. einer Lotterie i.S.d. § 286 StGB Beteiligten erfaßt, so daß hier ausschließlich die allgemeinen Regeln (§§ 25-27 StGB) zur Anwendung kommen.

b) Spielplan

Für eine Lotterie i.S.d. § 286 Abs.1 StGB ist das Vorliegen eines bestimmten Spielplanes erforderlich. Hierin liegt der entscheidende Unterschied zu § 284 StGB[234].

Der Spielplan wird vom Veranstalter einseitig aufgestellt, ist für die Beteiligten bindend und enthält die möglichen Gewinne und Verluste nach Zahl und Höhe sowie deren Verteilung an die Mitspieler[235].
Nach einer Entscheidung des Bundesfinanzhofes fehlt es bei einer Kettenbriefaktion an diesem steuerrechtlich wie strafrechtlich erforderlichen bestimmten Plan[236]. Zwar sei nicht erforderlich, daß Anzahl und Höhe der Gewinne von vorneherein feststehen. Jedoch müsse der vorliegende Spielplan bindende Regelungen darüber enthalten, wie hoch die auszuschüttende Gewinnsumme sein solle. Werde aber offengelassen, ob und wer in welcher Höhe überhaupt Gewinne ausschütte, so fehle es an dem "bestimmten Plan" im Sinne des Lotteriebegriffs[237].
Dies gilt uneingeschränkt für alle Modelle progressiver Kundenwerbung, denn die Veranstalter sind zur Festlegung der erforderlichen Angaben im Spielplan

---

234 Sch-Sch-Eser, § 286, Rd.3; OLG Braunschweig, NJW 54,1777 (1778); LK-Bubnoff, § 286, Rd.3.

235 RGSt 62,393(394ff.); Dreher-Tröndle, § 286, Rd.4; Klenk, GA 76,361(363f.).

236 BFH, BStBl 77 II,S.495(496).

237 So BFH, BStBl 77 II, S.495(496).

rein praktisch schon deshalb nicht in der Lage, weil sie die erst später eintretenden Mitspieler systemtypischerweise noch nicht kennen können. Darüberhinaus erhält der Veranstalter bei keiner Systemvariante Einnahmen, die er später an etwaige Gewinner zu verteilen hat. Die bei zentralgesteuerten Kettenbriefen an den Veranstalter gezahlte Gebühr behält dieser in jedem Fall ein. Folglich können auch keine Angaben gemacht werden, von wem und in welcher Höhe die avisierten Gewinne ausgeschüttet werden.
Demnach fehlt es bei Kettenbriefmodellen immer an einem Spielplan.

Die Ausspielung i.S.d. § 286 Abs.2 StGB unterscheidet sich von der Lotterie durch den Gegenstand des Gewinns: Bei der Lotterie kann man Geld, bei der Ausspielung Sachen und andere geldwerte Leistungen gewinnen[238]. Aber auch für die Ausspielung ist erforderlich, daß ein Spielplan besteht[239]. Insoweit kann auf das oben zur Lotterie Ausgeführte verwiesen werden. Demnach fehlt es auch insoweit an einem Spielplan.

Die Anwendung des § 286 StGB scheitert mithin immer an dem Fehlen eines Spielplanes.

5.) Teilnahmeformen bei den §§ 284 ff. StGB

Am Glücksspiel i.S.d. § 284 StGB beteiligt sich gemäß § 284 a StGB, wer selbst mitspielt, d.h. sich dem vom Zufall abhängenden Gewinn- und Verlustaussichten unterwirft[240].
An der Tat des einzelnen Mitspielers ist eine Teilnahme nach den allgemeinen Grundsätzen möglich[241], wobei jedoch zu beachten ist, daß die wichtigsten For-

238 Vergl. z.B. Sch-Sch-Eser, § 286, Rd.2.

239 Dreher-Tröndle, § 286, Rd.7; Sch-Sch-Eser, § 286, Rd.9.

240 Vergl. Sch-Sch-Eser, § 284a, Rd.2; LK-Bubnoff, § 284a, Rd.2.

241 Dreher-Tröndle, § 284a, Rd.2; SK-Samson, § 284a, Rd.2.

men der Teilnahme bereits von den Tatmodalitäten in § 284 StGB erfaßt sind. Fraglich ist in diesem Zusammenhang, ob der bereits nach § 284 StGB strafbare Veranstalter daneben durch eigenes Mitspielen auch nach § 284a StGB strafbar ist.
Es wird vertreten, daß der nach § 284 StGB strafbare Täter nicht gleichzeitig nach § 284a StGB strafbar sein könne und deshalb § 284a StGB hinter § 284 StGB zurücktrete[242].
Richtigerweise wird zwischen den Delikten der §§ 284 und 284a StGB, falls beide tatbestandlich vorliegen, Idealkonkurrenz anzunehmen sein[243], denn ein Veranstalter eines progressiven Kundenwerbungsmodelles muß nicht notwendigerweise auch selbst an dem Spiel teilnehmen, so daß zwischen dem Veranstalten und der Beteiligung zu unterscheiden ist.
Demnach ist der am Spiel aktiv teilnehmende Veranstalter gemäß § 284 StGB in Tateinheit mit § 284a StGB strafbar.

6.) Ergebnis zu den §§ 284 ff. StGB

Bei allen Formen von progressiver Kundenwerbung liegt ein durch Zufall bestimmtes Spiel vor und werden entgegen der Ansicht des BGH auch Einsätze getätigt.
Abgesehen von geschlossenen Werbeveranstaltungen, die aber in der Praxis so gut wie nie vorkommen, ist auch das Merkmal der Öffentlichkeit regelmäßig gegeben.
Jedoch bleibt festzuhalten, daß bei einem Einsatz von weniger als 10,- DM lediglich ein strafloses Unterhaltungsspiel vorliegt.
Innerhalb des § 284 StGB sind die Tatmodalitäten "Veranstalten" und "Halten" regelmäßig gegeben. Dagegen ist die Tatmodalität "bereitstellen von Einrichtun-

---

242 LK-Bubnoff, § 284a, Rd.6; Dreher-Tröndle, § 284a, Rd.1.
243 So SK-Samson, § 284a, Rd.2; Sch-Sch-Eser, § 284a, Rd.7.

gen" wohl nur selten erfüllt, weil regelmäßig keine Spieleinrichtung i.S.d. § 284 StGB vorliegt. Bei den §§ 286 Abs. 1 und 2 StGB fehlt es immer an dem Vorliegen eines Spielplanes.

Als Ergebnis ist zu konstatieren, daß eine Bestrafung gemäß § 284 StGB möglich ist.

II. Probleme bei § 263 StGB

1.) Die Täuschungshandlung

Als Täuschungshandlung anzusehen ist ein zur Irreführung und damit zur Einwirkung auf die Vorstellung über Tatsachen eines anderen bestimmtes Verhalten[244].

Unproblematisch liegt eine Täuschungshandlung vor, wenn innerhalb eines Kettenbriefsystems Adressen mit der Anpreisung verkauft werden, es handele sich bei den Adressen um "gleichgesinnte Personen", wenn die Adressen wahllos ausgesucht worden sind oder überhaupt nicht existieren[245].

Daneben werden sowohl bei Kettenbriefen als auch bei der klassischen Form von progressiven Kundenwerbungsmodellen häufig über die Art, die Qualität, die Preisgestaltung der Waren sowie über deren zukünftige Absetzbarkeit[246], über

---

244 Vergl. Lackner, § 263, Rd.6; Dreher-Tröndle, § 263, Rd.6.

245 So auch Granderath, wistra 88,173(174);
vergl. hierzu auch den Durchsuchungsbeschluß des AG Köln vom 2.9.1987 ("European-Momey-Game", AG Köln, 502 Gs 1241/87) sowie die Einstellungsverfügung der StA Landshut vom 13.03.1987 ("International-Action-Club"; StA Landshut 6 Js 10989/81).

246 Siehe z.B. OLG München, 6 U 3944/73, S.10 f.: Die ungewöhnliche Qualität und Preisgestaltung des Produktes garantiere ein ertragreiches und risikoloses Geschäft.
OLG Frankfurt, wistra 86,31(34): Die Konkurrenzlosigkeit des Produktes eröff-

die Legalität der Systeme[247], über die zukünftige Gewinnchance sowie über den Einfluß des Mitspielers auf die Gewinnchance[248] falsche Angaben gemacht.
Im folgenden soll untersucht werden, ob derartige Angaben als Täuschungshandlung i.S.d. § 263 StGB zu werten sind.

a) Täuschung über zukünftige Tatsachen

Fraglich ist, ob die künftige Absetzbarkeit einer Ware sowie eine zukünftige Gewinnchance als Tatsachen angesehen werden können.

Eine Täuschungshandlung kann sich nur auf Tatsachen beziehen.
Grundsätzlich können Inhalt von Tatsachen nur gegenwärtige oder vergangene, nicht aber zukünftige Verhältnisse, Zustände oder Geschehnisse sein[249].
Etwas in der Zukunft Liegendes ist regelmäßig keine Tatsache, sondern nur eine auf die Zukunft bezogene Meinungsäußerung[250], die aber zur Tatsache mit ihrem Eintritt werden kann[251].

---

ne eine dauerhafte Existenzgrundlage.

247 Vergl. z.B.: - "der BGH hat das System als legal erklärt" ("Goldene 12", AG Bergisch-Gladbach, 46 Cs 891/88);
- "... vom BGH rechtlich abgesichert" ("ALS-Glücksbrief, LG Hamburg 12 O 614/87 und 12 O 668/87);
- "Der Kettenbrief ist laut BGH behördlich genehmigt!" ("Selbsthilfe-Gemeinschafts- Kreis, StA Köln 117 Js 1140/88);
- "Verbindliche Richtlinien anhand des BGH-Beschlusses entwickelt" ("Top-12"; LG Rottweil, Qs 16/88 - 3 Gs 8/89);
- "Endlich behördlich genehmigt!" ("European-Money-Game", AG Köln, 583 Ls 231/88).

248 Vergl. z.B. "European-Money-Game", AG Köln - 583 Ls 231/88: "Der Mitspieler steuert seinen Verdienst durch die Zahl der Geworbenen und damit seine eigene Aktivität allein."

249 Siehe RGSt 56,227(231); OLG Koblenz, NJW 76,63; Maurach-Schroeder-Maiwald, BT 1, S.411; Sch-Sch-Cramer, § 263, Rd.8; Dreher-Tröndle, § 263, Rd.2; Meyer, MDR 76,980 (981); Meurer, JuS 76,300(302); LK-Lackner, § 263, Rd.11 m.w.N..

250 Meyer, MDR 76,980(981).

251 Sch-Sch-Cramer, § 263, Rd.8.

Demnach sind die künftige Absetzbarkeit einer Ware sowie eine zukünftige Gewinnchance nicht als Tatsachen anzusehen.

b) Täuschung über innere Tatsachen

Möglicherweise liegt in der Prognose über die zukünftige Absetzbarkeit bzw. über die Gewinnchance aber die Behauptung einer gegenwärtigen Tatsache.

Unter den Begriff der Tatsache fallen nach der herrschenden Meinung nicht nur alle in der Außenwelt in Erscheinung tretenden Verhältnisse (sog. äußere Tatsachen), sondern auch psychische Gegebenheiten, wie z.B. Vorstellungen, Überzeugungen, Absichten, wenn sie nur in erkennbarer Beziehung zu Zuständen der Vergangenheit oder Gegenwart stehen (sog. innere Tatsachen)[252]. Hiernach kann derjenige, der eine Prognose über ein künftiges Ereignis abgibt, einen Betrug begehen, weil er zugleich die gegenwärtige (innere) Tatsache behauptet, er sei derzeit überzeugt, daß der behauptete Vorteil später eintrete.

Dagegen tritt Naucke[253] für die Ausblendung von Absichten (sog. innere Tatsachen) aus dem Tatsachenbegriff des § 263 StGB ein, um die Reichweite des Betrugstatbestandes unter Beachtung des Art. 103 Abs.2 GG sachgerecht einzuengen und einer Aufweichung des Tatsachenbegriffs entgegenzuwirken.

Es ist zuzugeben, daß mit dem Instrument der "inneren Tatsachen" die grundsätzliche Ausgrenzung der zukünftigen Tatsachen aus dem strafrechtlich relevanten Tatsachenbegriff (s.o. S.77) wieder zurückgenommen wird[254].

---

252 Vergl. nur LK-Lackner, § 263, Rd.11; BGHSt 15,23(26); OLG Koblenz, NJW 76,63; LG Fulda, wistra 84,188(190) (nicht rechtskräftig); Maurach-Schroeder-Maiwald, BT 1, S.411.

253 Naucke, Zur Lehre vom strafbaren Betrug, S.111, 214f.

254 SK-Samson, § 263, Rd.11; Ellmer, Betrug und Opfermitverantwortung, S.97.

Jedoch ist zu berücksichtigen, daß jede Prognose über ein künftiges Ereignis unmittelbar auf gegenwärtigen Tatsachen beruht.
So ist z.B. die künftige Absetzbarkeit einer Ware von ihrer Qualität und dem Preis abhängig und somit von gegenwärtigen Zuständen. Demnach wird definitionsgemäß über Tatsachen getäuscht. Es ist auch nicht einzusehen, weshalb derjenige keinen Betrug begehen soll, der wahrheitswidrig vorspiegelt, er sei aufgrund von bestehenden Umständen gegenwärtig von dem Eintritt eines späteren Geschehensablaufs überzeugt.

Dies gilt insbesondere für die Angabe eines Kettenbriefveranstalters, zukünftig seien enorme Gewinne zu erwarten.
Für die Annahme einer Täuschungshandlung über Tatsachen ist erforderlich, daß die Zukunftsprognose aufgrund unzutreffender gegenwärtiger oder vergangener Verhältnisse abgegeben worden ist.
Die Gewinnerwartung hängt neben dem Erfordernis, daß die Einzelketten nicht abreißen, entscheidend von dem Grad der Progression ab, in dem sich das System befindet. Die von dem Veranstalter zur Werbung neuer Mitspieler benutzten bzw. von den Mitspielern fotokopierten Spielanleitungen bleiben in ihrem Inhalt aber unverändert und berücksichtigen damit nicht den jeweiligen Progressionsstand. Damit wird der gegenwärtige Stand der Progression unzutreffend - respektive überhaupt nicht - dargestellt. Die Prognose über die Gewinnerwartung beruht aber gerade auf dieser unzutreffenden Darstellung[255]. Folglich basiert die von dem Veranstalter in seiner ausgegebenen Spielanleitung abgegebene Prognose über die Gewinnaussicht auf einer unzutreffenden gegenwärtigen Tatsache.

---

255 Diesen Gesichtspunkt verkennt das LG Fulda, wistra 84,188(190), das in seiner Entscheidung davon ausgeht, der Veranstalter habe schon dann seine Prognose aufgrund zutreffender Angaben abgegeben, wenn er deutlich gemacht habe, wieviele Mitspieler teilnehmen müssen, damit die Gewinnchance in den realistischen Bereich gerückt wird.

Die gegenwärtige Überzeugung, mit Hilfe von progressiven Kundenwerbungsmodellen lasse sich in der Zukunft viel Geld verdienen bzw. die angepriesenen Waren seien leicht absetzbar, ist mithin als innere Tatsache und demnach als Tatsache i.S.d. § 263 StGB anzusehen.
Folglich ist insoweit eine Täuschungshandlung möglich.

c) Sind Rechtsausführungen Werturteile oder Tatsachenbehauptungen?

Nach dem Wortlaut des § 263 StGB ist erforderlich, daß über eine Tatsache und nicht über ein Werturteil getäuscht wird.
Bei neueren Kettenbriefen wird (fast ausnahmslos) mit einer angeblich vom BGH in seiner "Goldkreis" - Entscheidung festgestellten Legalität von Kettenbriefsystemen geworben[256].

Die von den Initiatoren eines Kettenbriefes aus der Entscheidung des BGH gezogene Schlußfolgerung entspricht aber nicht der wirklichen Rechtslage, weil sich der BGH ausschließlich mit einer besonderen Form der Kettenbriefe, dem sog. Selbstläufersystem (s.o. S.12f.), zu befassen hatte. Das Urteil des BGH erfaßt nicht Systeme mit zentraler Steuerung[257], so daß die Werbeangaben bezüglich der Legaliät der Systeme in dieser Absolutheit unwahr sind[258].

---

256 Vergl. z.B.: - "Endlich behördlich genehmigt!" ("European-Money-Game", AG Köln, 583 Ls 231/88);
- "... vom BGH rechtlich abgesichert" ("ALS-Glücksbrief, LG Hamburg 12 O 614/87 und 12 O 668/87);
- "Kettenbrief ist laut BGH behördlich genehmigt!" ("Selbsthilfe-Gemeinschafts-Kreis, StA Köln 117 Js 1140/88);
- "Verbindliche Richtlinien anhand des BGH-Beschlusses entwickelt" ("Top-12"; LG Rottweil, Qs 16/88 - 3 Gs 8/89)
- "BGH hat System als legal erklärt" ("Goldene 12", AG Bergisch-Gladbach, 46 Cs 891/88).

257 Dies hat auch der BGH erkannt und dadurch deutlich gemacht, daß er seine Argumentation auf eine "Kettenbriefaktion der hier vorliegenden Art" bezog, vergl. BGHSt 34,171(179).

258 Bei dieser Art der Werbung wird über die Legalität von Kettenbriefen jedenfalls dann getäuscht, wenn die Systeme einen Straftatbestand erfüllen; vergl. hierzu auch die Anklageschrift (S.2) und den Strafbefehl in AG Köln, 116 Js 877/87,

Problematisch ist jedoch, ob bei derartigen Rechtsausführungen eine Tatsachenbehauptung oder ein Werturteil vorliegt, denn nur bei einer Täuschung über eine Tatsache ist der Anwendungsbereich des § 263 StGB eröffnet.

Das OLG Stuttgart hatte sich in dem sog. "Ehemakler-Fall"[259] mit der Frage auseinanderzusetzen, ob eine Rechtsauffassung ein Werturteil oder eine Tatsache ist. In dieser Entscheidung wurde die wegen § 656 Abs.1 BGB fälschliche Rechtsauffassung, ein Ehemaklervertrag begründe eine Verbindlichkeit, als Werturteil und nicht als Tatsache angesehen.
Jener Fall ist auf die vorliegende Untersuchung nur insoweit übertragbar, als der Abschluß eines Kettenbriefvertrages wegen § 762 Abs.1 BGB ebensowenig eine einklagbare Verbindlichkeit begründet wie ein Ehemaklervertrag wegen § 656 Abs.1 BGB[260]. Vorliegend geht es aber nicht um die rechtliche Qualifizierung der Behauptung eines materiell-rechtlichen Anspruchs, sondern um die Behauptung, ein bestimmtes Spielsystem sei nicht strafbar.

Es ist demnach im folgenden festzustellen, bei welchen Rechtsausführungen ein Werturteil bzw. eine Tatsachenbehauptung i.S.d. § 263 StGB gegeben ist.
Die Grenze zwischen Werturteilen und Tatsachenbehauptungen ist flüssig, denn in jedem Täuschen über Tatsachen liegt notwendig ein Element der Meinungsäußerung und jedes Werturteil enthält die Behauptung, daß der Urteiler von dessen Richtigkeit überzeugt sei[261].

---

sowie den Strafbefehl vom 27.10.1988 (S.2) des AG Bergisch-Gladbach, 46 Cs 117 Js 685/88.
Bezüglich der Frage der Strafbarkeit von Kettenbriefen muß auf das Ergebnis dieser Untersuchung verwiesen werden.

259 OLG Stuttgart, NJW 79, 2573f.;
im Ergebnis zustimmend: Ranft, JA 84, 723(729); Seelmann/Pfohl, JuS 82,268(269); Loos, NJW 80,847; Frank, NJW 80,848.

260 Sowohl bei § 656 Abs.1 BGB als auch bei § 762 Abs.1 BGB handelt es sich um eine sog. "Naturalobligation", vergl. OLG Stuttgart, NJW 79,2573; Palandt-Heinrichs, Einl. v. § 241, Rd.15.

261 Maurach/Schroeder/Maiwald, BT 1, S.412; SK-Samson, § 263, Rd. 17f.; LK-

Bei der Abgrenzung von Tatsachenbehauptung und Werturteil ist darauf abzustellen, ob sich aus dem Erklärungswert der Äußerung ein objektivierbarer Tatsachenkern ergibt und ob die Richtigkeit dieser Äußerung prinzipiell nachprüfbar ist[262]. Eine derartige Nachprüfbarkeit ist bei zukünftigen Ereignissen nur dann gegeben, wenn die Prognose auf der Grundlage von gegenwärtigen oder vergangenen Umständen abgegeben wird[263].
Selbst Werturteile können als Tatsachenbehauptungen i.S.d. § 263 StGB in Betracht kommen, wenn sie einen Tatsachenkern enthalten oder wenn der Erklärende eine besondere Fachkompetenz besitzt und der Erklärungsempfänger nicht in der Lage ist, die tatsächlichen Grundlagen des Werturteils nachzuprüfen[264]. In diesen Fällen ist das abgegebene Urteil mit der Behauptung der Tatsache verbunden, die Beurteilung entspreche allgemeiner Überzeugung oder Erfahrung[265].

Den Ausgangspunkt der Abgrenzung bildet die Annahme, reine Rechtsbehauptungen seien keine Tatsachenbehauptungen, sondern objektiv Werturteile, weil eine Rechtsbehauptung lediglich eine rechtliche Bewertung einer tatsächlichen Situation darstelle[266].
Eine Bewertung von Rechtsausführungen als Werturteile solle nur möglich sein, wenn sie sich lediglich auf die Darlegung ihrer Rechtsansicht beschränke und dem Empfänger die Möglichkeit der eigenen Beurteilung bleibe[267]. Würden

---

Lackner, § 263, Rd.12; Meurer, JuS 76,300(302f.); Müller, JuS 81,255(257); Meyer, MDR 76,980(981).

262 OLG Düsseldorf, JR 65,302(303); LK-Lackner, § 263, Rd.12; Sch-Sch-Cramer, § 263, Rd.9; Müller, JuS 81,255(258).

263 Maurach/Schroeder/Maiwald, BT 1, S. 412; Sch-Sch-Cramer, § 263, Rd.10.

264 SK-Samson, § 263, Rd.12f.; LK-Lackner, § 263, Rd.12; Schröder, JR 58, 106f.; Sch-Sch-Cramer, § 263, Rd.10.

265 Vergl. Schröder, JR 58,106(107).

266 BGH, JR 58,106; Sch-Sch-Cramer, § 263, Rd.9; Maurach/Schroeder/Maiwald, BT 1, S. 412; Müller, JuS 81,255(257).

267 Vergl. SK-Samson, § 263, Rd.16; Müller, JuS 81,255(258); Schröder, JR 58,106(107).

aber Schlußfolgerungen und Prognosen nicht eindeutig als eigene Auffassung kundgetan, sondern als etwas objektiv Feststehendes hingestellt, so liege eine tatbestandsmäßige Täuschung über Tatsachen vor[268]. Demnach könne mit einem Werturteil auch die Behauptung der inneren Tatsache verbunden sein, so z.B., wenn das Werturteil mit dem Anspruch auf Überparteilichkeit und Autorität gefällt werde (sog. Objektivitätsanspruch)[269].
Demzufolge kommt es für die Abgrenzumg zwischen Werturteil und Tatsachenbehauptung entscheidend auf die konkrete Rechtsausführung an.

Es fragt sich also, ob die behauptete Legalität der Systeme als etwas objektiv Feststehendes hingestellt oder ob erkennbar eine eigene Auffassung dargestellt wird.
Die Subsumtion eines konkreten Sachverhalts unter Rechtsnormen ist schon der Natur der Sache nach immer eine Wertung. Jedoch werden Urteile, die zu einem konkreten Ereignis in Beziehung stehen, im Rechtsverkehr als Tatsachen behandelt, wenn sie als solche auch einem Nichtjuristen geläufig sind.
Die Bewertung, ein System sei legal, behördlich genehmigt, etc., ist auch für einen Nichtjuristen verständlich und geläufig.

Als entscheidendes Kriterium ist das vom OLG Stuttgart geforderte Merkmal des Objektivitätsanspruchs der Behauptung[270] anzusehen.
Die Initiatoren von Kettenbriefsystemen beabsichtigen, die potentiellen Mitspieler von der Legalität des Systems zu überzeugen, um diese zum Mitspielen zu bewegen. Dementsprechend wird das Werturteil mit dem Anspruch auf Überparteilichkeit und Autorität abgegeben, mithin mit dem Anspruch auf Objektivität

---

268 Vergl. LK-Lackner, § 263, Rd.13 mit Einzelbeispielen aus der Rechtsprechung.

269 So OLG Stuttgart, NJW 79,2573(2574), sog. "Ehemakler-Fall".

270 OLG Stuttgart, NJW 79,2573(2574).

("behördlich genehmigt"; "BGH hat System als legal erklärt"; "... vom BGH rechtlich abgesichert"[271]). Etwas anderes würde nur dann gelten, wenn die Veranstalter erkennbar lediglich ihre eigene Auffassung äußern würden (z.B.: "Unserer Meinung nach ..."; "Wir sind der Auffassung, ..."). Davon kann bei den hier untersuchten Fällen aber nicht ausgegangen werden. Dem potentiellen Mitspieler wird nicht die Möglichkeit der eigenen Beurteilung gegeben, sondern es wird das Ergebnis einer Beurteilung mit dem Anspruch der Objektivität dargestellt.
Demnach bleibt für die Annahme von nicht tatbestandsmäßigen Werturteilen vorliegend kein Raum.

2.) Irrtum

Durch die Täuschungshandlung muß bei dem Getäuschten ein entsprechender Irrtum erregt oder unterhalten werden.
Irrtum i.S.d. § 263 StGB ist jede unrichtige, der Wirklichkeit nicht entsprechende Vorstellung über Tatsachen[272].

a) Irrtum bei Zweifeln des Getäuschten

Sowohl beim Kettenbrief als auch bei anderen Formen der progressiven Kundenwerbung liegt häufig die Situation vor, daß der potentielle Mitspieler aufgrund der lebhaften öffentlichen Diskussion Zweifel an der Richtigkeit der Werbeangaben hat.
Zu prüfen ist daher, ob der Getäuschte einem Irrtum unterliegt, wenn er an der Richtigkeit der Werbeangaben zweifelt.

Der Getäuschte muß die vorgespiegelte Tatsache für wahr halten[273], weil sonst

---

271 s.o. Fn. 256.

272 Lackner, § 263, Rd.18; Wessels, BT 2, S.124.

273 LK-Lackner, § 263, Rd.79.

kein Widerspruch zwischen Vorstellung und Wirklichkeit und damit kein Irrtum vorliegt. Einigkeit besteht darüber, daß ein Für-wahr-halten nicht nur bei absoluter (subjektiver) Gewißheit, sondern auch bei weniger als dieser, bei Zweifeln, vorliegen kann.

Uneinigkeit herrscht aber darüber, wie intensiv bzw. welcher Qualität diese Zweifel sein dürfen, um noch von einem Irrtum sprechen zu können.

Der Sprachgebrauch gibt keinen sicheren Anhalt für die Entscheidung der Frage, ob für das Vorliegen eines Irrtums nur die Gewißheitsvorstellung des Getäuschten oder auch alle Stufen vom vagen bis zum intensiven Zweifeln ausreichend sind, denn es ist sprachlich durchaus möglich, den Irrtumsbegriff auf jede Art der Möglichkeitsvorstellung zu erstrecken[274].

Es existieren im Wesentlichen vier Ansatzpunkte zur Lösung der hier aufgeworfenen Frage.

aa) Die viktimologische Theorie

Die weiteste Einschränkung erfährt der Anwendungsbereich des Irrtumsmerkmals durch eine sich viktimologisch verstehende Auffassung, die einen Irrtum nur bei Schutzbedürftigkeit des Opfers bejaht und ihn dann ausschließen will, wenn die getäuschte Person einen konkreten, in Selbstschutzmaßnahmen umsetzbaren Anhaltspunkt für die Unrichtigkeit der Behauptungen hat[275]. Hiernach liegt kein Irrtum i.S.d. § 263 StGB vor, wenn es dem Getäuschten anhand entsprechender Anhaltspunkte, wie z.B. Warnungen in Rundfunk und Presse[276], durch-

---

274 LK-Lackner, § 263, Rd.79; Herzberg, GA 77,289(294); Blei, BT, S.227.

275 So Amelung, GA 77,1(7); Blei, BT, S.227; Beulke, JR 78,390; Schünemann in H.J.Schneider, Das Verbrechensopfer..., S.407(415f.); ders. in Bockelmann-FS, S.117(130f.) sowie in Faller-FS, S.357(362f.); R.Hassemer, Schutzbedürftigkeit des Opfers..., S. 147f., 166f..

276 Die Presse hat sich dem Thema der Gefährlichkeit von Kettenbriefaktionen wiederholt angenommen: vergl. statt vieler Zeitungsberichte nur die Berichte in "Der Spiegel" , Heft 26/1987, S.77; Heft 45/1990, S.92.
Daneben wurde vor Kettenbriefen in der TV-Serie "Vorsicht Falle!" mehrfach eindringlich gewarnt.

aus möglich war, Selbstschutzmaßnahmen zu treffen.
Nach Ellmer[277] liegt dann ein tatbestandsmäßiger Irrtum vor, wenn die Täuschung nur bei grober Fahrlässigkeit des Opfers zu einem Irrtum führen kann. Der Betrugstatbestand schütze nur berechtigtes, nicht aber jegliches Vertrauen in die Richtigkeit von Behauptungen anderer Personen.

bb) Die Einwilligungstheorie

Anders als die viktimologische Theorie zieht die Einwilligungstheorie eine Parallele zur Einwilligung bei den sonstigen Vermögensdelikten: Auch beim Betrug willige der sich in einem Irrtum befindende Verfügende in den Verfügungsvorgang ein. Die Vermögensverfügung des Getäuschten beim Betrug entspreche beispielsweise der Einwilligung des Eigentümers in eine Sachbeschädigung. Wenn die Vermögensverfügung bei anderen Vermögensdelikten eine trotz des Zweifels mangelfreie Einwilligung in den Schaden darstelle, sei im Rahmen des Betruges ein beachtlicher Irrtum des Verfügenden ausgeschlossen[278].

cc) Die Wahrscheinlichkeitstheorie

Bei Zweifeln des Getäuschten kommt es nach der Wahrscheinlichkeitstheorie hingegen für die Annahme eines Irrtums entscheidend darauf an, daß der Getäuschte die Wahrheit der behaupteten Tatsache für wahrscheinlicher hält als die Unwahrheit. Umstritten ist dabei, in welchem Grad die Wahrscheinlichkeit vorliegen muß; einerseits wird einfache, andererseits überwiegende Wahrscheinlichkeit verlangt[279].
Bei den hier untersuchten Modellen tritt häufig die Konstellation auf, daß der

---

277 Ellmer, Betrug und Opfermitverantwortung, S.282 ff..

278 Herzberg, GA 77,289(296); Röhmel, JA 77,585.

279 Vergl. für einfache Wahrscheinlichleit: Krey, BT2, S.146;
vergl. für überwiegende Wahrscheinlichkeit: Giehring, GA 73, 1(21); Dästner, ZRP 76,36(37); Sonnen, wistra 82,123 (128).

potentielle Mitspieler die Werbeangaben aufgrund der Presseberichte zwar für unwahrscheinlich hält, sich aber dennoch zur Teilnahme an dem System - z.B. aufgrund eines engen persönlichen oder verwandtschaftlichen Verhältnisses zu dem Werber - entschließt.
In diesem Fall läge nach der Wahrscheinlichkeitstheorie kein Irrtum vor.

dd) Die Möglichkeitstheorie

Nach der wohl überwiegenden Auffassung in Rechtsprechung und Literatur genügt für einen Irrtum, daß der Getäuschte die vorgespiegelte Tatsache für möglicherweise wahr hält, wenn diese Vorstellung nur wenigstens mitursächlich für die Vermögensverfügung des Opfers war[280].
Jeder Mitspieler eines progressiven Kundenwerbungsmodells dokumentiert durch die von ihm vorgenommene Vermögensverfügung, daß er die Möglichkeit der Richtigkeit der gemachten Werbeangaben bejaht, andernfalls er von dem sicheren Verlust des von ihm geleisteten Einsatzes ausgehen würde.
Bei vorgenommener Verfügung gelangt diese Ansicht also zur Annahme eines betrugsrelevanten Irrtums.

ee) Stellungnahme

aaa) Zur viktimologischen Theorie

Die viktimologische Theorie nimmt eine teleologische Restriktion des Tatbestandsmerkmals Irrtum vor und verlangt von dem Getäuschten, der an der Richtigkeit der Tatsachenbehauptung zweifelt, eine sorgfältige Prüfung der zu den Zweifeln führenden konkreten Anhaltspunkte.

---

280 So BGH, wistra 90, 305; Sch-Sch-Cramer, § 263, Rd.40; LK-Lackner, § 263, Rd.80ff.; Arzt-Weber, LH3, S.152; Wessels, BT 2, S.124; Maurach-Schroeder-Maiwald, BT 1, S.422; Samson, JA 78,469(474); Bottke, JR 87,428; Günther, Strafrechtswidrigkeit und Strafrechtsunrechtsausschluß, S.194; Hillenkamp, Vorsatztat und Opferverhalten, S.21 ff.; Otto, BT, S.200f.; SK-Samson, § 263, Rd.58; Achenbach, Jura 84,602(603).

Zwar ist der strafrechtlichen Zurechnungslehre die viktimodogmatische Figur einer "Risikoübernahme" seit langem vertraut[281].
Grundsätzlich ist auch richtig, daß sich der kriminalisierende Zugriff des Staates auf die Freiheitssphäre des Täters nur dort legitimieren läßt, wo andere eingriffsmildernde Mittel nicht zur Verfügung stehen (sog. Subsidiaritätsprinzip)[282].
Jedoch reichen die Gesichtspunkte der "Risikoübernahme" und des "Subsidiaritätsprinzips" nicht aus, in kriminal- und sozialpolitisch schädlicher Weise, einzelnormgelöst den Rückzug des Strafrechts "überall dort zu propagieren, wo sich der Bürger selbst schützen konnte"[283].
Die Anwendung des viktimologischen Prinzips ist schon deshalb grundsätzlich zweifelhaft, weil es ohne Willkür und ohne Gefährdung der Rechtssicherheit oft nicht möglich ist, aus dem allgemeinen Erfordernis der Strafbarkeit zu Lasten des Verbrechensopfers teleologische Restriktionen einzelner Tatbestandsmerkmale oder Einschränkungen des Schutzbereichs der Norm abzuleiten, die in Wortlaut, Sinn und historischer Entwicklung des jeweiligen Tatbestandes keine Grundlage haben[284].
Die nach der viktimologischen Theorie erforderliche Obliegenheit, Argwohn gegenüber überprüfbaren Tatsachenbehauptungen zu hegen und dem Aussagekern zumindest bei Zweifeln an dessen Wahrheit nachzugehen, findet im Gesetz keine Stütze. Ein genereller Vorrang des privaten Selbstschutzes gegenüber staatlichem Eingreifen ist unserem Recht fremd[285]. So ist der Umstand, daß der Getäuschte bei hinreichend sorgfältiger Prüfung die Täuschung hätte erkennen können, unerheblich[286].

---

281 Vergl. grundlegend Roxin, FS f. Honig,, S.133(142).

282 BVerfG, NStZ 87,314ff. mit Anm. Bottke.

283 Vergl. Hillenkamp, Vorsatztat und Opferverhalten, S.138ff., 175ff., 192ff.; Bottke, JR 87,428(429).

284 Lackner, Vor. § 13, Rd.4; Hillenkamp, Vorsatztat und Opferverhalten, S.22f.; Hassemer, Klug-FS, S.217.

285 Vergl. Maurach-Schroeder-Maiwald, BT 1, S.421.

286 Vergl. nur BGHSt 34,199(201).

Weiterhin läuft die Konstruktion einer Überprüfungspflicht dem Sinn des § 263 StGB, das Vermögen vor vermögensmindernden Verfügungen zu schützen, zuwider. Das bloße Opfermitverschulden wird zum Tatbestandskorrektiv erhoben und dem vorsätzlich Schädigenden ein kriminalpolitisch sinnloser Handlungsspielraum eröffnet[287].
Problematisch ist auch die Präzision des Abgrenzungsmerkmals "konkreter Anhaltspunkt für Zweifel". Wann liegen derartige Anhaltspunkte vor und aus wessen Sicht wird diese Beurteilung vorgenommen? Ob der Getäuschte zu Selbstschutzmaßnahmen in der Lage war, läßt sich mangels eines präzisen Abgrenzungskriteriums regelmäßig nicht feststellen[288]. Zweifel an der Wahrheit einer Behauptung stellen sich häufig aufgrund völlig belangloser Umstände ein, so daß sich konsequenterweise die Frage nach der kaum durchführbaren Unterscheidung zwischen relevanten und irrelevanten Anhaltspunkten aufdrängt[289]. Demnach ist diese Theorie unter dem Gesichtspunkt der forensischen Praktikabilität nicht brauchbar.
Auch sind die Konsequenzen der viktimologischen Theorie mit der sozialstaatlichen Schutzaufgabe des Strafrechts nicht zu vereinbaren. Die These, daß das Strafrecht sich zurückzuziehen habe, sofern das Opfer sich selbst wirksam schützen könne[290], würde zu Selbstschutzmaßnahmen und Faustrecht führen und demnach mit der Friedensfunktion des Strafrechts[291] kollidieren. Das Opfer ist nicht weniger schutzwürdig, nur weil es sich mit den Angaben des Täters kritisch auseinandersetzt[292]. Im übrigen kann der Zweifelnde seinen Vermögensschutz keineswegs durch eigene Maßnahmen in geeigneter Weise übernehmen, denn er kann lediglich den Erfolg des Täters vereiteln, nicht aber den potentiellen Täter

---

287 So Hillenkamp, 40 Probleme ..., S.155.

288 Samson, JA 78,469(474); SK-Samson, § 263, Rd.57; Hillenkamp, Vorsatztat und Opferverhalten, S.27f.

289 LK-Lackner, § 263, Rd. 80 a.E.

290 So Hassemer, Schutzbedürftigkeit ..., S.51.

291 Günther, Strafrechtswidrigkeit ..., S.194.

292 So auch Sch-Sch-Cramer, § 263, Rd.40.

von dem Täuschungsversuch abschrecken[293].
Im vorliegenden Fall zeigt auch der eingetretene Rechtsgutsschaden, daß die Selbstschutzmöglichkeiten des Opfers gerade nicht ausreichen, so daß auch dies gegen einen viktimologischen Ansatz spricht.
Ferner soll nicht nur ein nach den Maßstäben der Vernunft Handelnder, von dem man Selbsthilfemaßnahmen erwarten kann, sondern auch das unvernünftige Betrugsopfer vor trügerischer Überlistung geschützt werden.
Staatliche Hilfe soll nicht erst dann gewährt werden, wenn das Verhalten des Opfer keinen Hinweis auf Sorgfaltswidrigkeiten enthält. Aus diesen Gründen ist die von der viktimologischen Theorie vorausgesetzte Prämisse, die schuldhafte Mitwirkung des Opfers schließe dessen Schutzwürdigkeit aus, nicht haltbar.

Gegen den Lösungsvorschlag von Ellmer[294] spricht ebenfalls die mangelnde Präzision des Abgrenzungskriteriums.
Fraglich ist schon, in welchen Fällen eine den Betrug ausschließende grobe Fahrlässigkeit des Verfügenden vorliegt.
Eine Übernahme der zivilrechtlichen Grundsätze erscheint aufgrund der unterschiedlichen Zielsetzungen von Straf- und Zivilrecht nicht unproblematisch.
Nach Ellmer soll die Bewertung von grober Fahrlässigkeit im Einzelfall auch davon abhängen, welche Risikobereitschaft noch als schutzwürdig erscheint[295].
Welche Geschäftstypen als noch von dem Schutz des § 263 StGB erfaßt angesehen werden sollen, ist nicht eindeutig zu bestimmen[296]. Demnach liegt auch hierin kein brauchbares Abgrenzungskriterium.

bbb) Zur Einwilligungstheorie

Bei der Einwilligungstheorie ist in diesem Zusammenhang schon problematisch,

---

293 Hillenkamp, 40 Probleme ..., S.158.

294 Ellmer, Betrug und Opfermitverantwortung, S.282 ff..

295 Vergl. Ellmer, Betrug und Opfermitverantwortung, S.285 ("Zumutbarkeit").

296 Vergl. hierzu die Beispiele bei SK-Samson, § 263, Rd.57a.

daß die Vermögensverfügung der Einwilligung bei sonstigen Vermögensdelikten gleichgesetzt wird. Die Wirksamkeitsvoraussetzungen der Einwilligung sind der Gewährleistung einer verantwortlichen Verfügung des Rechtsgutsträgers und damit einer umfassenderen Schutzintention verschrieben als der Betrugstatbestand. Dementsprechend enthält der Katalog der Voraussetzungen einer wirksamen Einwilligung Erfordernisse, die im Rahmen des § 263 StGB schlicht fehl am Platze sind, wie etwa das Erfordernis einer bestimmten Einwilligungsfähigkeit[297]. Nach der Einwilligungstheorie wäre z.B. selbst dann ein Irrtum anzunehmen, wenn der Verfügende zwar voll einsichtig war, jedoch mangels Einwilligungsfähigkeit keine wirksame Einwilligung vorlag.

Gegen die vorgeschlagene Parallele zur Einwilligung bei den sonstigen Vermögensdelikten spricht auch, daß unvergleichbare Sachverhalte miteinander verglichen werden. Der Verfügende ist bei Zweifeln über die Wahrheit der täuschenden Behauptung nicht im Zweifel über die Tatsache der Verfügung, sondern lediglich über die Richtigkeit der Angaben, die das Motiv zu dieser Verfügung bilden[298]. Demnach liegt jedenfalls keine Einwilligung in eine Vermögensschädigung vor.

Aus diesen Gründen ist auch diese Ansicht abzulehnen.

ccc) Zur Wahrscheinlichkeitstheorie

Es ist zuzugeben, daß die von dieser Ansicht vorgenommene Auslegung nicht durch den sprachlichen Inhalt des Irrtumsbegriffs widerlegt werden kann. Jedoch ist das Abgrenzungskriterium der Wahrscheinlichkeit wenig praktikabel. Einerseits ist der Intensitätsgrad der Vorstellung des Getäuschten nicht aufgrund eines verläßlichen Beweismittels meßbar[299].

Andererseits ist schon fraglich, ob sich der Getäuschte auf einen bestimmten In-

---

297 Vergl. insoweit auch Frisch, FS f. Bockelmann, S.647(653).

298 Vergl. Maurach-Schroeder-Maiwald, BT1, S.421f.; SK-Samson, § 263, Rd.56.

299 Samson, JA 78,469(474) und SK-Samson, § 263, Rd.57 sprechen in diesem Zusammenhang von einer mangelnden Präzision des Abgrenzungskriteriums.

tensitätsgrad innerlich festlegt, denn er steht nicht vor der Entscheidung, ob er die Behauptung für mehr oder weniger wahrscheinlich hält, sondern ob er trotz seines Zweifels verfügen soll[300].
So können sich Zweifel auch lediglich in der Form eines gewissen "Unbehagens" äußern, so daß sich der Getäuschte nicht notwendigerweise Vorstellungen über den Wahrheitsgehalt der geäußerten Tatsache machen muß[301].
Gegen diese Ansicht spricht ferner, daß sie unter den Gesichtspunkt der forensischen Praktikabilität nicht brauchbar ist. Ob der Getäuschte die vorgetäuschte Tatsache für schlicht oder für überwiegend wahrscheinlich hält, läßt sich vollends in nachträglicher Rekonstruktion des Sachverhalts selten ohne Willkür feststellen[302]. Die Abgrenzungsmerkmale der Wahrscheinlichkeit bzw. der überwiegenden Wahrscheinlichkeit sind keine äußerlich erkennbaren Kriterien, sondern verlangen einen Einblick in die Bewußtseinslage des Verfügenden, der aber in der Praxis kaum zu gewinnen ist[303].
Auch sind die Konsequenzen der Wahrscheinlichkeitstheorie mit der sozialstaatlichen Schutzaufgabe des Strafrechts nicht zu vereinbaren. Hiernach erhält nämlich nicht das typisch unvernünftige Betrugsopfer strafrechtlichen Schutz gegen trügerische Überlistung, sondern nur ein nach den Maßstäben der Vernunft Handelnder, von dem man eine Abschätzung der Wahrscheinlichkeit erwartet. Statt der Gewährung von staatlicher Hilfe wird das Verhalten des Opfers erst im Hinblick auf Sorgfaltswidrigkeiten und den Vorwurf der Fahrlässigkeit untersucht.
Deshalb ist auch diese Ansicht abzulehnen.

---

300 Hillenkamp, 40 Probleme ..., S.155.

301 Siehe auch LK-Lackner, § 263, Rd.80.

302 Vergl. gegen die Wahrscheinlichkeitstheorie insoweit LK-Lackner, § 263, Rd.80; Hillenkamp, 40 Probleme ..., S.157; Achenbach, Jura 84,602(603); SK-Samson, § 263, Rd.57.
Dies räumt für die Theorie der überwiegenden Wahrscheinlichkeit Giehring, GA 73,1(21f.) im übrigen selbst ein.

303 Amelung, GA 77,1(8).

ddd) Zur Möglichkeitstheorie

Für die Möglichkeitstheorie spricht bereits der Schutzzweck des § 263 StGB, der in dem Vermögensschutz des Opfers liegt. Dieses Rechtsgut wird dann beeinträchtigt, d.h. der Getäuschte ist der List des Täters schon dann zum Opfer gefallen, wenn er die Vermögensverfügung trotz des Zweifels vornimmt[304].
Durch die Vermögensverfügung wird deutlich, daß aufgrund einer Abwägung der jeweiligen Interessenlage die Erwartung der Wahrheit den Zweifel wirkungslos gemacht hat. Auch derjenige, der das Risiko, das sich aus der Ungewißheit über die Richtigkeit der Behauptungen anderer ergibt, in Kauf nimmt, weil er sich für den Fall ihrer Richtigkeit einen Gewinn verspricht, ist daher betrogen[305].
Selbst wenn man zugesteht, daß derjenige, der die Möglichkeit der Unwahrheit erkennt, weniger schutzwürdig ist als der, der die Unwahrheit für unwahrscheinlich hält, rechtfertigt dies allein noch nicht, den Zweifelnden schutzlos zu stellen und damit mittelbar dem rechtlich mißbilligenden Interesse des lügenden Täters den Vorrang einzuräumen[306]. Auch das irreale Vertrauen des Betrugsopfers auf die möglicherweise gegebene Richtigkeit der vorgetäuschten Tatsachen ist stets als Irrtum zu werten und ein täterbegünstigendes Verhalten des Opfers ist allenfalls auf der Strafzumessungsebene zu berücksichtigen.
Daß weite Bereiche der bloßen Möglichkeitsvorstellung die Bejahung eines Irrtums eröffnen und damit quasi für einen Betrug genügen, daß aufgrund einer Täuschung eine Vermögensverfügung vorgenommen wird, ist für einen sachgerechten Opferschutz hinzunehmen.
Demnach erliegen die potentiellen Mitspieler oder Kunden von progressiven Kundenwerbungsmodellen regelmäßig einem Irrtum, denn alle Mitspieler eines progressiven Kundenwerbungsmodells dokumentieren durch die von ihnen vorgenommenen Vermögensverfügungen, daß sie von der Möglichkeit der Richtig-

---

304 BGH, wistra 90, 305; LK-Lackner, § 263, Rd.80 m.w.N..

305 LK-Lackner, § 263, Rd.80.

306 Hillenkamp, 40 Probleme ..., S.155.

keit der Werbeangaben ausgehen.

b) Kausalität der Täuschungshandlung für den Irrtum

Der Irrtum muß ferner auf der Täuschungshandlung beruhen.

Bei Kettenbriefmodellen tritt häufig die Situation auf, daß der Veranstalter zwar falsche Angaben macht, der potentielle Mitspieler dies aber erkennt, jedoch aufgrund einer eigenen Einschätzung über die Realisierbarkeit des Systems einem Irrtum unterliegt.
Gerade in diesen Fällen beruht der Irrtum aber nicht auf der Täuschungshandlung mit der Folge, daß es an der erforderlichen Kausalität zwischen Täuschungshandlung und Irrtum fehlt[307].
Für diese Fallkonstellation scheidet folglich eine Strafbarkeit wegen Betruges aus.

3.) Die Vermögensverfügung

Weiterhin ist für die Erfüllung des Betrugstatbestandes das Vorliegen einer Vermögensverfügung als ungeschriebenes Tatbestandsmerkmal Voraussetzung[308].

Bei klassischen progressiven Kundenwerbungsmodellen liegt die Vermögensverfügung in der Zahlung des Warenpreises an den Veranstalter.

Bei Kettenbriefen sind sowohl die Zahlungen von geldwerten Leistungen an die jeweilige Nr.1 der Liste als auch die einzelnen Zahlungen an die Werber selbst jeweils als Vermögensverfügungen anzusehen. Darüberhinaus verfügt der Mitspieler bei zentralgesteuerten Kettenbriefen durch die Zahlung eines Geldbetra-

---

307 So z.B. LG Fulda, wistra 84,188(190) (nicht rechtskräftig) .
308 Vergl. nur LK-Lackner, § 263, Rd.94; Sch-Sch-Cramer, § 263, Rd.54.

ges an die Kettenbriefzentrale über sein Vermögen.

Demnach lassen sich bei allen hier untersuchten Modellen Vermögensverfügungen feststellen.

4.) Der Vermögensschaden

Durch die Vermögensverfügung müßte bei den neu geworbenen Kunden bzw. Mitspielern ein Vermögensschaden eingetreten sein.
Ein Schaden im Vermögen tritt dann ein, wenn der wirtschaftliche Gesamtwert des Vermögens durch die Verfügung des Getäuschten vermindert wird, wenn also eine Vermögenseinbuße nicht durch einen unmittelbaren Zuwachs voll ausgeglichen wird (Prinzip der Gesamtsaldierung)[309]. Für die Anwendung des § 263 StGB ist erforderlich, daß der Getäuschte mehr aus dem Bestand seines Vermögens weggibt als er erhält[310]. Es ist also durch einen Vergleich zwischen dem Vermögensstand vor und nach der Vermögensverfügung zu ermitteln, ob mangels eines die Leistung voll ausgleichenden Äquivalents eine nachteilige Vermögensdifferenz eingetreten ist.
Im folgenden soll untersucht werden, welche Arten von Gegenleistungen bei den hier untersuchten Modellen gewährt werden und ob diese Gegenleistungen die durch die Vermögensverfügung eingetretene Vermögenseinbuße kompensieren.

a) Äquivalente Gegenleistung in Form von Waren und anderen Leistungen

Bei der klassischen Form progressiver Kundenwerbung werden als Gegenleistung regelmäßig Waren oder andere Leistungen (z.B. Seminare, Beteiligungsrechte, etc.) gewährt.

---

309 BGHSt 16,220(221); LK-Lackner, § 263, Rd.143; Sch-Sch-Cramer, § 263, Rd.99.

310 BGHSt 16,220(221f.); RGSt 9,362(363f.).

Für die Beantwortung der Frage, ob im jeweiligen Einzelfall ein Vermögensschaden eingetreten ist, kommt es entscheidend darauf an, ob die Waren bzw. die gewährten Leistungen objektiv vollständige Äquivalente darstellen.

Ein Vermögensschaden ist dort zu bejahen, wo die gewährte Gegenleistung in keinem Verhältnis zu der Einstandszahlung steht bzw. die Waren ihren Preis objektiv nicht wert sind[311]. Für einen Schaden i.S.d. § 263 StGB genügt schon eine Verminderung des Vermögensstandes und diese liegt gerade bei Fällen der progressiven Kundenwerbung häufig vor[312].
Auch ist das durch die Einstandszahlung erworbene Beteiligungsrecht im Hinblick auf die zugesagte Existenzgründungsmöglichkeit völlig wertlos, wenn die Organisation die zugesagte Gegenleistung, den Gewinn, nicht gewähren kann[313].

Jedoch ist gerade bei einer Gegenleistungen - wie z.B. Seminaren, Schulungen und Fortbildungskursen - problematisch, wie und von wem dieser Wert gemessen wird.
Bei der Bewertung der einzelnen Leistungen ist von einer wirtschaftlichen Betrachtungsweise auszugehen und demnach der objektive Verkehrswert maßgeblich[314].
Zwar liegt bei dieser Konstellation regelmäßig der Verdacht nahe, daß die gelieferte Ware den bezahlten Preis nicht wert ist und damit nicht die Chance besteht,

---

311 Vergl. z.B. OLG München vom 20.12.1973 - 6 U 3944/73 -, S.17 ("Golden Products"): Hier nahmen die Mitspieler je nach Stellung ("Berater", "Bezirksleiter", "Generalvertreter") Wasch- und Reinigungsmittel im Durchschnitt für einen Betrag von ca. 10.000,- DM ab, ohne daß die Waren im Zusammenhang mit der Stellung als "Bezirksleiter" objektiv diesen Preis wert waren.

312 Schlüchter, S.125.

313 OLG Frankfurt, wistra 86,31(34).

314 Nach dem wirtschaftlichen und juristisch-ökonomischen Vermögensbegriff ist ein objektiv-individueller Maßstab bei der Wertbemessung anzulegen (s. Sch-Sch-Cramer, § 263, Rd.99,108; LK-Lackner, § 263, Rd.149f.), wohingegen nach den Vertretern des personalen Schadensbegriffs eine Beeinträchtigung der wirtschaftlichen Dispositionsbefugnis vorliegen muß (s. Bockelmann, Mezger-FS, S.363(378); Hardwig, GA 56, 6(17f.)).

die Waren zu einem überhöhten Preis zu verkaufen[315], jedoch wird die konkrete Feststellung des materiellen Wertes häufig Schwierigkeiten bereiten[316]. Erhält der Teilnehmer z.B. für eine Einstandszahlung in Höhe von 8884,40,- DM Motorenöl im Wert von 3884,- DM, Seminare mit Unterkunft und Essen sowie Franchise-Leistungen[317], so muß die konkrete Beurteilung dieser Leistungen der tatrichterlichen Würdigung überlassen bleiben[318].
Bei der Bewertung durch den Richter wird ein großzügiger Maßstab anzulegen sein, weil der Käufer der Waren keinen Anspruch auf ein für ihn vorteilhaftes Geschäft hat. Daß jemand Waren für einen leicht überhöhten Preis ankauft und damit keinen Profit macht, wird nicht von § 263 StGB geschützt. Der Umstand, daß der Abnehmer die Qualität der Ware regelmäßig nicht prüfen kann[319], vermag allein das Vorliegen eines Schadens nicht zu begründen.

Demnach werden in vielen Fällen der klassischen Form der progressiven Kundenwerbung die gewährten Waren als vollwertiges Äquivalent zur Vermögensverfügung anzusehen sein mit der Folge, daß demzufolge kein Schaden vorliegt.

b) Die Gewinnchance als Vermögensbestandteil bzw. als äquivalente Gegenleistung

Bei allen hier untersuchten Modellen ist zu prüfen, ob der Mitspieler bzw. Kunde mit dem Einstieg eine Gewinnchance erworben hat, die eine reale Gewinnaus-

---

315 Siehe auch Richter, WIK 84,12(14).

316 Vergl. Bruns, GS für Schroeder, S.273(282) zu der Problematik des Wertes von Fortbildungskursen, Seminaren etc.

317 Vergl. den Sachverhalt, der dem Urteil des LG Fulda (wistra 84,188) zugrunde lag.

318 Das LG Fulda (wistra 84,188(189)) hat als vollständiges Äquivalent die von den Veranstaltern erbrachten Gegenleistungen angesehen, die den neuen Kunden auch unmittelbar zugute kamen.

319 Nach Volmer, GRUR 53,196(198) wird die Ware beim Schneeballsystem wie "die Katze im Sack" gekauft.

sicht darstellt.

In den Fällen der klassischen progressiven Kundenwerbung, in denen eine Ware ein vollwertiges Äquivalent darstellt, fehlt es schon an einer Vermögenseinbuße, so daß es auf eine Vereitelung einer realen Gewinnaussicht insoweit nicht ankommt.

Jedoch kommt gerade bei Kettenbriefsystemen die vom Mitspieler durch seine Einstandszahlung in Verbindung mit der Anwerbung neuer Mitspieler erworbene Gewinnchance als ein die Vermögenseinbuße voll ausgleichendes Äquivalent in Betracht.
Ein anderes Äquivalent als die durch die Mitgliedschaft eröffnete Möglichkeit der Erlangung der Gewinnchance ist bei Kettenbriefsystemen nicht ersichtlich, so daß dieser Frage für die Beurteilung von Kettenbriefsystemen entscheidende Bedeutung zukommt.

Für die Qualifizierung der bloßen Gewinnchance als vollwertiges Äquivalent ist Voraussetzung, daß die Gewinnerwartung als Vermögensbestandteil anzusehen ist.
Nach einhelliger Meinung kann nicht jede unbestimmte Gewinnaussicht sowie jede vage Hoffnung oder Möglichkeit als Vermögensbestandteil qualifiziert werden[320].
Es ist aber in Rechtsprechung und Lehre heftig umstritten, wie weit die Erwerbsaussicht konkretisiert sein muß, damit sie als Vermögensbestandteil anerkannt werden kann.

Nach einer früher vom Reichsgericht vertretenen Ansicht[321] wurde die Gewinnaussicht nur dann zum Vermögen gerechnet, wenn der Eintritt des Gewinns si-

---

320 BGH, GA 78,332(333); NJW 85,2428; RGSt 13,8(9f.); 23,55(57); 27,39(43); 73,382(384); Bruns, Schroeder-GS, S.273(280f.); LK-Lackner, § 263, Rd.134.

321 RGSt 6,75(76); 23,55(57); 25,182(185); 26,239(241); 27,39(43).

cher war.

Diese Auffassung definiert den Begriff der Gewinnaussicht jedoch viel zu eng und wird richtigerweise heute nicht mehr vertreten. Tritt der Gewinnanfall nämlich mit Sicherheit ein, so liegt schon begrifflich keine ungewisse Gewinnaussicht, sondern eine gesicherte Anwartschaft vor, die einen eigenen wirtschaftlichen Wert hat.

Nach der neueren Rechtsprechung wird eine Gewinnaussicht dann als Vermögensbestandteil anerkannt, wenn ein Vermögenszuwachs nach dem gewöhnlichen Verlauf der Dinge und den besonderen Umständen mit Wahrscheinlichkeit erwartet werden kann[322]. Ein Teil des Schrifttums hat sich dieser Begriffsbestimmung angeschlossen[323].

Danach stellt die bloße Vereitelung einer wirtschaftlich noch nicht faßbaren Erwerbsaussicht noch keine betrügerische Vermögensbeschädigung dar[324].

Aufgrund dieser Definition muß in jedem Einzelfall geprüft werden, ob eine Hoffnung schon eine solche Gewißheit erlangt hat, daß sie nach der Verkehrsanschauung als meßbarer Vermögenswert angesehen werden kann[325]. Dies wird dann bejaht, wenn die Expektanz nach der Verkehrsanschauung das wirtschaftliche Potential eines Vermögenssubjekts in seinem wirtschaftlichen Wert erhöht[326], was wiederum dann gegeben ist, wenn die Expektanz im Geschäftsverkehr einen konkretisierbaren wirtschaftlichen Wert darstellt[327].

---

322 BGHSt 17,147(148); 2,364(367); 19,37(42); RGSt 38,108(109); 41,373(375); 51,205(209); 63,186(191); 64,181(182); 71,333(334); 73,382(384); 74,316(317). So wurde z.B. die Gewinnchance bei einem Lotterielos als Vermögensbestandteil anerkannt, vergl. BGHSt 8,289(291);
vergl. auch BGH, NJW 75,1234(1235f.) zu der Frage, ob die Aussicht eines abstiegsbedrohten Fußballvereins, in der einnahmeträchtigen Bundesliga bleiben zu können, schon einen Vermögenswert darstellt.

323 Krey, BT 2, S.172; Maurach-Schroeder-Maiwald, BT 1, S.433f.; Triffterer, NJW 75,612(613f.); SK-Samson, § 263, Rd.121.

324 BGHSt 34,379(390).

325 Einzelfälle s. LK-Lackner, § 263, Rd.135 m.w.N..

326 Vergl LK-Lackner, § 263, Rd.136.

327 Sch-Sch-Cramer, § 263, Rd.87f..

Hiernach ist zu prüfen, ob die den Mitspielern eröffnete Gewinnaussicht das wirtschaftliche Potential der Mitspieler erhöht.
Die bloße und dazu noch unwahrscheinliche Möglichkeit, einen Gewinn zu erzielen, läßt den gegenwärtigen wirtschaftlichen Bestand des Vermögens unberührt. Möglich ist aber, daß der Geschäftsverkehr der von den Mitspielern erworbenen Gewinnaussicht einen wirtschaftlichen Wert beimißt. So steht beispielsweise bei einer staatlichen Lotterie die Gewinnaussicht eines Loses verbindlich fest[328] und es liegt demnach eine Veräußerbarkeit vor. Es ist auch kein Grund ersichtlich, der dem Weiterverkauf eines erworbenen Loses entgegenstehen könnte.
Anders ist es jedoch bei den hier untersuchten Systemen. Wie oben gesehen hängt der Gewinneintritt von mehreren von den Mitspielern nicht beeinflußbaren Faktoren ab. Daher liegt noch keine wirtschaftlich relevante Rechtsposition vor. Dies äußert sich auch darin, daß die bloße Teilnahme am Wirtschaftsverkehr noch nicht als wirtschaftlicher Wert anzusehen ist, der sich in einem möglichen Verkauf manifestieren könnte[329]. Im Gegensatz zum staatlichen Glücksspiel liegt hier keine der Höhe nach allgemeingültig berechenbare Gewinnchance vor. Während beim staatlichen Lotto, Toto etc. die Zahl der möglichen Konstellationen für den Spieler berechenbar ist, scheitert dies bei einem Kettenbrief an der mangelnden Kenntnis über den Stand der Progression[330]. Eine Wahrscheinlichkeitsberechnung bei einem progressiven Kundenwerbungsmodell kann nur im konkreten Einzelfall auf der Basis der jeweiligen Progressionsstufe vorgenommen werden. Eine Gewinnwahrscheinlichkeit bezüglich des Gesamtsystems kann

328 Vergl. BGHSt 8, 289ff..

329 Deshalb ist auch bei den hier untersuchten Systemen kein Fall bekannt, in dem jemand gegen Zahlung des ursprünglichen Einstandsgeldes an die Stelle eines anderen getreten ist und damit dessen vermeintliche Gewinnaussicht übernommen hat.

330 Auch bei einem staatlichen Glücksspiel kann der äußerst geringen Gewinnchance (regelmäßig eins zu einigen Millionen) noch keine Vermögensqualität zugebilligt werden, so daß auch hier keine Schadenskompensation vorliegen würde. Ein tatbestandlicher Betrug liegt hier aber schon deshalb nicht vor, weil es an einer Täuschungshandlung und an einem Irrtum fehlt.

nicht angegeben werden. Aus dieser mangelnden Berechenbarkeit der Qualität der Gewinnchance folgt, daß sich nicht für alle Mitspieler dieselben Gewinnchancen eröffnen. Demnach hat die Gewinnchance bei einem Kettenbrief nicht denselben graduellen Wert wie die Gewinnchance bei einem staatlichen Glücksspiel, so daß sie nicht als soweit konkretisiert anzusehen ist, daß ein Gewinn mit Wahrscheinlichkeit erwartet werden kann.

Eine derartige Gewinnaussicht kann frühestens dann als veräußerbar angesehen werden, wenn sie sich in Form von bei dem Mitspieler eingehenden Zahlungen konkretisiert hat. In diesem Fall existiert aber schon ein materieller Gegenwert mit der Folge, daß auf die bloße Gewinnaussicht nicht abgestellt werden muß. Richtigerweise liegt in der unrealistischen Hoffnung, der Mitspieler könne durch eigene Anstrengung hohe Gewinne erzielen, keine tatsächliche Gewinnchance, sondern lediglich eine wirtschaftlich nicht faßbare Hoffnung auf Vermögensmehrung[331].

Nach dieser Ansicht kommt demzufolge der von den Mitspielern erworbenen Gewinnchance kein eigenständiger wirtschaftlicher Wert zu mit der Folge, daß sie nicht als Vermögensbestandteil anzusehen ist. Dies muß insbesondere dann gelten, wenn der Veranstalter aufgrund seines Überblicks über den Stand der Progression Kenntnis von der Unrealisierbarkeit der Gewinnchance hat, diese aber dennoch weiter "verkauft".

Nach anderer Ansicht wird die Einbeziehung der Expektanz in den Vermögensbegriff ganz abgelehnt[332], weil man nur die effektive Vermögensminderung ("das Ärmerwerden"), nicht aber auch den entgangenen Gewinn ("die Vereitelung des Reicherwerdens") als Schaden bewerten dürfe.

Ferner stelle die bloße Expektanz kein selbständiges, als solches verkehrsfähiges Gut dar[333].

---

331 So auch Sch-Sch-Cramer, § 263, Rd.87a.

332 Gallas, Schmidt-FS, S.401(410); Gutmann, MDR 63,3(5); Schönfeld, JZ 64,206(208).

333 Vergl. Otto, Die Struktur des strafrechtlichen Vermögensschutzes, S.47.

Letztlich mache die herrschende Ansicht den Betrugstatbestand zu einem konturenlosen Sammelbecken für die Erfassung von Interessenverletzungen verschiedenster Art[334].
Hiernach zählt die Gewinnaussicht auch ohne Wertung nicht zum Vermögen.

Als Ergebnis der Subsumtion der untersuchten Systeme unter die verschiedenen Ansichten bleibt festzuhalten, daß hier alle Ansichten zu demselben Ergebnis gelangen: Die bei progressiven Kundenwerbungsmodellen eröffnete Gewinnaussicht ist noch nicht als Vermögensbestandteil anzusehen.

Weil die Gewinnaussicht bei den hier untersuchten Systemen nicht zum Vermögen gehört, der Mitspieler bei Kettenbriefmodellen aber gerade nur eine solche erhält, ist die bloße Gewinnaussicht nicht als vollständiges Äquivalent zu der Vermögenseinbuße anzusehen, unabhängig davon, ob die Gewinnchance tatsächlich besteht oder nicht.
Demnach muß bei Kettenbriefmodellen das Vorliegen eines Schadens bejaht werden[335].

c) Nachträgliche Schadenskompensation durch späteren Gewinn

Bei jeder Form von progressiver Kundenwerbung bzw. von Kettenbriefmodellen besteht die theoretische Möglichkeit, daß sich die Gewinnaussicht tatsächlich

---

334 Gallas, Schmidt-FS, S.401(412); Gutmann, MDR 63,3(5); Schönfeld, JZ 64,206(208).

335 Selbst wenn man die bei den hier untersuchten Systemen vorliegende Gewinnchance als Vermögensbestandteil qualifizieren würde, müßte man sich die Frage stellen, ob dieser Vermögensbestandteil als vollwertiges Äquivalent zu der eingetretenen Vermögenseinbuße anzusehen ist. Bei der geringen Gewinnwahrscheinlichkeit wird man auch unter Berücksichtigung der Höhe des eingesetzten Vermögens (mehrere 100,- bzw. 1.000,- DM) nicht mehr von einem vollwertigen Äquivalent sprechen können, so daß sich auch insoweit keine abweichende Lösung ergeben würde.

realisiert.
Zu prüfen ist deshalb, ob eine tatsächlich eintretende spätere Vermögensvermehrung als wirtschaftliches Äquivalent zu der vorher eingetretenen Vermögenseinbuße anzusehen ist. Problematisch ist in diesem Zusammenhang, daß bei Durchführung der Gesamtsaldierung die Vermögensminderung durch das Äquivalent unmittelbar ausgeglichen werden muß, das heißt, der wirtschaftliche Ausgleich muß unmittelbar eintreten[336].
Erzielt der Teilnehmer in den hier untersuchten Fällen aufgrund der Gewinnchance aber erst einige Zeit nach dem Einsatz des Vermögens einen Gewinn, so liegt das Kriterium der Unmittelbarkeit gerade nicht vor[337].
Aus diesem Grunde sind nachträgliche Werterhöhungen sowie eine nachträgliche Schadensbeseitigung (sog. reparatio damni) für die Schadensberechnung ohne Bedeutung[338]. Dies ist aufgrund der schon eingetretenen Vermögensgefährdung auch gerechtfertigt.

5.) Stoffgleichheit

Der vom Täter erstrebte Vermögensvorteil muß unmittelbar zu Lasten des geschädigten Vermögens gehen, was dann der Fall ist, wenn Schaden und Vorteil auf einunddieselbe Vermögensverfügung zurückzuführen sind (sog. Stoffgleichheit)[339].

Bei den klassischen Formen von progressiver Kundenwerbung ist dies unproble-

---

336 LK-Lackner, § 263, Rd.144; Wessels, BT 2, S.131.

337 Dies gilt auch für ein Lotterielos, wenn dieses später einen hohen Gewinn erzielt (vergl. LK-Lackner, § 263, Rd.145).
Liegt in dem Zeitpunkt der Vermögensverfügung kein entsprechendes Äquivalent vor, so ist das Vorliegen eines Schadens zu bejahen (bei einer staatlichen Lotterie fehlt es aber regelmäßig an einer Täuschungshandlung sowie an einem entsprechenden Irrtum; s. auch Fn.330).

338 LK-Lackner, § 263, Rd.145, 147 m.w.N.; Dreher-Tröndle, § 263, Rd.36.

339 Vergl. nur BGHSt 34,379(391); Sch-Sch-Cramer, § 263, Rd.168.

matisch gegeben.

Bei zentralgesteuerten Kettenbriefen erhält der Veranstalter unmittelbar einen Geldbetrag von dem geschädigten Mitspieler, so daß auch in diesen Fällen Schaden und Vorteil zumindest teilweise auf dieselbe Vermögensverfügung zurückzuführen sind unabhängig davon, an wen der neue Spieler darüber hinaus Zahlungen leistet.
Erhält der einzelne Mitspieler von den von ihm geworbenen Mitspielern unmittelbar eine Zahlung, so ist auch insoweit dem Erfordernis der Stoffgleichheit Genüge getan. Dies gilt sowohl für zentralgesteuerte Kettenbriefe als auch für Selbstläufersysteme.

In den Fällen aber, in denen bei einem sog. Selbstläufersystem der neu geworbene Mitspieler lediglich eine Einstandszahlung an die Nummer 1 der Liste zahlt, begehrt der Werber, solange an ihn selbst keine Zahlungen geleistet werden sollen[340], keinen Vorteil für sich. Da es bei diesen Systemen auch an einem übergeordnetem Veranstalter fehlt, ist der von einzelnen Mitspielern begehrte Vorteil demnach nicht als Kehrseite des Schadens anzusehen, so daß es insoweit an der erforderlichen "Stoffgleichheit" fehlt.
Demnach scheitert eine Anwendung des § 263 StGB bei den sog. Selbstläufersystemen, bei denen der Werber von dem Geworbenen unmittelbar keine geldwerte Leistung erhält, an dem Merkmal der Stoffgleichheit.

6.) Zwischenergebnis zu § 263 StGB

Eine Täuschungshandlung liegt schon dann vor, wenn eine nicht bestehende zukünftige Gewinnaussicht offeriert wird und wenn mit der Legalität der Systeme

---

340 Diese Konstellation liegt bei Selbstläufersystemen häufig vor. Vergl. z.B. OLG Stuttgart, NJW 64, 365 ff.; "Selbsthilfe-Gemeinschafts-Kreis" (StA Köln 117 Js 1140/88; Anlage 1); "Schokoladenkettenbrief" (Anlage 3).

geworben wird.

Trotz bestehender Zweifel des Getäuschten an der Richtigkeit der Werbeangaben liegt regelmäßig ein Irrtum der potentiellen Mitspieler vor.

Die klassische Form der progressiven Kundenwerbung fällt schon deshalb aus dem Strafbarkeitsbereich des § 263 StGB heraus, weil regelmäßig mit der gewährten Ware ein die Vermögenseinbuße voll ausgleichendes Äquivalent vorliegt, so daß ein Vermögensschaden nicht gegeben ist.
Bei den Selbstläufersystemen unter den Kettenbriefen, die keine Zahlung des Neueinsteigers an dessen Werber erfordern, fehlt es für einen Betrug des Werbers an der Stoffgleichheit zwischen dem erstrebten Vermögensvorteil und dem Schaden des Opfers.
Bei zentralgesteuerten Kettenbriefsystemen ist eine Bestrafung nach § 263 StGB dagegen möglich.

III. Probleme innerhalb des § 4 UWG[341]

Neben Normen des Strafgesetzbuches kommen auch strafrechtliche Normen des UWG bei der Bewertung von progressiven Kundenwerbungsmodellen in Betracht.
Der Anwendungsbereich des UWG erstreckt sich auf jede inländische, im Wettbewerbsleben stehende natürliche oder juristische Person, und zwar unabhängig davon, ob diese ein eigenes Unternehmen betreiben, in einem fremden Unternehmen tätig werden oder auf sonstige Weise fremden Wettbewerb fördern[342]. Demnach ist auch bei einem Handeln von Privatleuten das UWG anwendbar.

Im folgenden soll zuerst auf die Tatbestandsmerkmale des § 4 UWG eingegangen werden, die bei der vorliegenden Untersuchung Probleme aufwerfen.
Zwar ist § 6c UWG als eine den § 4 UWG verdrängende Spezialvorschrift anzusehen[343], jedoch wurde § 6c UWG wegen der bestehenden Strafbarkeitslücken in das Gesetz eingefügt, so daß die Untersuchung des Schwerpunktes - die Tatbestandsmerkmale des § 6c UWG - aus systematischen Gründen am Ende der Arbeit erfolgt.

---

341 In der Fassung des EGStGB vom 2.3.1974 (BGBl. I. S.469), zuletzt geändert durch Art. 8 des Gesetzes zur Stärkung des geistigen Eigentums und zur Bekämpfung der Produktpiraterie (PrPG) vom 7.3.1990 (BGBl. I, S.422, 432).

342 vergl. v.Gamm, Gesetz gegen..., § 1, Rd.4.

343 So Fuhrmann in Erbs-Kohlhaas, § 6c, Anm.6.

1.) Angaben über geschäftliche Verhältnisse

Unter den Begriff "Angaben über geschäftliche Verhältnisse" i.S.d. § 4 UWG fallen alle Angaben, die auch § 3 UWG umfaßt. Anders als bei § 3 UWG ist aber nicht erforderlich, daß die Angaben im geschäftlichen Verkehr und zu Zwecken des Wettbewerbs gemacht werden[344].

a) Begriff der geschäftlichen Verhältnisse

Der Gesetzeswortlaut gibt konkrete Anhaltspunkte dafür, was unter dem Begriff der geschäftlichen Verhältnisse zu verstehen ist: Angaben über die Beschaffenheit, den Ursprung, die Herstellungsart oder die Preisbemessung von Waren oder gewerblichen Leistungen, über die Art des Bezugs oder die Bezugsquellen von Waren, über den Besitz von Auszeichnungen, über den Anlaß oder den Zweck des Verkaufs oder über die Menge der Vorräte.
Die im Gesetz zur Erläuterung der geschäftlichen Verhältnisse aufgegeführten Beispiele stellen keine abschließende Regelung dar, so daß dieses Tatbestandsmerkmal weit auszulegen ist[345]. Dies ergibt sich aus der Verwendung des Wortes "insbesondere", welches es ermöglicht, neben den in § 4 UWG genannten Beispielen auch die zusätzlich entwickelten Fallgruppen der Angaben über den Betrieb, den Betriebsinhaber, die Verkaufsform oder den Umsatz unter den Begriff der geschäftlichen Verhältnisse zu subsumieren[346]. Insoweit geht der Begriff der geschäftlichen Verhältnisse über den des geschäftlichen Verkehrs (s.u. bei § 6c UWG) hinaus.

---

344 Baumbach-Hefermehl, § 4 UWG, Rd.7.

345 s. nur BGHSt 36,389(392); Lampe, FS für Lange, S.455(462); Baumbach-Hefermehl, § 3, Rd.122; Dalcke-Fuhrmann-Schäfer, § 4, Anm.7.

346 Fuhrmann in Erbs-Kohlhaas, § 4, Anm. II.3.; Lampe, Tagungsberichte, Band VIII, Anl.10, S.9 sowie derselbe in Lange-FS, S.455(462).

Der hier untersuchte Begriff der geschäftlichen Verhältnisse wird in den §§ 3 und 4 UWG sinnidentisch verwandt[347]. Er umfaßt alles, was die gewerbliche Tätigkeit im Wettbewerb irgendwie zu fördern vermag, so daß jede mit einem Geschäft direkt oder indirekt in Beziehung stehende Handlung erfaßt ist[348]. Nicht einbezogen werden rein private und rein öffentlich-rechtliche Verhältnisse[349].

Bei Modellen der progressiven Kundenwerbung werden Waren bzw. andere gewerbliche Leistungen abgesetzt, so daß der Veranstalter hier immer Angaben über geschäftliche Verhältnisse macht.

Bei Kettenbriefmodellen werden in der Regel von dem Veranstalter bzw. Werber in den Kettenbriefen ebenfalls Informationen über die Verkaufsform, die Gewinnmöglichkeiten sowie über die Absetzbarkeit gegeben. Unter den Begriff der geschäftlichen Verhältnisse fällt insbesondere die Art der Verkaufsform[350], so daß auch bei Kettenbriefmodellen regelmäßig Angaben über geschäftliche Verhältnisse gemacht werden.

Fraglich ist aber, ob dies uneingeschränkt auch für Selbstläufersysteme gilt oder ob in dieser Fallkonstellation lediglich private Angaben vorliegen. Der Bundesgerichtshof hat bei diesen Systemen ohne Begründung rein private Rechtsbeziehungen angenommen und deshalb das Vorliegen eines Handeln im geschäftlichen Verkehr i.S.d. § 6 c UWG verneint[351]. Dem ist im Ergebnis zuzustimmen, denn die Veranstaltung eines derartigen Kettenbriefes dient nicht vorrangig einem wirtschaftlichen Zweck bzw. der Förderung eines Geschäftszwecks, so daß ein geschäftlicher Bezug nicht ersichtlich ist. Deshalb sind derartige Verhaltens-

---

[347] vergl. nur BGHSt 36,389(392) m.w.N.; Fuhrmann in Erbs-Kohlhaas, § 4, Anm. II.3.

[348] BGHSt 36,389(392); Gloy/Helm, § 48, Rd.33.

[349] vergl. Baumbach-Hefermehl, § 3, Rd.121; Fuhrmann in Erbs-Kohlhaas, § 4, Anm. II.3.; Endriß, wistra 89,90(92f.); Gloy-Helm, § 48, Rd.33.

[350] Lampe, FS für Lange, S.455(462).

[351] s. BGHSt 34,171(179); s.auch Richter, wistra 87,276(277).

weisen dem privaten Bereich zuzuordnen.
Da, wie gesehen, auch bei dem Begriff der geschäftlichen Verhältnisse private Handlungen ausgenommen sind, scheitert eine Anwendung des § 4 UWG bei Selbstläufersystemen an diesem Tatbestandsmerkmal[352].

b) Abgrenzung Angaben - Anpreisungen

Unter Angaben i.S.d. § 4 UWG sind alle Aussagen und Meinungsäußerungen über geschäftliche Verhältnisse zu verstehen, soweit sie nur eine objektiv nachprüfbare Aussage enthalten[353].
Hiervon abzugrenzen sind bloße Anpreisungen, die lediglich marktschreierische Übertreibungen enthalten und von dem Adressaten auch so aufgefaßt werden (z.B. "Ihr schönstes Erlebnis", "Die schönsten Blumen der Welt" etc.)[354]. Da derartige Angaben weder nach ihrem Wort- oder Bildsinn noch nach der Auffassung der beteiligten Verkehrskreise einen objektiv nachprüfbaren Inhalt haben, stellen sie keine Angaben dar[355].

Bei Formen der progressiven Kundenwerbung werden immer Waren oder andere Leistungen gewährt. Ob diese Waren, wie angegeben, abgesetzt werden können bzw. ihren Preis wert sind, ist objektiv nachprüfbar. Aufgrund des nachprüfbaren Inhalts liegen bei progressiven Kundenwerbungsmodellen regelmäßig Angaben vor.

Möglicherweise sind aber die gerade bei Kettenbriefmodellen üblichen Angaben

---

352 so auch Granderath, wistra 88,173(175).

353 BGH, NJW-RR 91,1061; BGHZ 43,140(143); NJW 79,2245(2246); MDR 69,639; Fuhrmann in Erbs-Kohlhaas, § 4, Anm. II 2.a); Pinner-Eyck, § 4, Rd. B.I.3.; Ulmer-Reimer, Bd.III, S.368.

354 Fuhrmann, in Erbs-Kohlhaas, § 4, Anm.II.2.a); BGH, GRUR 63,482(483) ("Hollywood Duftschaumbad"); OLG Düsseldorf, WRP 71,277(278).

355 s. Baumbach-Hefermehl, § 3, Rd.13, 15.

über die zu erwartende Gewinnsumme (z.B.: "50.000 - 500.000,- DM in 4 bis 8 Wochen"[356]; "In 4 Wochen um mindestens 40.000,- DM reicher"[357]; "In 6 bis 8 Wochen 25.000 bis 400.000,- DM und mehr!"[358]) als marktschreierische Übertreibungen und damit als Anpreisungen zu werten.
Bei diesen Systemen soll der Kunde nach der Intention des Werbers die Werbeangaben glauben, weil hiervon die Frage abhängt, ob er in das System einsteigt. Bei dem Teilnehmer verdrängt der Glaube an die Möglichkeit des Gewinns der avisierten Summe etwaig aufkommende Zweifel. Ansonsten würde er nicht auf das Funktionieren des Systems vertrauen und folglich nicht teilnehmen. Des weiteren sind die Angaben anhand einer Marktanalyse einer Überprüfung zugänglich. Demnach haben derartige Werbeäußerungen sowohl aufgrund ihres Wortsinns als auch nach der Auffassung der beteiligten Verkehrskreise einen objektiv nachprüfbaren Inhalt, so daß sie nicht als marktschreierische Übertreibungen anzusehen sind. Demnach sind diese Angaben nicht als bloße Anpreisungen zu qualifizieren.
Folglich sind alle Aussagen bei progressiver Kundenwerbung und bei Kettenbriefen als Angaben i.S.d. § 4 UWG anzusehen.

2.) Unwahre und zur Irreführung geeignete Angaben

Dem Begriffspaar "unwahre und zur Irreführung geeignete Angaben" kommt gerade bei übertreibender Reklame, die bei progressiver Kundenwerbung und Kettenbriefen systemimmanent ist, entscheidende Bedeutung zu. Häufig werden nämlich in Angaben Gewinnmöglichkeiten avisiert, die entweder schon objektiv falsch sind oder aber zwar objektiv wahr[359], aber dennoch geeignet sind, bei dem potentiellen Teilnehmer einen Irrtum über die Wahrscheinlichkeit des Erfolges

356 "Worldwide-Money-Master", AG Köln, 583 Ls 231/88.

357 "International-Action-Club", AG Bergheim 43 Cs 251/84 und StA Landshut, 6 Js 10989/81.

358 "ALS-Glücks-Brief", LG Hamburg, 12 O 614/87 und 12 O 668/87.

359 Die Gewinnaussicht ist auch dann objektiv wahr, wenn die Wahrscheinlichkeit des Gewinns nur mit Promilleprozentsätzen ausdrückbar ist.

hervorzurufen.

a) Das Tatbestandsmerkmal der Unwahrheit

aa) Der Begriff der Unwahrheit

Wann eine Angabe als "unwahr" i.S.d. § 4 UWG bezeichnet werden kann, wird nicht einheitlich beurteilt.

Es wird vertreten, eine Angabe sei dann unwahr, wenn sie mit den Vorstellungen des Umworbenen nicht übereinstimme (subjektive Auffassung)[360]. Begründet wird dies damit, jene Definition entspreche der in den Kommentaren vorherrschenden Meinung; im übrigen bedeute "unwahr" auch sonst fast überall im Recht dasselbe wie "irreführend"[361].

Nach der Gegenansicht soll eine Angabe dann unwahr sein, wenn ihr Inhalt mit der Wirklichkeit nicht übereinstimme (objektive Auffassung)[362]. Werde allein auf die subjektive Auffassung der angesprochenen Verbraucher abgestellt, so sei eine unzutreffende Vorstellung der angesprochenen Personen durchaus möglich. Unter diesem Gesichtspunkt sei es bedenklich, die subjektive Verbraucherauffassung als Kriterium einer Straftatbestandsfeststellung heranzuziehen[363]. Ferner

---

360 RGSt 41,161(162); 40,439(440); Tiedemann, Wirtschaftsstrafrecht, Bd.2, S.35 sowie ZStW 86(1974), S.990(1022); Lampe, Lange-FS, S.455(460); Tilmann, GRUR 76,544(546); Otto, GRUR 82,274(280).
Nach BGHSt 2,139(145) muß der Werbende noch nicht einmal ausdrücklich eine Angabe gemacht haben, es genügt schon die Gesamtwirkung der Ankündigung.

361 Lampe, Lange-FS, S.455(461); Otto, GRUR 82,274(280).

362 Grebing, wistra 82,83(S.86,Fn.23 und S.89); Klug, GRUR 75,217 (219); Fuhrmann in Erbs-Kohlhaas, § 4 UWG, Anm. II 2.b)aa); Dalcke-Fuhrmann-Schäfer, § 4, Anm.20; Rittner, Einführung, S.37 und 39 (Fn.20); Albrecht, WRP 76,277(280); Oppenhoff-Vieregge, GRUR 74,652(654) und 76,136; Richter, wistra 87,117(119); KG, JR 68,433; Baumbach-Hefermehl, § 4, Rd.1 und 8.
Auch das KG Berlin (JR 73,428f.) und das OLG Stuttgart (NJW 82,115) gehen von einer objektiven Bestimmung aus.

363 Albrecht, WRP 76,277(279).

sei der doppelte Maßstab im Tatbestand ansonsten nicht sinnvoll zu erklären[364].

Für die erstgenannte Auffassung und damit für eine subjektive Bestimmung des Begriffs der Unwahrheit spricht, daß die Merkmale "irreführend" und "unwahr" ihrem Wortlaut nach einheitlich ausgelegt werden können. Die mit der Ermittlung der objektiven Wahrheit verbundenen Schwierigkeiten werden vermieden. Darüberhinaus ist zu berücksichtigen, daß eine subjektive Betrachtungsweise das Verständnis der §§ 3, 4 UWG als ein einheitliches Wahrheitsgebot in der Werbung mit zivil- und strafrechtlicher Prägung fortsetzt, indem die Auslegung des Unrichtigkeitsmerkmals im früheren § 3 UWG auf das Unwahrheitsmerkmal im geltenden § 4 UWG übertragen wird.
Auf der anderen Seite vermögen die Anhänger der subjektiven Auffassung nicht zu erklären, warum der Gesetzgeber zwei sinnidentische Begriffe zur Umschreibung desselben strafrechtlichen Verhaltens verwandt hat. Systematisch ist die Formulierung des Gesetzes nur bei einer eigenständigen Bedeutung von "unwahr" verständlich[365].
Zudem muß vermieden werden, daß die Verwendung von gesetzlich zulässigen Bezeichnungen, die aber gleichwohl subjektiv zur Irreführung geeignet sind, in der Werbung vom Tatbestand des § 4 UWG erfaßt werden. Gerade dieses Problem wird letztlich zu einer Befürwortung der objektiven Auffassung führen müssen, selbst wenn dies eine Einschränkung des Anwendungsbereiches des § 4 UWG zur Folge haben sollte. Denn wenn der Gesetzgeber dem Werbungtreibenden vorschreibt, bestimmte Warenbezeichnungen zu benutzen, so kann nicht dann, wenn diese Warenbezeichnungen bei dem angesprochenen Verbraucherkreis zu einem Irrtum führen, der Gebrauch dieser Bezeichnungen unter Strafe stehen. Für das zivilrechtliche Verbot unlauterer Werbung mag diese Diskrepanz zwischen UWG und anderen Gesetzen noch hinnehmbar sein[366], für den Be-

---

364 vergl. Fuhrmann in Erbs-Kohlhaas, § 4, Anm. II.2.b)aa).

365 so auch OLG Stuttgart, NJW 82,115; Fuhrmann in Erbs-Kohlhaas, § 4, Anm.II. 2b)aa).

366 vergl. OLG Hamm, JW 1935, S.3240 zu der Frage, ob "Vollbier" den Anschauungen des betroffenen Verkehrskreises i.S.d. § 3 UWG entspricht; s. auch

reich des Strafrechts ist sie zu vermeiden.
Wird demnach bei der Feststellung des Merkmals der Unwahrheit allein auf die Vorstellungen der Umworbenen abgestellt, so besteht die Gefahr, daß bei (objektiv wahren) Werbeangaben ein Teil des Publikums irregeführt wird und der Werbende damit möglicherweise trotz objektiv richtiger Angaben das vorliegende Tatbestandsmerkmal erfüllt.
Für eine unterschiedliche Bedeutung der beiden Tatbestandsmerkmale "unwahr" und "irreführend" spricht - wie oben bereits ausgeführt - auch schon der Wortlaut des Gesetzes[367], denn bei einer sinnidentischen Verwendung beider Begriffe läge ein Pleonasmus vor, der zumindestens ein Merkmal Überflüssig machen würde[368].

Im übrigen sind auch die von den Vertretern der subjektiven Ansicht vorgebrachten Argumente nicht stichhaltig. So ist ein allgemeiner Hinweis auf die Meinung anderer weder ein durchschlagendes Argument für deren Richtigkeit noch besagt der Hinweis auf gleichlautende Interpretationen in anderen Rechtsgebieten etwas darüber, ob der Gesetzgeber diese Interpretationen auf § 4 UWG übertragen wollte.
Letztlich spricht gegen die subjektive Ansicht, daß die Sichtweise des angesprochenen Verbraucherkreises regelmäßig nur mittels demoskopischer Untersuchungen feststellbar ist[369] und der Werbende sich nicht vor einem Strafgericht,

---

BGH, GRUR 57,491ff.

367 so wohl auch Lampe, FS für Lange, S.455(460).

368 Vergl. auch Fuhrmann in Erbs-Kohlhaas, § 4, Anm. II.2.b)aa).
Dies wird selbst von Vertretern der subjektiven Auffassung eingeräumt: Tiedemann in Wirtschaftsstrafrecht, 2.Bd., BT, S.36 sowie in Wettbewerb, S.32.
In diesem Sinne sind wohl die Vorschläge vor der UWG - Novelle im Jahre 1986 zu verstehen, die durch Streichung von "unwahr" bzw. von "irreführend" den Tatbestand des § 4 UWG begrenzen wollten, s. hierzu die Übersicht bei Otto, GRUR 82,274(280).

369 Inkonsequent insoweit LG Fulda, wistra 84,188(190; nicht rechtskräftig), wo trotz subjektiver Definition nicht auf die Meinung der konkret angesprochenen Kunden abgestellt wurde, sondern auf eine Durchschnittsauffassung.

sondern vor dem Tribunal einer unsicheren öffentlichen Meinung zu verantworten hätte[370]. Die strafbare Werbung nach § 4 UWG erfaßt nur die Täuschung mit falschen, nicht aber die Täuschung mit wahren, einen falschen Eindruck vermittelnden Tatsachen[371].
Demnach fallen unter den Begriff der Unwahrheit nur solche Werbeangaben, deren Inhalt mit der Wirklichkeit nicht übereinstimmt.

Also macht der Initiator eines progressiven Kundenwerbungsmodells dann keine unwahren Angaben, wenn er die Bedingungen darlegt, die für den Eintritt eines Gewinnes erfüllt sein müssen.
Weist der Veranstalter aber z.B. darauf hin, der avisierte Erfolg könne nur bei entsprechendem persönlichen Einsatz eintreten, so schließt dies das Tatbestandsmerkmal der Unwahrheit noch nicht aus. Der Gewinn hängt nämlich nicht ausschließlich von dem persönlichen Einsatz des Werbers ab, sondern entscheidend auch von der Progressionstufe, in welcher sich das System gerade befindet.
Gleiches gilt für die Werbeaussage, der Erfolg sei bei Handeln nach den gegebenen Anweisungen garantiert.
Auch die gerade bei Kettenbriefmodellen häufige Anpreisung, das System sei per Urteil des BGH[372] legalisiert, ist objektiv falsch, da der BGH in seiner Entscheidung nur die Strafbarkeit eines sog. Selbstläufersystems zu beurteilen hatte.
Bei Modellen der klassischen progressiven Kundenwerbung sind in allen bekannten Fällen die Angaben, die angebotenen Waren seien ein besonderes günstiges Angebot bzw. konkurrenzlos, es sei eine Existenzgründung möglich etc., objektiv unwahr.

bb) Unwahre Angaben bei Unvollständigkeit der Werbeangaben bzw. bei Ver-

---

370 Albrecht, WRP 76,277(279); Memorandum des Zentralausschusses der Werbewirtschaft e.V. zum Regierungsentwurf eines EGStGB (1972), S.24; Tiedemann, Wettbewerb, S.34.

371 Fuhrmann in Erbs-Kohlhaas, § 4, Anm. II.2.b)aa); Baumbach-Hefermehl, § 4, Rd.8.

372 gemeint ist regelmäßig die "Goldkreis-Entscheidung", BGHSt 34,171ff..

schweigen wesentlicher Umstände

Problematisch ist das Vorliegen einer unwahren Angabe, wenn der Werbende gegenüber dem potentiellen Mitspieler nur unvollständige Werbeangaben macht. So wird z.B. gerade bei progressiven Kundenwerbungsmodellen regelmäßig weder über den Stand der Progression noch über den damit verbundenen Umstand, daß die Werbung neuer Kunden und Mitspieler mit der früher oder später eintretenden Marktverengung immer aussichtloser wird, aufgeklärt[373].
In diesem Fall stellt sich die Frage, ob § 4 UWG durch positives Tun verwirklicht wird oder ob ein unechtes Unterlassungsdelikt vorliegt.

Nach den allgemeinen Grundsätzen zur Abgrenzung von positivem Tun und Unterlassen kommt es nach der herrschenden Meinung darauf an, ob der Schwerpunkt des Täterverhaltens in einem Tun oder in einem Unterlassen liegt bzw. darauf, ob Elemente pflichtwidrigen Tuns solche pflichtwidrigen Unterlassens verdrängen[374].
Bei dieser Abgrenzung ist der allgemeine wettbewerbsrechtliche Grundsatz, daß Werbung nicht unbedingt vollständig sein muß, um nicht ihre Schlagkraft zu verlieren[375], in die Bewertung miteinzubeziehen. Dieser Wettbewerbsgrundsatz hat allerdings dort seine Grenze, wo die unvollständige Werbung unwahr wird. Demnach sind unvollständige Angaben dort verboten, wo sie dem Wahrheitsgrundsatz widersprechen[376]. Der Werbende darf sich also in der Regel auf die Herausstel-

---

373 vergl. nur Volmer, GRUR 53,196(198).

374 so z.B. BGHSt 6,46(59); OLG Karlsruhe, GA 80,429; Sch-Sch-Stree, Vor § 13, Rd.158; Wessels, AT, S.224.
Zu den von der Literatur vertretenen Abgrenzungskriterien vergl. LK-Jescheck, Vor § 13, Rd.83ff. m.w.N..

375 BGH GRUR 57,491(493); Tiedemann, Wirtschaftsstrafrecht, BT, S.35; Grebing, wistra 82,83(86); Baumbach-Hefermehl, § 3-8, Rd.5 und 7; Fuhrmann in Erbs-Kohlhaas, § 4, Anm. II.2.b).bb).

376 Lampe, FS für Lange, S.455(461); Baumbach-Hefermehl, vor §§ 3-8, Rd.7; Grebing, wistra 82,83(87).

lung der als vorteilhaft angesehenen Umstände beschränken[377].
Für die Feststellung, wann hiernach ein den Tatbestand des § 4 UWG erfüllendes Verschweigen vorliegt, muß auf die Gesamtwirkung der Werbung abgestellt werden[378]. Hier ist zu beachten, daß bei einer Werbung immer ausdrückliche Werbeangaben vorliegen. Bei der Betrachtung der Gesamtwirkung einer zu beurteilenden Werbung wird durch ein Verschweigen von wesentlichen Umständen jedoch regelmäßig konkludent zum Ausdruck gebracht, die Angaben seien wahr[379]. Demnach liegt in dem Verschweigen wesentlicher Umstände regelmäßig eine Täuschung durch positives Tun.
Folglich ist eine Untersuchung der Frage, ob die verschwiegenen Tatsachen offenkundig sind, so daß es keiner Aufklärung bedarf[380], hier entbehrlich.
Ausnahmsweise wird auch die Gesamtwirkung der Werbeangabe einen bestimmten Inhalt der Angabe offenlassen[381]. In diesen Fällen ist aber der Werbende aus dem Grundsatz von Treu und Glauben zur Offenbarung der von ihm verschwiegenen wesentlichen Umstände verpflichtet (sog. Garantenstellung)[382].
Auf die im Einzelfall problematische Abgrenzung zwischen Tun und Unterlassen kommt es demzufolge regelmäßig nicht an[383].

Somit liegen unwahre Angaben auch immer dann vor, wenn der Werbende we-

---

377 BGH, NJW 82,1596(1597).

378 vergl. Fuhrmann in Erbs-Kohlhaas, § 4,Anm.II.2.b)bb); Grebing, wistra 82,83(87); Ulmer-Reimer, Bd.III, S.370 und 459;
so wohl auch BayObLG, GRUR 52,585(586).

379 Baumbach-Hefermehl, § 4, Rd.8; Grebing, wistra 82,83(87); Fuhrmann in Erbs-Kohlhaas, § 4, Anm.II.2.b)bb); a.A. Tiedemann, Wirtschaftsstrafrecht, BT, S.36.

380 vergl. LG Fulda, wistra 84,188(191) (nicht rechtskräftig), zur Offenkundigkeit der Tatsache, daß nicht jeder Mitspieler bei einem progressiven Kundenwerbungsmodell dem Verdienstbeispiel entsprechend verdienen kann.

381 vergl. KG, JR 68,433(434).

382 vergl. hierzu Baumbach-Hefermehl, § 4 UWG, Rd.8; Fuhrmann in Erbs-Kohlhaas, § 4, Anm.II.2.b)bb); Tiedemann, Wirtschaftsstrafrecht, BT, S.36; derselbe in JR 73,429(430).

383 so auch Baumbach-Hefermehl, § 4, Rd.8.

sentliche Umstände verschweigt.

b) Das Tatbestandsmerkmal der Irreführungseignung

Nach § 4 UWG kann nur bestraft werden, wer über geschäftliche Verhältnisse zur Irreführung geeignete Angaben macht.

aa) Eignung zur Irreführung (§ 4 UWG als sog. "Eignungsdelikt")

Für die nähere Ausgestaltung des Tatbestandsmerkmals "Eignung zur Irreführung" kommt es entscheidend darauf an, ob § 4 UWG als konkretes oder als abstraktes Gefährdungsdelikt anzusehen ist.
Bei der Gruppe der Tatbestände, die auf die "Eignung" eines Verhaltens für einen Erfolg abstellen (sog. Eignungsdelikte[384]), ist streitig, ob die Eignung konkret oder abstrakt zu verstehen ist.

aaa) Meinung von Schröder

Nach Schröder[385] sind Eignungsdelikte je nach ihrer Ausgestaltung als konkrete bzw. als abstrakt-konkrete Gefährdungsdelikte zu verstehen, weil das Gesetz neben der Formulierung einer abstrakt gefährlichen Handlung die Eignung derselben, Verletzungserfolge herbeizuführen, zum Tatbestandsmerkmal mache und damit konkreter richterlicher Feststellung unterwerfe. Hierfür spreche das Prinzip der maximalen Individualgerechtigkeit, da jegliche Generalisierung in der Betrachtungsweise durch Vernachlässigung bestimmter Einzelumstände zu unzutreffenden Gefährlichkeitsfeststellungen führen könne, obwohl aufgrund der individuellen Begleitumstände eine Gefahr im konkreten Fall effektiv nicht eingetreten sei[386].

---

384 vergl. §§ 126, 130, 130a, 186, 187, 229, 308, 325, 326 StGB.

385 Schröder, JZ 67,522 und ZStW 81, 7, 18f.

386 Schröder, JZ 67,522(523).

bbb) Meinung von Gallas

Nach Gallas[387], dem die herrschende Meinung gefolgt ist[388], sind Eignungsdelikte grundsätzlich als eine besondere Unterart der abstrakten Gefährdungsdelikte anzusehen, wobei die Gefährdungskonzentration auf die jeweilige Rechtsgutart zu berücksichtigen sei. Die Tatbestände, in denen die generelle Gefährlichkeit der Handlung durch das Erfordernis der "Eignung" zur Herbeiführung eines bestimmten Erfolges umschrieben wird, seien als sog. "potentielle" Gefährdungsdelikte anzusehen.

ccc) Meinung von Hoyer

Nach Hoyer[389], der in seiner im Jahre 1987 erschienenen Monographie die Eignungsdelikte umfassend systematisiert hat, liegt eine eigenständige, materiell begründete Deliktskategorie vor. "Geeignetheit" sei danach gegeben, wenn die Tathandlung in Kenntnis aller konkreten Tatumstände nicht anders als zumindestens unerlaubt verletzungsfähig vollzogen werden kann[390].

ddd) Stellungnahme

Gegen die Interpretation der Eignungsdelikte als abstrakte Gefährdungsdelikte spricht, daß eine abstrakte Gefahr allein durch Benennung des zu schützenden Guts nicht in einer Weise bestimmt werden kann, die Art. 103 Abs.2 GG, § 1

---

387 Gallas, FS f. Heinitz, S.171ff.

388 Lackner, Vor § 13, Rd.32; Sch-Sch-Cramer, Vorbem. §§ 306ff., Rd.3; SK-Horn, Vor. § 306, Rd.18; Arzt-Weber, LH 2, Rd.81; Schittenhelm, GA 83,310(317); Dreher-Tröndle, Vor § 13, Rd.13a; Jescheck, AT, S.238.

389 Hoyer, Die Eignungsdelikte, S.103ff., 197ff.; zustimmend wohl Fischer, GA 89,445(454).

390 Hoyer, aaO., S.107.

StGB genügt, denn die Zahl der Faktoren, von denen abstrahiert werden kann, ist prinzipiell unbeschränkt und dementsprechend unbegrenzt wäre der Begriff der Gefahr.
Jedoch spricht dies auf der anderen Seite noch nicht dafür, daß die Gefahr konkret sein muß, denn verletzungsgeeignet ist nicht nur der Angriff auf ein am Einwirkungsort vorhandenes, bestimmt geartetes Angriffsobjekt, sondern auch der Angriff auf ein Objekt, das überhaupt nicht oder nicht mit bestimmten Eigenschaften vorhanden ist, mit dessen Vorhandensein und bestimmten Eigenschaften aber gerechnet werden muß[391].
Gegen die Annahme von konkreten oder "abstrakt-konkreten" Gefährdungsdelikten spricht der Umstand, daß es nicht auf einen Gefahrenerfolg, sondern nur auf die abstrakte Gefährlichkeit der Tathandlung ankommt[392]. Insbesondere verstößt eine abstrakte Betrachtungsweise nicht gegen das Prinzip der Individualgerechtigkeit, denn es ist nicht ersichtlich, weshalb die Bestrafung eines Täters, der einen gefährlichen Ausgangssachverhalt unkontrolliert läßt, der Einzelfallgerechtigkeit widersprechen sollte. Gerecht wird dem Einzelfall nicht die Berücksichtigung der Tatsache, daß eine Gefahr tatsächlich eingetreten ist, sondern die Berücksichtigung der Möglichkeit eines Gefahreneintritts.

Stellt die Eignungformel eine Konkretisierung der abstrakten Gefährlichkeit dar, so muß das Rechtsgut, auf welches sich die Eignung bezieht, mit dem Rechtsgut identisch sein, welches der Handlungsbeschreibung zugrunde liegt. Demzufolge ist bei der inhaltlichen Bestimmung der Eignungsformel bei jedem Tatbestand gesondert eine Bezugnahme auf den Schutzgegenstand der Norm erforderlich. Aus diesem Grund können je nach dem zu schützenden Rechtsgut Eignungsdelikte sowohl konkrete als auch abstrakte Gefährdungsdelikte sein, so daß keine einheitliche Einordnung der Eignungsdelikte möglich ist[393].

---

391 so Jakobs, Strafrecht AT, S.174.

392 vergl. so auch Lackner, Vor § 13, Rd.32; Dreher-Tröndle, Vor § 13, Rd.13a.

393 Insoweit hilft vorliegend eine nähere Betrachtung der zum Teil heftig geführten Diskussion über die rechtliche Einordnung anderer Eignungsdelikte wie zum Beispiel bei §§ 186, 187, 229, 308, 325 StGB nicht weiter (Nachweise zum jeweili-

Zur Klärung der aufgeworfenen Frage ist also der Schutzzweck der Norm heranzuziehen.
§ 4 UWG schützt neben den Interessen der Mitwerber vor allem die der Verbraucher und der Allgemeinheit. Es soll sowohl der freie Wettbewerb als auch der Verbraucher in seiner Dispositionsfreiheit geschützt werden[394].

Für eine Betrafung nach § 4 UWG ist nicht erforderlich, daß die Werbeangaben bei dem angesprochenen Personenkreis einen Irrtum erregen[395]. Es genügt vielmehr, daß eine konkrete Irreführungsgefahr besteht[396]. Demnach kommt es auf einen Erfolg für die Gefährdung des geschützten Rechtsgutes vorliegend nicht an.

Aus diesem Grund ist § 4 UWG als abstraktes Gefährdungsdelikt anzusehen[397].

bb) Der Begriff der Irreführung

Nach allgemeiner Auffassung ist maßgebend, wie die von der Werbung angesprochenen Verkehrskreise die Werbeaussage ver-stehen[398]. Aufgrund dieser rein subjektiven Begriffsbestimmung können auch alle objektiv richtigen Angaben tatbestandsmäßig sein, wenn sie auf die angesprochenen Verkehrskreise subjektiv die Wirkung einer unrichtigen Angabe ausüben[399]. Entscheidend wird dabei

---

gen Streitstand bei Hoyer, Die Eignungsdelikte).

394 vergl. nur BGH, NJW 87,78(79); Tiedemann, Wettbewerb, S.37; Baumbach-Hefermehl, § 4, Rd.1.

395 vergl. Fuhrmann in Erbs-Kohlhaas, § 4, Anm. 2c)cc).

396 Tetzner, § 4, Rd.3; RGSt 47,161(163).

397 so auch Fuhrmann in Erbs-Kohlhaas, § 4, Anm. 2c)cc).

398 Baumbach-Hefermehl, § 4, Rd.8; Dalcke-Fuhrmann-Schäfer, § 4, Rd.21; Lindemeyer-Henseler, WRP 78,87(88); OLG Köln, NJW 85,1911(1912); Fuhrmann in Erbs-Kohlhaas, § 4, Anm.II.2.c)
aa); Rittner, Einführung, S.37.

399 BGHZ 104,384(386); Fuhrmann in Erbs-Kohlhaas, § 4, Anm. II.2.c),aa).

nicht darauf abgestellt, wie ein sachkundiger oder interessierter Umworbener die Werbeangaben versteht, sondern darauf, welche Vorstellungen sie beim flüchtigen Durchschnittsbetrachter erwecken[400]. Trotz der Kritik an dem Merkmal der Irreführungseignung[401] herrscht aber Einigkeit hinsichtlich der subjektiven Bestimmung dieses Tatbestandsmerkmals.

c) Das Wort "und"

Zwar ist das Wörtchen "und" kein Tatbestandsmerkmal, jedoch hat es eine Kontroverse ausgelöst, auf die hier gesondert eingegangen werden soll. Es stellt die Verbindung zwischen den beiden zuvor behandelten Tatbestandsmerkmalen dar und beinhaltet die klare Aussage, daß die Merkmale der Unwahrheit und der Eignung zur Irreführung kumulativ und nicht alternativ vorliegen müssen.
Trotz dieses insoweit eindeutigen Wortlauts wird vertreten, daß das Wort "und" als "oder" zu interpretieren sei[402].
Eine derartige Interpretation ist aber abzulehnen[403].

---

400 Lindemeyer-Henseler, WRP 78,87(88).

401 s. Tiedemann, Wettbewerb und Strafrecht,S.32: Ist bei der Bewertung der Vorstellung eines Durchschnittbetrachters auf einen mündigen Bürger oder auf die durchschnittliche Intelligenz der Bevölkerung abzustellen? ;
s. Schricker, Tagungsberichte,Bd. VIII, Anl.5, S.27: Feststellung des Verständnisses des angesprochenen Verkehrskreises durch eine demoskopische Untersuchung?
Diese im Zuge der Novellierung des UWG laut werdende Kritik, die von dem Gesetzgeber z.T. eine Streichung des Merkmals der "Irreführung" forderte, hat sich aber bei der Neugestaltung des UWG nicht durchsetzen können.

402 vergl. z.B. BGHSt 2,139(145), wo von einem Versehen des Gerichts ausgegangen werden muß;
vergl. aber auch Otto (GRUR 82,274(275)) und Lampe (Tagungsberichte, Bd.VIII,Anl.10, S.6), die von einer Sinnidentität der Begriffe unwahr und irreführend ausgehen, was aber aus dem doppelten Prüfungsmaßstab einen einfachen im Sinne eines "oder" macht.

403 so auch Grebing, wistra 82,83(86); Tiedemann, Wirtschaftsstrafrecht, BT, S.35; Fuhrmann in Erbs-Kohlhaas, § 4, Anm. II.2.b)aa).

Dies ergibt sich zum einen aus dem eindeutigen Wortlaut, der im Hinblick auf Art. 103 Abs.2 GG keinen Raum für eine andere Interpretation läßt. Zum anderen zeigt dies auch ein systematischer Vergleich mit § 3 UWG, wo ausschließlich von irreführenden Angaben die Rede ist. Wenn § 4 UWG zusätzlich unwahre Angaben verlangt, so kommt mit der Verbindung "und" der Wille des Gesetzgebers zum Ausdruck, den Anwendungsbereich des Tatbestandes der strafbaren Werbung zu beschränken. Dieses kumulative Verständnis führt dazu, daß wahre, aber irreführende Angaben sowie unwahre, aber nicht irreführende Angaben nicht von § 4 UWG erfaßt werden.

3.) "Mitteilungen, die für einen größeren Kreis von Personen bestimmt sind"

Für dieses Tatbestandsmerkmal ist Voraussetzung, daß sich die jeweilige Mitteilung an einen Personenkreis richtet, der individuell weder begrenzt noch begrenzbar sein darf, sondern eine nach Zahl und Persönlichkeit unbestimmte Personenmehrheit bildet[404]. Die Mündlichkeit einer Mitteilung steht dem nicht entgegen (z.B. Großkundgebung)[405]. Auch der gleichzeitige Zugang der Mitteilung ist kein Kriterium bei der Betrachtung des angesprochenen Personenkreises[406]. Nicht unter das Tatbestandsmerkmal fallen Mitteilungen an Einzelpersonen, die nicht zur Verbreitung geeignet und bestimmt sind[407].

Vereinzelt wird bei den Definitionen das Merkmal der "Öffentlichkeit" verwandt[408], so daß der Gedanke naheliegt, die Begriffsbestimmung dieses Merk-

---

404 Baumbach-Hefermehl, § 4 UWG, Rd.4; Fuhrmann in Erbs-Kohlhaas, § 4, Anm.II.5.b).

405 BGHSt 24,272(273); Grebing, wistra 82,83(85); OLG Oldenburg, GRUR 67,106(107).

406 BGHSt 24,272(273); Baumbach-Hefermehl, § 4, Rd.5.

407 Baumbach-Hefermehl, § 4, Rd.4 a.E.

408 StA München, wistra 86,36(37), wo hinsichtlich der Argumente für die Ablehnung des Tatbestandsmerkmals auf die Argumente zur Öffentlichkeit i.S.d. § 284 StGB verwiesen wird.

mals aus § 284 StGB entsprechend heranzuziehen. Man wird eine weitgehende Übereinstimmung der Anwendungsbereiche nicht leugnen können. Es ist aber zu beachten, daß bei § 284 StGB die Eigenschaft eines Spiels betrachtet wird, bei § 4 UWG dagegen die Zielrichtung einer Werbung. Schon hieraus ergibt sich, daß zwischen den beiden Begriffen keine vollständige Kongruenz bestehen kann. Ferner ist für eine nähere Bestimmung des Tatbestandsmerkmals das Rechtsgut in die Bewertung einzubeziehen.
Nach Sinn und Zweck des § 4 UWG wird sowohl der Verbraucher in seiner Dispositionsfreiheit als auch der freie Wettbewerb geschützt[409].
Demnach werden durch § 4 UWG andere Rechtsgüter geschützt als durch §§ 284 ff. StGB[410], so daß sich auch aus diesem Grunde eine Heranziehung der Begriffsbestimmung zum Merkmal der Öffentlichkeit verbietet.

Im folgenden sind die einzelnen bei progressiver Kundenwerbung eingesetzten Werbemethoden eingehend zu betrachten.

a) Grundsätzliches

Bei den hier untersuchten Systemen ist die Werbung unproblematisch dann für einen größeren Personenkreis bestimmt, wenn die Mitteilungen einem breitem Publikum auf Werbe- bzw. Informationsveranstaltungen grundsätzlich jedermann zugänglich sind[411].

Dasselbe gilt auch bei der Herstellung schriftlicher Mitteilungsstücke in größerer Menge, wenn die Absicht des Inverkehrbringens vorliegt[412].

---

409 vergl. nur BGH, NJW 87,78(79); Tiedemann, Wettbewerb, S.37; Baumbach-Hefermehl, § 4, Rd.1.

410 s. zu den Schutzgütern der §§ 284 ff. StGB oben S.52ff.

411 vergl. OLG Frankfurt, wistra 86,31(33).

412 RGSt 45,355(361f.); Baumbach-Hefermehl, § 4, Rd.5.

Anderseits ist die Mitteilung bei der Werbung von bloßen Einzelpersonen eindeutig nicht für einen größeren Personenkreis bestimmt. Insoweit bestehen keine Unterschiede zu den zum Merkmal der Öffentlichkeit bei § 284 StGB gefundenen Ergebnissen.

b) Problematische Einzelfälle

aa) Individuelles Ansprechen

Fraglich ist aber, wie die Fälle zu beurteilen sind, in denen die Einzelkunden individuell, eventuell auch mündlich, angesprochen bzw. zu Werbeveranstaltungen eingeladen werden. Diese Art der Verbreitung ist aufgrund der Ausnutzung von persönlichen Kontakten bei Modellen der progressiven Kundenwerbung durchaus üblich.

Nach der früher von der Rechtsprechung vertretenen Ansicht[413] wurden nur solche mündliche Mitteilungen als tatbestandsmäßig anerkannt, die "in demselben sprachlichen Gewande" gemacht wurden, weil sie angeblich nur dann den gedruckten Werbemitteilungen gleichgestellt werden konnten.
Hiernach wurde der Tatbestand des § 4 UWG dann verneint, wenn der Täter mehreren Personen gegenüber zwar inhaltlich gleichlautende mündliche Mitteilungen machte, jedoch die äußere Erscheinungsform nicht völlig gleichartig war.

Nach der neueren Rechtsprechung und Literatur[414] werden auch solche mündliche Mitteilungen, die nacheinander mehreren Personen gegenüber gemacht werden, als für die Erfüllung des Tatbestandsmerkmales ausreichend angesehen. Es

---

413 RGSt 64,247(248); 45,355(362); s. auch Fabricius, GRUR 65,511(529).

414 BGHSt 24,272(273); OLG Celle, MDR 56,631(632); OLG Frankfurt, GA 77,153(154); OLG Köln, GA 77,188(190); Baumbach-Hefermehl, § 4, Rd.5; Tiedemann, Wettbewerb, S.37; Fuhrmann in Erbs-Kohlhaas, §4, Anm. II 5)b); Reimer-v.Gamm, § 4, Rd.1; Tetzner, § 3, Rd.9; Lampe, FS-Lange, S.456(471).

komme entscheidend darauf an, daß eine bestimmte, in ihrem sachlichen Gehalt gleichbleibende Behauptung wiederholt werde. Die Gleichheit dem Sinn nach, nicht die Wortfassung gebe den Ausschlag[415]. Hiernach werden gleichlautende mündliche Mitteilungen von progressiven Kundenwerbern von § 4 UWG erfaßt.

Wie oben schon festgestellt, werden nach Sinn und Zweck des § 4 UWG sowohl der Verbraucher in seiner Dispositionsfreiheit als auch der freie Wettbewerb geschützt[416]. Für den Schutz dieser Rechtsgüter ist es aber unerheblich, ob die Mitteilung in "demselben sprachlichen Gewande" eingekleidet ist. Es kommt nur auf die inhaltliche Gleichförmigkeit der Mitteilung an, nicht aber auf ein Auswendiglernen des Werbewortlautes[417]. Mit anderen Worten: Versucht jemand im Wettbewerb durch Ansprechen eines großen Personenkreises Kunden zu werben, so ist nicht entscheidend, welche Worte er hierbei benutzt.
Auch basiert das Argument der ersten Ansicht, eine völlige Gleichförmigkeit sei erforderlich, um mündliche Mitteilungen den gedruckten Werbemitteilungen gleichstellen zu können, auf einer fehlerhaften Prämisse. Es wird verkannt, daß die individuelle mündliche Werbung auf Werbeveranstaltungen den Adressaten mitunter viel intensiver bedrängt als die schriftliche[418], weil sich der Adressat ihrer Wirkung erheblich schwerer entziehen kann, falls der Werber vor ihm steht[419]. Das angesprochene Opfer ist dem Werbenden unmittelbarer und wehrloser ausgesetzt[420]. Ferner ist nach dem eindeutigen Wortlaut lediglich eine Mitteilung erforderlich, die für einen größeren Personenkreis bestimmt ist, nicht

---

415 so BGHSt 24,272(274).

416 vergl. nur BGH, NJW 87,78(79); Tiedemann, Wettbewerb, S.37; Baumbach-Hefermehl, § 4, Rd.1.

417 so Harmsen, GRUR 72,480.

418 so auch Tiedemann, Wettbewerb, S.37f..

419 Als praktisches Beispiel sind hier die auf sog. "Kaffeefahrten" durchgeführten Werbeveranstaltungen zu nennen, deren Erfolg wohl hauptsächlich auf diesem psychologischen Moment beruht.

420 vergl. Tiedemann, Wirtschaftsstrafrecht, BT, S.37.

aber darüber hinaus eine völlige sprachliche Gleichförmigkeit der Mitteilungen. Daneben ist auch zu beachten, daß der Bundesrat in einer Stellungnahme zu einem Regierungsentwurf sogar einen Verzicht einiger Tatbestandsmerkmale für kriminalpolitisch erforderlich hielt, weil der Verbraucher auch gegen eine Individualtäuschung geschützt werden müsse[421]. Wenngleich sich diese Anregung nicht durchgesetzt hat, so zeigt sie doch, daß aus kriminalpolitischen Gründen eine restriktive Auslegung weder erforderlich noch angebracht ist.
Das Tatbestandsmerkmal soll lediglich die Nichterfassung der Individualtäuschung sicherstellen, was aber auch durch eine weite Auslegung gewährleistet bleibt.
Für ein tatbestandsmäßiges Handeln ist der Nachweis eines systematischen Vorgehens bzw. einer Serienmäßigkeit nicht erforderlich[422].
Aus diesen Gründen kommt es auf eine völlige Gleichförmigkeit der Mitteilungen nicht an.

bb) Größe des angesprochenen Personenkreises

Weiterhin ist die Frage zu untersuchen, wie groß der unmittelbar angesprochene Kreis sein muß, um von einer Mitteilung an einen größeren Personenkreis sprechen zu können.

Fraglich ist dies insbesondere bei Kettenbriefen, in denen der Mitspieler regelmäßig nur eine zahlenmäßig begrenzte Anzahl an potentiellen Mitspielern anspricht. Werden zum Beispiel von dem Werber nur sechs neue Mitspieler angesprochen und geworben, so kann man sicherlich nicht von einem zahlenmäßig unbegrenzten Personenkreis sprechen. Jedoch muß möglicherweise berücksichtigt werden, daß die neuen Mitspieler mit der Aufforderung geworben werden, die Kettenbriefe wiederum an Dritte weiterzugeben. Ohne eine Weitergabe wäre eine Teilnahme sinnlos, so daß der zuerst Werbende eine Werbelawine auslöst.

---

421 siehe BR - Drucks. 1/72, Begründung zu Art.124.

422 so auch Lampe, Lange-FS, S.455(472).

Bei dieser mit fortschreitender Progressionsstufe rasch anwachsenden Zahl von Mitspielern muß man aber von einem zahlenmäßig unbegrenzten Personenkreis sprechen.

Fraglich ist deshalb, ob bei der Bewertung der Frage, ob ein größerer Personenkreis angesprochen ist, bloß auf die unmittelbar Geworbenen oder auch auf die nur mittelbar Geworbenen abzustellen ist.
Bei den hier untersuchten Werbeformen können die einzelnen Progressionstufen nicht isoliert betrachtet werden; vielmehr ist eine Gesamtbetrachtung vorzunehmen, weil die breite Streuung der Werbung durch den Initiator des Systems gerade ausgelöst wurde. Daß der Initiator nicht alle Beteiligten persönlich anspricht, ist kein Grund, eine Werbung, die sich letztlich an ein Millionenpublikum richten kann, nicht als an einen größeren Personkreis gerichtet anzusehen. Letztlich entscheidend ist der bezweckte Erfolg des Initiators, der die Aktion ja nur gestartet hat, um einen derartig großen Personenkreis zu erreichen. Nota bene ist auch hier, wie bei der Frage, ob mündliche Einzelwerbungen an mehrere Personen ausreichend sind[423], der Sinn und Zweck der Norm für eine Auslegung heranzuziehen. Wie oben schon mehrfach festgestellt, werden nach Sinn und Zweck des § 4 UWG sowohl der Verbraucher in seiner Dispositionsfreiheit als auch der freie Wettbewerb geschützt[424].
Für den Schutz dieser Rechtsgüter kommt es lediglich darauf an, ob ein größerer Personenkreis angesprochen wird. Damit ist der Erfolg der Werbung entscheidend. Der Weg, auf dem dies geschieht, ist unerheblich. Die Gründe, die für eine weite Auslegung des Tatbestandsmerkmales sprechen (s.o.), finden auch hier Anwendung.

Demnach liegen auch bei Kettenbriefmodellen regelmäßig Mitteilungen vor, die an einen größeren Personkreis gerichtet sind.

---

423 s.o. aa), S. 124ff.

424 vergl. nur BGH, NJW 87,78(79); Tiedemann, Wettbewerb und Strafrecht, S.37; Baumbach-Hefermehl, § 4, Rd.1.

4.) Die subjektiven Tatbestandmerkmale

Des weiteren ist fraglich, welche subjektiven Anforderungen für das Handeln eines Veranstalters bzw. eines Werbers bei einem Kundenwerbungsmodell erforderlich sind, um den Tatbestand des § 4 UWG zu erfüllen.
Erforderlich ist neben einer vorsätzlichen Tatbegehung, daß der Täter die unwahren und zur Irreführung geeigneten Angaben wissentlich macht. Darüber hinaus muß der Werbende in der Absicht gehandelt haben, den Anschein eines besonders günstigen Angebots zu erwecken.

a) Das Tatbestandsmerkmal der Wissentlichkeit

Nach dem Wortlaut des § 4 UWG sind nur wissentlich unwahre und zu Irreführung geeignete Angaben strafbar.
Seit dem EGStGB aus dem Jahre 1974[425] werden Formulierungen wie "wider besseren Wissens" oder "wissentlich" im Strafrecht zur Umschreibung des direkten Vorsatzes gebraucht[426]. Sie dienen funktionell üünach heutiger Ansicht dem Ausschluß des bedingten Vorsatzes.

Trotzdem wird vertreten, daß das Merkmal der Wissentlichkeit in § 4 UWG schon bei Vorliegen des Eventualvorsatzes erfüllt ist[427]. Nach anderer Ansicht[428] ist für die Erfüllung des Tatbestandes direkter Vorsatz erforderlich.

---

425 BGBl. I, S.469.

426 Fuhrmann in Erbs-Kohlhaas, § 4, Anm. III.1; Dreher-Tröndle, § 15, Rd.7; Baumbach-Hefermehl, § 4, Rd.10;
vergl. zu §§ 164, 187, 278 StGB nur Dreher-Tröndle, § 164, Rd.15; § 187, Rd.1; § 278, Rd.2.

427 Dalcke-Fuhrmann-Schäfer, § 4, Rd.19; OLG Köln, NJW 57, 1042; Tetzner, § 4, Rd.7; Ulmer-Reimer, Bd.III, S.459 f.; RGSt 63,120(122); Baumbach-Hefermehl, § 4, Rd.10; Fuhrmann in Erbs-Kohlhaas, § 4, Anm. III.1. m.w.N..

428 Albrecht, WRP 76,277(280); Godin, Wettbewerbsrecht, § 4, Rd.5; Sturm, JZ

Gegen die Ansicht, die den bedingten Vorsatz genügen läßt, spricht schon der Wortlaut des § 4 UWG, denn die Existenz des Merkmals "wissentlich" ist nur dann verständlich, wenn die Anforderungen an die subjektive Tatbestandserfüllung über den für jeden Vorsatz ausreichenden dolus eventualis hinausgehen. Dies gilt insbesondere deshalb, weil der Gesetzgeber in seinen zahlreichen Änderungen des UWG dieses Tatbestandsmerkmal unberührt gelassen hat. So wurde trotz einer Empfehlung der Sachverständigenkommission zur Bekämpfung der Wirtschaftskriminalität aus dem Jahre 1973[429], die sich mit eindeutiger Mehrheit dafür ausgesprochen hat, künftig den Eventualvorsatz ausreichen zu lassen, an dem Erfordernis der Wissentlichkeit festgehalten[430]. Auch durch das letzte Änderungsgesetz - das Gesetz zur Stärkung des Schutzes des geistigen Eigentums und zur Bekämpfung der Produktpiraterie (PrPG) vom 7. März 1990[431] - wurde das Tatbestandsmerkmal der Wissentlichkeit nicht aus dem Gesetz gestrichen. Aus dieser Untätigkeit des Gesetzgebers läßt sich dessen Wille erkennen, das allgemeine Verständnis der Wissentlichkeit innerhalb des StGB auch auf § 4 UWG zu übertragen. Eine weite Auslegung des Tatbestandsmerkmals würde darüber hinaus auch nicht zu einer Erweiterung des Anwendungsbereichs des § 4 UWG führen, weil als Korrektiv ohnehin das Erfordernis der Absicht, den Anschein eines besonders günstigen Angebots hervorzurufen, vorhanden ist.
Folglich muß sich der Werbende der Unwahrheit seiner Werbeangaben bewußt sein.

b) Handeln in der Absicht, den Anschein eines besonders günstigen Angebots hervorzurufen[432]

75,6(7); Klug, GRUR 75,217(228f.).

429 s. in Tagungsberichte, Band IX, S.85 ff.

430 vergl. Fassung des § 4 UWG nach der Änderung des Tatbestandes durch das EGStGB vom 2.3.1974 (BGBL. I, S.469, 573).

431 BGBl. I, S.422, 432.

432 Dasselbe Tatbestandsmerkmal war bis zu seiner Streichung im Jahre 1969 auch Bestandteil des § 3 UWG und hat der zivilrechtlichen Rechtsprechung er-

Der Werbende muß weiterhin in der Absicht gehandelt haben, den Anschein eines besonders günstigen Angebots zu erwecken.

Es wird vertreten, für Absicht i.S.d. § 4 UWG sei bereits jeder Eventualvorsatz ausreichend[433]. Hiergegen spricht einerseits die Existenz des Absichtsmerkmals. Andererseits ist für das subjektive Tatbestandsmerkmal der Wissentlichkeit direkter Vorsatz erforderlich (s.o. a)), so daß die Annahme eines Eventualvorsatzes auch aus systematischen Gründen ausscheidet.
Die Funktion des Absichtsmerkmals besteht darin, die Strafbarkeit auf den Zeitpunkt der Abgabe der unwahren und zur Irreführung geeigneten Angaben vorzuverlagern. Deshalb ist für "Absicht" i.S.d. § 4 UWG direkter Vorsatz erforderlich[434].

Fraglich ist aber, welche Art des direkten Vorsatzes erforderlich ist: dolus directus ersten oder zweiten Grades. Zu klären ist, ob der Wille des Täters auf die Tatbestandsverwirklichung, d.h. auf den Erfolg, gerichtet sein muß oder ob der Täter wissen bzw. als sicher voraussehen muß, daß er den Tatbestand erfüllt[435].

Ziel des Täters ist es, beim Adressaten den Anschein eines besonders günstigen Angebots hervorzurufen. Hieraus folgt, daß es dem Werbenden darauf ankommen muß, beim Opfer einen derartigen Anschein hervorzurufen. Demnach ist das Handeln des Täters auf einen Erfolg gerichtet. Dies ist auch der Beweggrund seines Handelns.
Für eine einschränkende Auslegung ist aber - dessen ungeachtet - deshalb kein

---

hebliche Schwierigkeiten bereitet; vergl. nur Lampe, Lange-FS, S.455(473).

433 so Dalcke-Fuhrmann-Schäfer, § 4, Rd.1 .

434 Reimer/v.Gamm, § 4, Rd.2; Lampe, FS für Lange, S.455(473); Fuhrmann in Erbs-Kohlhaas, § 4, Anm.III.2.; Baumbach-Hefermehl, § 4, Rd.10.

435 vergl. zu den Definitionen von dolus directus 1. und 2. Grades z.B. Dreher-Tröndle, § 15, Rd.6 f.; Sch-Sch-Cramer, § 15, Rd. 66ff.

Raum, weil schon für das Tatbestandsmerkmal der Wissentlichkeit direkter Vorsatz notwendig ist.
Folglich ist für die Absicht im Sinne des § 4 UWG ein zielgerichteter Wille des Täters erforderlich.

Bei den hier untersuchten Kundenwerbungsmodellen wird eine Strafbarkeit des Veranstalters bzw. des Mitspielers nach § 4 UWG häufig an dem nicht zu führenden Nachweis der positiven Kenntnis der Unwahrheit der Werbeaussagen sowie der Absicht, beim Opfer den Anschein eines besonders günstigen Angebots hervorzurufen, scheitern.

5.) Zwischenergebnis zu § 4 UWG

Bei Kettenbriefen in Form eines Selbstläufersystems werden keine Angaben über geschäftliche Verhältnisse gemacht.

Bei allen Systemvarianten liegen regelmäßig unwahre und zur Irreführung geeignete Angaben vor, die auch für einen größeren Personenkreis bestimmt sind.

Jedoch scheitert eine Strafbarkeit des Veranstalters bzw. des Mitspielers nach § 4 UWG bei allen hier untersuchten Kundenwerbungsmodellen häufig an dem nicht zu führenden Nachweis des Vorliegens der subjektiven Tatbestandsmerkmale.

IV. Probleme bei § 6 c UWG

1. Teil: Allgemeines zu § 6c UWG

Bei der Bewertung der einzelnen Tatbestandsmerkmale sind zu berücksichtigen: Die Intention des Gesetzgebers bei der Schaffung des § 6c UWG, die Rechtsnatur des Tatbestandes sowie die geschützten Rechtsgüter. Aus diesem Grund werden diese Komplexe vorab dargestellt.

1.) Entstehungsgeschichte des § 6 c UWG und Intention des Gesetzgebers

Mit § 6c UWG wurde durch das Zweite Gesetz zur Bekämpfung der Wirtschaftskriminalität (WiKG) vom 15. Mai 1986, das am 1. August 1986 in Kraft trat[436], ein Straftatbestand in das UWG eingefügt, der gerade die Bekämpfung der progressiven Kundenwerbung bezweckt.
Im folgenden soll kurz auf die Entstehungsgeschichte des § 6c UWG eingegangen werden.

Schon im Jahre 1978 wurde von der damaligen Bundesregierung ein Gesetzesentwurf zur Änderung des UWG eingebracht, der erstmals einen eigenständigen Tatbestand zur Erfassung von Modellen progressiver Kundenwerbung ent-

---

436 BGBl. I. S.721.

hielt[437]. Obwohl der Bundesrat in seiner Stellungnahme[438] zum Regierungsentwurf Kompromißbereitschaft andeutete, kam es aufgrund der zum Teil heftig geführten Kontroverse[439] in der 8. Legislaturperiode nicht mehr zu einer abschließenden Lesung der Entwürfe.

In der 9. Legislaturperiode brachte die Bundesregierung einen überarbeiteten Entwurf ein, der die Regelung des § 6 c UWG allerdings unberührt ließ[440]. Dieser Gesetzesentwurf fiel dem Grundsatz der Diskontinuität[441] von Gesetzgebungsverfahren zum Opfer, da der Deutsche Bundestag nach dem Mißtrauensvotum vom 1. Oktober 1982 gegen den damaligen Bundeskanzler aufgelöst wurde[442].

In der 10. Legislaturperiode lag dem Rechtsausschuß des Deutschen Bundestages

---

437 BT-Drucks. 8/2145, S.4.
Die Reformbemühungen wurden unterstützt durch eine vom Max-Planck-Institut durchgeführte rechtstatsächliche Untersuchung, die Verbraucherschäden in Milliardenhöhe konstatierte, welche allein auf die Unvollkommenheit des Sanktionssystems zurückgeführt wurden, vergl. Falckenstein, Die Bekämpfung unlauterer Geschäftspraktiken durch Verbraucherverbände sowie derselbe in WRP 78,502 ff..

438 BT-Drucks. 8/2145 (Anlage 2).

439 Zur Kritik an der Novelle vergl. Micheli, GRUR 79,8ff.; Löhr, DB 76,565ff.; Zentralausschuß der Werbewirtschaft, WRP 78,255ff.; Lindemeyer-Henseler, WRP 78,87ff.; Borck, WRP 78, 333ff.; Ulrich, WRP 78,339ff.; Ahrens, WRP 78,677ff.; Kraft, ZRP 79,161ff.; Kisseler, WRP 79,761ff.;
Zustimmend dagegen Reich, ZRP 78,100ff.; Krieger, BB 78, 625ff.; Krieger-Tilmann, GRUR 79,14ff.; Schricker, GRUR 79, 1ff.; Vollmer, BB 79,759ff.; Weyhenmeyer, WRP 79,419ff.; Lehmann, BB 81,1717ff.; Hefermehl, FS-Weitnauer, S.347ff..

440 BT-Drucks. 9/1707, S.1f., 4.

441 Nach § 125 der Geschäftsordnung des Bundestages in der Fassung vom 2. Juli 1980 (BGBl. I, S.1237) gelten bei Auflösung des Bundestages alle Vorlagen als erledigt.
Siehe zum Grundsatz der Diskontinuität Stern, Bd.II, § 26 III 4; Maunz in Maunz/Dürig, Bd.III, Art.39, Rd.16ff..

442 BT-Drucks. 9/2008.

von der Bundesregierung[443] ein Gesetzesentwurf vor, in welchem aber eine Neueinfügung eines Tatbestandes gegen progressive Kundenwerbung nicht mehr enthalten war. Die SPD-Fraktion legte ebenfalls einen Gesetzesentwurf für ein zweites Gesetz zur Bekämpfung der Wirtschaftskriminalität vor[444], der inhaltlich mit dem ursprünglichen Gesetzesentwurf aus dem Jahre 1978 (BT-Drucks. 8/2145) übereinstimmte und die Einfügung des § 6 c UWG in das Gesetz vorsah.

Der Rechtsausschuß empfahl, den in dem Gesetzesentwurf der SPD-Fraktion (BT-Drucks. 10/80) enthaltenen Tatbestand gegen progressive Kundenwerbung in den Gesetzesentwurf zum 2. WiKG[445] zu übernehmen. Hierbei wurde der Schutzbereich des § 6c UWG durch Einfügung von § 6c Satz 2 UWG über den Entwurf der SPD-Fraktion hinaus auf Minderkaufleute ausgedehnt[446].
Der in dieser Beschlußempfehlung des Rechtsausschusses genannte Entwurf eines 2. WiKG wurde am 27. Februar 1986 vom Deutschen Bundestag in 2. und 3. Lesung beschlossen[447] und vom Bundesrat am 18. April 1986 angenommen[448]. Das Gesetzgebungsverfahren dauerte damit über acht Jahre.

Die Gesetzesinitiative basierte darauf, daß der Gesetzgeber die Gefährlichkeit derartiger Vertriebsmethoden erkannte. Wegen der bestehenden Schwierigkeiten bei der Anwendung der §§ 263, 284 ff. StGB, 4 UWG[449], wegen des in der Praxis mangelhaften Zivilrechtsschutzes sowie wegen der bisweilen eingetretenen erheblichen Vermögensbeeinträchtigungen[450] wurde § 6c UWG in das Gesetz ein-

---

443 vergl. die BT-Drucksachen 10/318;
vergl. auch den inhaltlich identischen Gesetzesentwurf der SPD-Fraktion vom 8.6.1983, BT-Drucks. 10/119.

444 BT-Drucks. 10/80.

445 BT-Drucks. 10/5058, S.14f., 38.

446 vergl. BT-Drucks. 10/5058, S.39.

447 Plenarprotokoll 10/201 S.15433-15445.

448 BR-Drucks. 155/2/86.

449 s. BT-Drucks. 10/5058, S.38.

450 BT-Drucks. 8/2145, S.12; 10/80, S.1.

gefügt.

Nach dem Willen des Gesetzgebers sollte § 6 c UWG den im UWG auch ansonsten intendierten Verbraucherschutz verstärken[451].

Der Gesetzgeber wollte mit der Einfügung des § 6 c UWG in das Gesetz einerseits erreichen, daß der Tatbestand die vielfältigen Erscheinungsformen der progressiven Kundenwerbung erfaßt. Auf der anderen Seite sollten die strafrechtlich unbedenklichen Formen des Einsatzes von Laien in der Werbung straffrei bleiben (z.B. die Abonnementswerbung)[452].

2.) Rechtsnatur des § 6c UWG: § 6c UWG als Unternehmensdelikt und als abstraktes Gefährdungsdelikt

Durch den Wortlaut der Vorschrift ("Wer es ... unternimmt,...") ist § 6 c UWG vom Gesetzgeber eindeutig als echtes Unternehmensdelikt ausgestaltet.

Das Gesetz verweist damit auf die Begriffsbestimmung des § 11 Abs.1 Nr.6 StGB, der ausdrücklich klarstellt, daß das Unternehmen einer Tat deren Versuch und Vollendung umfaßt.

Hieraus folgt, daß es für die Erfüllung des Tatbestandes nicht erforderlich ist, daß dem Veranstalter die Anwerbung von Kunden gelungen ist. Strafwürdig ist bereits der Versuch einer solchen Anwerbung, der von dem Wort "unternehmen" mit umfaßt wird[453].

Bei einem echten Unternehmensdelikt sind Versuch und Vollendung in gleicher Weise zu strafen, wobei der Begriff des Versuchs alle Formen des Versuchs im Sinne des § 22 StGB beinhaltet[454]. Auch bei einem echten Unternehmensdelikt

---

451 Richter, wistra 88,245; Feldmann, GewArch 87,360.
Zum Wandel der Schutzfunktion des UWG s. Baumbach-Hefermehl, Einl. UWG, Rd.55.

452 vergl. BT-Drucks. 10/5058, S.39 und 8/2145, S.13; BR-Drucks. 226/78, S.13.

453 vergl. BT-Drucks. 10/5058, S.39.

454 LK-Tröndle, § 11, Rd.72, Dreher-Tröndle, § 11, Rd.34; Schmidhäuser, AT, S.339; Günther, JZ 87,16(18).

werden aber solche Handlungen nicht mitumfaßt, die lediglich als Vorbereitungshandlungen zu qualifizieren sind[455]. Die Abgrenzung zwischen Vorbereitung und Versuch ist gemäß § 22 StGB vorzunehmen.
Da Unternehmenstatbestände den Sinn haben, die Vorschriften über die Strafbarkeit des Versuchs auszuschließen und an deren Stelle die Vollendungsstrafe zu setzen, sind sowohl die in § 23 StGB vorgesehenen Milderungsmöglichkeiten als auch die Anwendung der Rücktrittsvorschrift des § 24 StGB ausgeschlossen. Eine besondere Rücktrittsregelung hat der Gesetzgeber in § 6c UWG nicht vorgesehen[456].

§ 6 c UWG ist vom Gesetzgeber ebenso wie § 6 a und § 6 b UWG als abstrakter Gefährdungstatbestand formuliert worden[457].
Bei einem abstrakten Gefährdungstatbestand ist nicht der Eintritt einer Gefahr erforderlich, sondern ein Tun wird deshalb bestraft, weil es leicht eine konkrete Gefahr auslösen kann[458]. Deshalb genügt für eine Strafbarkeit schon der bloße Versuch einer Anwerbung, ohne daß es im konkreten Fall darauf ankommt, ob der Abnehmer tatsächlich getäuscht, durch das aleatorische Moment verlockt und durch die systembedingte Marktverengung geschädigt wird[459].
Die Ausgestaltung des § 6 c UWG als abstraktes Gefährdungsdelikt war deshalb erforderlich, weil konkrete Vermögensgefährdungen mitunter schon von § 263 StGB erfaßt werden[460].

---

455 BGHSt 5,280(281); SK-Samson, § 11, Rd.24.

456 Derartige besondere Rücktrittsregelungen enthalten z.B. die Unternehmensdelikte in §§ 83a und 316a Abs.2 StGB.

457 vergl. Baumbach-Hefermehl, § 6c, Rd.2; Schlüchter, S.124; Fuhrmann in Erbs-Kohlhaas, § 6c, Anm.1.b).

458 Dreher-Tröndle, Vor § 13, Rd.13a.

459 s. Baumbach-Hefermehl, § 6c, Rd.2.

460 so auch Schlüchter, S.125.

3.) Die von § 6 c UWG geschützten Rechtsgüter

Nach dem Willen des Gesetzgebers bezweckt der Tatbestand einen generalisierenden Schutz gegen Täuschung, aleatorische Willensbeeinflussung und Vermögensgefährdung[461].
Da ein abstrakter Gefährdungstatbestand vorliegt, ist der Eintritt einer konkreten Gefahr nicht erforderlich.
Fraglich ist aber, welche abstrakt gefährliche Verhaltensweise das Individualvermögen der Betroffenen beeinträchtigen soll. Derartige Verhaltensweisen sind bisher nicht typisiert[462]. Für ein echtes Unternehmensdelikt ist aber gerade das Vorliegen einer konkreten Gefahr als solche nicht erforderlich (s.o. S.135). Für die Strafbarkeit genügt es, daß eine Gefahr leicht ausgelöst werden kann. Demnach muß hier auch eine abstrakt gefährliche Verhaltensweise als Tathandlung ausreichen. Folglich ist die Gefährdung des Vermögens der einzelnen Kunden als Rechtsgut anzusehen.

Daneben dient 6 c UWG auch dem Schutz der Verbraucher und der Wettbewerber, weil durch diese Vertriebsmethode der Wettbewerb insgesamt verfälscht werden kann[463]. Auch dies kann aber nur dahingüehend verstanden werden, daß Individualinteressen und nicht nur globale Allgemeininteressen geschützt werden, weil der Schutz der Verbraucher und der Wettbewerber keine gegenüber dem sonstigen Wirtschafts- oder Rechtsleben klar genug ausgrenzbare Güter sind[464].

Zu berücksichtigen ist auch, daß der Schutzbereich des Tatbestandes gemäß § 6c Satz 2 UWG auf Nicht- und Minderkaufleute beschränkt ist, wobei bei der Be-

---

461 BT-Drucks. 10/5058, S.38f; 8/2145, S.13 sowie BR-Drucks. 226/78, S.13.

462 so auch Schlüchter, S. 126.

463 so Baumbach-Hefermehl, § 6c, Rd.2; Fuhrmann in Erbs-Kohlhaas, § 6c, Anm. 1b) a.E.

464 vergl. Schlüchter, S.125.

griffsbestimmung auf die handelsrechtlichen Normen der §§ 1 ff. HGB zurückzugreifen ist. Bei der Ausdehnung des Schutzbereichs auf Minderkaufleute hat der Gesetzgeber diesen Personenkreis bewußt entsprechend der Begriffsbestimmung des § 4 HGB umschrieben[465].

2. Teil: Die Tatbestandsmerkmale des § 6 c UWG

1.) Handeln im "geschäftlichen Verkehr"

a) Begriffsbestimmung

Dem Bereich des geschäftlichen Verkehrs ist jede Tätigkeit zuzurechnen, die irgendwie der Förderung eines beliebigen eigenen oder fremden Geschäftszwecks dient, so daß jede selbständige, wirtschaftliche Zwecke verfolgende Tätigkeit im weitesten Sinne erfaßt wird[466]. Nicht erforderlich ist, daß ein Gewinn erzielt wird[467]. Auch auf das Vorliegen einer Gewinnabsicht beim Handelnden kommt es nicht an, so daß auch wohltätige und gemeinnützige Unternehmen im geschäftlichen Verkehr handeln[468].
Eine Eingrenzung des Begriffes läßt sich negativ durch die Ausklammerung von privaten und rein amtlichen Tätigkeiten erreichen[469].

---

465 vergl. BT-Drucks. 10/5058, S.39.

466 OLG Karlsruhe, GRUR 89,615; Fuhrmann in Erbs-Kohlhaas, § 6c, Anm. 3.a); Emmerich, S.24; Baumbach-Hefermehl, Einl. Rd.208 sowie § 6 c, Rd.4; Godin, § 1, Rd.9;
vergl. auch zu § 1 UWG: BGHZ 19,299(303f.); GRUR 59,488(489); 60,384(386); 64,208(209).

467 vergl. Niemeyer in Müller-Gugenberger, § 43, Rd.35;
so genügen z.B. auch Werbegeschenke; vergl. BGH, GRUR 75,320(321).

468 BGH GRUR 62,254(255); Baumbach-Hefermehl, Einl. UWG, Rd.208.

469 BGHZ 19,299(303); GRUR 53,293(294); 60,384(386); 64,208(209); Eichmann, S.21 ff.; v.Gamm, Handbuch,S.12.
Insoweit liegt Kongruenz mit dem Begriff der "geschäftlichen Verhältnisse" vor

Als private Handlung ist das anzusehen, was sich im Bereich des einzelnen außerhalb von Erwerb und Berufsausübung abspielt[470]. So handelt z.B. der Endverbraucher einer Ware im privaten Bereich, weil er keine eigene geschäftliche Betätigung fördert.

Bei einem Gewerbetreibenden bzw. bei Kaufleuten besteht nach der Lebenserfahrung eine tatsächliche Vermutung für ein Handeln im geschäftlichen Verkehr[471].

b) Die klassische Form der progressiven Kundenwerbung[472]

Bei der klassischen Form von progressiver Kundenwerbung werden Waren abgesetzt. Wer Waren absetzt, betreibt in aller Regel ein Gewerbe, so daß dann schon die gesetzliche Vermutung eingreift[473]. Daneben dient die Veranstaltung eines solchen Systems der Förderung eines eigenen oder fremden Geschäftszwecks sowie der Verfolgung wirtschaftlicher Zwecke. Demnach liegt bei Fällen von progressiver Kundenwerbung regelmäßig ein Handeln im geschäftlichen Verkehr vor[474], unabhängig davon, welchen Wert die abzusetzenden Waren haben. Demnach ist auch der Absatz von Billigwaren (z.B. Schokolade etc.) durch einen Gewerbetreibenden als Handeln im geschäftlichen Verkehr anzusehen.

c) Kettenbriefmodelle

(vergl. oben S.107).

470 BGHSt 2,396(403).

471 BGH, GRUR 62,45(47); v.Gamm, Handbuch, S.12; Fuhrmann in Erbs-Kohlhaas, § 12, Anm. 2.a); Reimer-v.Gamm, Wettbewerbsrecht, 2.Bd., S.137; Baumbach-Hefermehl, Einl., Rd.209.

472 Begriff s.o. S.9.

473 vergl. oben a), Fn.471.

474 vergl. nur BGH, NJW 55,377(378).

Bei Kettenbriefmodellen ist die rechtliche Qualifikation dagegen nicht eindeutig, weil sich das Veranstalten von derartigen Systemen auch als rein private Betätigung darstellen kann. Aus diesem Grunde müssen die einzelnen Formen von Kettenbriefmodellen gesondert untersucht werden.
Maßgebend bei der Beurteilungen der einzelnen Spielarten sind die tatsächlichen Gegebenheiten und nicht die Bewertung der Spielumstände durch den Veranstalter in seinen allgemeinen Geschäftsbedingungen bzw. verbindlichen Richtlinien[475].

aa) Das Selbstläufersystem

Bei Selbstläufersystemen beschränkt sich die Tätigkeit des Initiators regelmäßig darauf, das System in Gang zu setzen. Der Erwerb und die Weiterveräußerung liegen dann in der Alleinverantwortung der einzelnen Mitspieler. Eine Kontrolle des Spielablaufs findet nicht statt[476].
Die Veranstaltung eines derartigen Kettenbriefes dient nicht vorrangig einem wirtschaftlichen Zweck oder der Förderung eines Geschäftszwecks. Da der Initiator bzw. die Mitspieler keine unmittelbaren Vorteile für sich selbst bezwecken, ist das sog. Selbstläufersystem dem privaten Bereich zuzuordnen[477].
Daraus folgt, daß die sog. Selbstläufersysteme als nicht im geschäftlichen Verkehr veranstaltet anzusehen sind, so daß diesbezüglich eine Strafbarkeit gemäß § 6 c UWG ausscheidet[478].

bb) Zentralgesteuerte Kettenbriefsysteme

---

475 vergl. z.B. Nr. 12 der Verbindlichen Richtlinien von TOP-12: "Die TOP-12-Zentrale ist eine Selbsthilfeorganisation und keine Firma. Sie unterstützt lediglich den Spielablauf zwischen den Spielern, weshalb kein Geschäftsverkehr stattfindet."

476 Beipiele für derartige Selbstläufersysteme s.o. S.11f..

477 so auch ohne nähere Begründung BGHSt 34,171(179); LG Trier, NJW-RR 90,313(314); Granderath, wistra 88,173(175); Baumbach-Hefermehl, § 6c, Rd.4.

478 Mit diesem Ergebnis stimmt auch die Feststellung überein, daß derartige Kettenbriefe nicht als strafbedürftig angesehen werden können (s.o. S.39).

Zu prüfen bleibt, ob bei zentralkontrollierten Kettenbriefsystemen ein Handeln im geschäftlichen Verkehr vorliegt.

Kontrolliert der Veranstalter den Ablauf des Systems mit Hilfe von Angestellten und einer EDV-Anlage, betreibt er ein Gewerbe, so daß schon die tatsächliche Vermutung besteht, daß er im geschäftlichen Verkehr handelt[479].
Aber auch wenn der Veranstalter das System persönlich gegen Zahlung eines Entgeltes mittels einer eingerichteten Zentrale überwacht, so liegt hierin eine wirtschaftliche Zwecke verfolgende Tätigkeit, denn der Veranstalter läßt sich für seine Überwachungstätigkeit eine Gegenleistung gewähren[480]. Soweit ersichtlich, werden die hierzu ergangenen Entscheidungen auch nicht in Zweifel gezogen[481].
Dem steht auch nicht die "Goldkreis" - Entscheidung des BGH entgegen, in welcher das Vorliegen des hier zu prüfenden Tatbestandsmerkmales ohne Differenzierung zwischen den unterschiedlichen Kettenbriefarten verneint wurde[482].
Dem Kontext dieser Entscheidung ist zu entnehmen, daß der BGH sich bezüglich des hier behandelten Tatbestandsmerkmales des § 6 c UWG lediglich auf das von ihm zu beurteilende Kettenbriefmodell, welches aber gerade ein Selbstläufersystem war, beziehen wollte ("Kettenbriefaktionen der hier vorliegenden Art"), so daß die Entscheidnung des BGH dem oben gefundenen Ergebnis nicht widerspricht.

Fraglich ist aber, ob auch solche zentralgesteuerten Kettenbriefmodelle dem ge-

---

479 s.o. S.134; so auch das Urteil des LG Hamburg vom 27.11.87 - 12 O 614/87 - (Auftreten unter einer Firma).

480 so OLG Karlsruhe, GRUR 89,615; insoweit auch AG Böblingen, wistra 88,243(244) - Strafbefehl - und wistra 88,242(243); AG Köln, 583 Ls 231/88, S.41; AG Bergisch-Gladbach, 46 Cs 891/88, S.11.

481 Granderath, wistra 88,173(175); Baumbach-Hefermehl, § 6 c, Rd.4 a.E.; so wohl auch Richter, wistra 87,276(278).

482 vergl. BGHSt 34,171(179).

schäftlichen Verkehr zugerechnet werden können, bei denen der Veranstalter für die Briefe nur den Selbstkostenpreis verlangt (z.B. nur das Porto)[483].
Hierzu wird vertreten, eine geschäftlich orientierte Ausrichtung sei bei dieser Art von Kettenbriefen zu verneinen, weil Anknüpfungspunkt für die erforderliche Teilnahme am Erwerbsleben in diesen Fällen ebenso wie beim Selbstläufersystem nur die Aufrichtung des Systems sein könne[484]. Diese Aufrichtung eines Kettenbriefes, in dem der Veranstalter lediglich die Selbstkosten verlangt, sei aus strafrechtlicher Sicht eher dem privaten Bereich zuzuordnen. Dies müsse selbst dann gelten, wenn der Veranstalter regelmäßig sichere, hohe Gewinne erziele.
Nach anderer Ansicht wird bei zentralgesteuerten Kettenbriefmodellen nicht differenziert zwischen solchen, in denen der Veranstalter lediglich den Selbstkostenpreis verlangt und solchen, in denen er von den Mitspielern für die Überwachung ein Entgelt erhält[485]. Hiernach liegt ein Handeln im geschäftlichen Verkehr immer dann vor, wenn der Veranstalter für sein Handeln eine wie auch immer gelagerte Gegenleistung erhält.

Bei der Frage, welcher dieser Ansichten gefolgt werden muß, ist die Begriffsbestimmung eines Handeln im geschäftlichen Verkehr heranzuziehen. Wie oben gesehen, ist es nicht erforderlich, daß ein Gewinn erzielt wird[486]. Auch auf das Vorliegen einer Gewinnabsicht beim Handelnden kommt es nicht an, so daß auch wohltätige und gemeinnützige Unternehmen im geschäftlichen Verkehr handeln[487]. Auch wer etwas mit Verlust verbreitet, z.B. um neue Kunden zu gewinnen oder noch größere Verluste zu vermeiden, handelt im geschäftlichen Verkehr[488]. Hieraus folgt, daß es nicht darauf ankommen kann, welche Gegenlei-

---

483 vergl. das Beispiel bei Granderath, wistra 88,173f.

484 so Granderath, wistra 88,173(175).

485 so Baumbach-Hefermehl, § 6 c, Rd.4 a.E.

486 s.o. S.138, Fn.467.

487 s.o. S.138, Fn.468.

488 vergl. Baumbach-Hefermehl, Einl. UWG, Rd.208.

stung der Veranstalter eines Kettenbriefes für seine Steuerungs- und Überwachungstätigkeit von den Mitspielern erhält.
Dem geschäftlichen Verkehr muß ein Handeln immer dann zugerechnet werden, wenn sich der Handelnde für seine Leistung eine Gegenleistung gewähren läßt. Dabei darf es weder auf eine materielle Bewertung noch auf den Inhalt der Leistung ankommen. Wer z.B. die einzelnen Kettenbriefe als Teilnahmebedingungen verkauft, darf nicht anders behandelt werden als wenn er z.B. sog. Bewußtseinskurse verkauft[489], weil bei einer inhaltlichen Bewertung der Leistung eine einheitliche Trennlinie nicht gewährleistet ist.
Die erste Ansicht würde als Konsequenz den im Wirtschaftsleben nicht existierenden Grundsatz zur Folge haben, daß nur der am Geschäftsverkehr teilnimmt, der auch wirtschaftlichen Profit machen kann. Dies würde die Feststellung dieses Tatbestandsmerkmales von einer wirtschaftlichen Bewertung von Leistung und Gegenleistung abhängig machen, was häufig schon aus praktischen Gründen unmöglich ist.
Es widerspricht demnach unserem Wirtschaftsystem, die Kostendeckung eines Preises als Maßstab der Betätigung im Wirtschaftsleben heranzuziehen[490]. Deshalb handelt nicht mehr im privaten Bereich, wer sich bei der Errichtung und dem Betreiben eines Kettenbriefes eine Leistung gewähren läßt.
Daneben ist der Zweck dieses Tatbestandsmerkmales, die Beschränkung des Anwendungsbereichs des UWG auf den wirtschaftlichen Sektor[491], zu beachten. Ferner ist zu berücksichtigen, daß der Veranstalter nicht aus uneigennützigen Motiven lediglich den Selbstkostenpreis verlangt, sondern mit dem Ziel handelt, möglichst viele Mitspieler zu gewinnen, um sich damit selbst eine gute Gewinnchance zu eröffnen[492]. Letztlich ist es für die Sozialschädlichkeit derartiger Sy-

---

489 vergl. Richter, wistra 88,245.

490 so auch Richter, wistra 88, 245.

491 vergl. Eichmann, S.21; Emmerich, S.23; Baumbach-Hefermehl, Einl. UWG, Rd.208.

492 Trotzdem ist die praktische Relevanz dieser Kettenbriefart als gering einzustufen, weil niemand aus rein altruistischen Motiven einen Kettenbrief veranstaltet und überwacht, wenn er nicht für seine Überwachungstätigkeit unmittelbar ein entsprechendes Äquivalent erhält. Die bloße Aussicht auf Gewinn wird gera-

steme sowie für die Gefährdung des Vermögens der einsteigenden Mitspieler unerheblich, ob der Veranstalter für die von ihm erbrachten Leistungen lediglich den Selbstkostenpreis verlangt, so daß auch nach diesem Aspekt kein Raum für eine differenzierte Sicht bleibt.

Folglich liegt bei der Veranstaltung eines zentralgesteuerten Kettenbriefes immer ein Handeln im geschäftlichen Verkehr vor.

d) Handeln auch Freiberufler im geschäftlichen Verkehr?

Bei jeder Form von progressiver Kundenwerbung stellt sich die Frage, ob auch freiberuflich Tätige (z.B. Rechtsanwälte, Steuerberater etc.) am geschäftlichen Verkehr teilnehmen, wenn sie ein derartiges System veranstalten.

Nach Schünemann[493] findet die weite Auslegung des Merkmals "im geschäftlichen Verkehr" ihre Grenze darin, daß der wettbewerbsrechtliche Rahmen auf den gewerblich-wirtschaftlichen Sektor beschränkt ist. Da Freiberufler anerkanntermaßen kein Gewerbe betreiben, würden sie demnach auch nicht im geschäftlichen Verkehr handeln. Die Begriffe "Geschäft" und "Gewerbe" lägen begrifflich zu nahe beieinander, um jeweils unterschiedlich interpretiert werden zu können[494].

Diese Meinung läßt sich bereits mit dem unterschiedlichen Wortlaut der Begriffe nicht vereinbaren. Der Gesetzgeber hat bewußt zwischen Geschäft und Gewerbe differenziert, so daß schon hieraus abzuleiten ist, daß er beide Begriffe auch unterschiedlich verstanden wissen will.
Daneben sind die Konsequenzen dieser Ansicht nicht hinnehmbar, denn nach ihr

---

de den Initiator eines solchen Systems nicht zu einer zeitaufwendigen Arbeitsleistung verführen.

493 vergl. Schünemann, Wettbewerbsrecht, S.37.

494 vergl. insoweit Schünemann, aaO., S.37.

könnte das Handeln eines Freiberuflers nie unter einzelne Normen des UWG (wie z.B. §§ 1,3,5,6a-6e UWG) subsumiert werden, was eine starke Einschränkung des Schutzbereiches des UWG in der Praxis zur Folge hätte. Ferner würden auch künstlerische und wissenschaftliche Tätigkeiten aus dem Schutzbereich des UWG herausfallen, weil auch diese grundsätzlich als Freiberufler angesehen werden[495].

Darüberhinaus erkennt selbst Schünemann, daß der Begriff im denkbar weitesten Sinne auszulegen ist[496]. Dieser Auslegung im denkbar weitesten Sinne widerspricht es aber, den Begriff durch das Erfordernis des Vorliegens eines Gewerbes einzuschränken. Zu berücksichtigen ist weiterhin, daß bei Vorliegen eines Gewerbes eine tatsächliche Vermutung für die Annahme eines Handelns im geschäftlichen Verkehr vorliegt[497]. Im Umkehrschluß hieraus folgt, daß bei Nichtvorliegen eines Gewerbes das Vorliegen des Merkmals gesondert zu prüfen, jedoch nicht automatisch von vornherein ausgeschlossen ist. Aus diesen Gründen ist die Ansicht von Schünemann abzulehnen.

Folglich kommt auch bei einem Tätigwerden von Freiberuflern ein Handeln im geschäftlichen Verkehr in Betracht[498].

2.) "Waren, gewerbliche Leistungen oder Rechte"

Gemäß dem Wortlaut des § 6 c UWG muß der Veranstalter die Kunden bzw.

---

495 vergl. nur Salewski in Landmann/Rohmer, GewO, § 1, Rd.3e.

496 siehe Schünemann, Wettbewerbsrecht, S.37.
Diese Auslegungsregel ist allgemein anerkannt:
Vergl. nur BGHZ 42,210(218); Rittner, Wettbewerbs- und Kartellrecht, S.19; Emmerich, S.24; Baumbach-Hefermehl, Einl. UWG, Rd.208.

497 s.o. S.134, Fn.471 und Fn.473.

498 so auch, wenn auch ohne Begründung Baumbach-Hefermehl, Einl. UWG, Rd. 208; Niemeyer in Müller-Gugenberger, § 43, Rd.34; Fuhrmann in Erbs-Kohlhaas, § 12, Anm. 2.a) m.w.N.

Mitspieler zur Abnahme von Waren, gewerblichen Leistungen oder Rechten veranlassen.

a) Die klassische Form der progressiven Kundenwerbung

Bei herkömmlichen Formen von progressiver Kundenwerbung steht regelmäßig der Absatz von Gegenständen im Vordergrund[499]. Eine Ware i.S.d. UWG liegt dann vor, wenn sie wie jedes wirtschaftliche Gut im Handels- und Geschäftsverkehr als eine solche gehandelt wird[500].
Folglich sind die bei herkömmlichen Formen von progressiver Kundenwerbung vertriebenen Güter als Waren i.S.d. § 6 c UWG anzusehen.

b) Kettenbriefsysteme

Kettenbriefaktionen dagegen bezwecken in der Regel nicht den Absatz einer bestimmten Ware. Bei ihnen steht vielmehr die Möglichkeit der Realisierung eines extremen Gewinnes im Vordergrund.
Deshalb muß bei Kettenbriefen jeweils gesondert untersucht werden, was als Ware, gewerbliche Leistung oder als Recht angesehen werden kann. Hierbei kommen mehrere Möglichkeiten in Betracht.

aa) Adressenmaterial

Mitunter wird von dem Veranstalter das Adressenmaterial bezüglich potentieller Kunden an die neuen Mitspieler verkauft[501].
Hierin könnte eine gewerbliche Leistung zu sehen sein. Der Begriff der gewerbli-

---

[499] s.o. bei der Vorstellung der einzelnen Modelle, 2.Kap, I. (S.8ff.).

[500] s. Baumbach-Hefermehl, § 2, Rd.1; vergl. Fuhrmann in Erbs/Kohlhaas, § 6c, Anm. 3.b).

[501] vergl. z.B. "European-Momey-Game" (AG Köln, 502 Gs 1241/87); "International-Action-Club" (StA Landshut 6 Js 10989/81).

chen Leistung umfaßt alle geldwerten Leistungen auf dem Gebiet des gewerblichen Lebens, soweit es sich um wirtschaftliche Werte handelt[502]. Adressen werden im wirtschaftlichen Verkehr insbesondere dann, wenn sie auf besondere Bedürfnisse hin selektiert wurden, mit hohen Werten gehandelt[503]. Folglich stellt der Verkauf von Adreüssenmaterial eine gewerbliche Leistung dar[504].

Bei einigen Kettenbriefarten ist Voraussetzung, daß der neue Mitspieler die Kettenbriefvordrucke dem Veranstalter abkauft. Möglicherweise wird der Mitspieler auch bei dem Verkauf von Kettenbriefen zur Abnahme einer Ware oder gewerblichen Leistung veranlaßt.
Man könnte die Kettenbriefe selbst schon als Waren ansehen. Voraussetzung ist, daß diese im Geschäftsverkehr als wirtschaftliches Gut gehandelt werden.
Das kann aber offenbleiben, denn jede Art von Druckerzeugnissen in nicht unbeträchtlicher Menge stellt im Wirtschaftsleben einen wirtschaftlichen Wert dar, so daß bei dem Verkauf von Kettenbriefen jedenfalls eine "gewerbliche Leistung" i.S.d. § 6 c UWG erbracht wird[505].

bb) Überlassung der Teilnahmebedingungen

Möglicherweise liegt auch in der bloßen Überlassung der Teilnahmebedingungen eine gewerbliche Leistung, vorausgesetzt, diesen kommt ein eigenständiger wirtschaftlicher Wert zu[506].

---

502 Baumbach-Hefermehl, § 2, Rd.2; Richter, wistra 87,276(278); Fuhrmann in Erbs-Kohlhaas, § 6c, Anm. 3.b).

503 Granderath, wistra 88,173(175); Richter, wistra 87,276(278).
So werden insbesondere in der Werbebranche z.B. anhand von Adressen anläßlich eines Preisausschreibens regelrechte Datenbanken angelegt, in denen die potentiell Spielwilligen katalogisiert sind.

504 so auch Granderath, wistra 88,173(175); Fuhrmann in Erbs-Kohlhaas, § 6c,Anm. 3.b); anders Richter, wistra 87,276(278), der selektierte Adressen als im Wert erhöhte Waren ansieht.

505 vergl. AB Böblingen, wistra 88,243(244);
ebenso, wenn auch ohne Begründung Richter, wistra 90,216(217).

506 Definition für gewerbliche Leistung, s.o. Fn.502.

Die Teilnahmebedingungen haben dann einen wirtschaftlichen Wert, wenn sie im kaufmännischen Bereich als Erfahrungswissen angesehen werden und deshalb einen geldwerten Vorteil vor Konkurrenten gewähren (sog. "Know-how")[507]. Ob die bei einer Kettenbriefaktion regelmäßig gewährten Teilnahmebedingungen als "know-how" anzusehen sind, wird nicht einheitlich beurteilt. Nach einer Ansicht ist die bloße Überlassung der Teilnahmebedingungen nicht mit "Know-how" im gewerblichen Verkehr vergleichbar, weil die Teilnahmebedingungen lediglich der Aufrichtung und Ausdehnung des Systems dienen[508].

Nach der Gegenansicht stellen die Teilnahmeregeln gerade bei komplexen Absatz- und Vertriebsystemen eine Wissensnutzung dar, welche ein Entgelt rechtfertigt[509].

Es ist bei der Bewertung dieser Frage zu berücksichtigen, daß der avisierte Gewinn ohne die Kenntnis und die Einhaltung der Teilnahmebedingungen nicht realisierbar ist. Mit Hilfe der Spielbedingungen kann das System in Gang gesetzt werden. Die erste Ansicht berücksichtigt nicht, daß die Spielanleitung nicht lediglich der Errichtung des Systems dient, sondern auch dem möglichen Gelingen des Spiels sowie der Überprüfung der Einhaltung der Spielregeln durch alle Mitspieler. Für die Anerkennung der Teilnahmebedingungen als gewerbliche Leistung spricht auch ein Vergleich mit den allgemeinen Geschäftsbedingungen bei einem Vertrag, denn diese müssen von einem Fachmann erstellt werden und werden je nach Vertragsart mit erheblichen Honoraren vergütet. Auch die Erstellung von Teilnahmebedingungen erfordert ein gewisses Abstraktionsvermögen und kann nicht von jedermann vorgenommen werden.

Demnach sind die Teilnahmebedingungen sehr wohl als "Know-how" anzusehen mit der Folge, daß in der Gewährung der Teilnahmebedingungen eine gewerbliche Leistung liegt.

---

507 Richter, wistra 87,276(278).

508 Granderath, wistra 88,173(175).

509 Richter, wistra 87,276(278).

cc) Überwachungstätigkeit einer Zentrale

Auch die mittels einer Zentrale gesteuerte Überwachung des ordnungsgemäßen Ablaufs des Systems (u.U. auch per EDV-Anlage) ist als gewerbliche Leistung zu qualifizieren[510], weil der Überwachung ein eigenständiger wirtschaftlicher Wert zukommt.

Eine derartige Überwachung ist häufig nur aufgrund von Angestellten und einer EDV-Anlage möglich. Dieser Aspekt wurde in der bisherigen Diskussion nur am Rande beachtet. Daß es sich bei dieser Art der Überwachung daher um einen eigenständigen wirtschaftlichen Wert handelt, kann nicht in Abrede gestellt werden. Der wirtschaftliche Bezug dieser Art von Leistung wird auch dadurch deutlich, daß der Veranstalter seine Überwachungstätigkeit regelmäßig erst dann aufnimmt, wenn der Mitspieler eine Gebühr an den Veranstalter geleistet hat[511]. Gerade in den Fällen, in denen Kettenbriefunternehmen unter Mithilfe von mehreren Angestellten sowie einer EDV-Anlage überwacht werden, kann nicht von einem System ohne wirtschaftlichen Bezug gesprochen werden[512].
Demnach erbringt der Betreiber eines Kettenbriefes durch die Überwachung des Systems per EDV-Anlage eine gewerbliche Leistung[513].

dd) Mitgliedschafts- und Beteiligungsrechte

---

510 Dieser Ansatzpunkt wird häufig bei der Beurteilung von zentralgesteuerten Kettenbriefen übersehen;
vergl. nur BayObLG, NJW 90,1862 ff.; Granderath, wistra 88,173(175).

511 vergl. z.B.:
- 50,- DM bei "TOP-12" (LG Rottweil, 3 GS 8/89-Qs 16/89);
- 40,- DM bei "Easy" (BayObLG, NJW 90,1862f.);
- 30,- bzw. 150,-DM bei "Sieg der Logik" (OLG Stuttgart, wistra 90,165ff.);
- 50,- bzw. 100,- DM beim "Karlsbader Goldkreis" (OLG Karlsruhe, GRUR 89,615 ff.).

512 Richter, wistra 88,245.

513 AG Böblingen, wistra 88,243(244).
Im Ergebnis ebenso, wenn auch ohne Begründung Richter, wistra 90,216(217).

Zu prüfen ist weiterhin, ob eine innerhalb eines Kettenbriefsystems erworbene Teilnahmeberechtigung, eine Mitgliedschaft in einem Verein, einer Gesellschaft etc. als "Recht" i.S.d. § 6 c UWG anzusehen ist. Häufig werden auch mit Kettenbriefen Zertifikate veräußert, die (wertlose) Gesellschaftsrechte an (lediglich registrierten) Gesellschaften im Ausland zum Gegenstand haben[514].
Der Begriff "Recht" findet sich in der bisherigen Diktion des UWG vor Einführung des § 6 c UWG nicht.

Nach Granderath[515] ist bei der Auslegung dieses Begriffs die Entstehungsgeschichte des Gesetzes zu berücksichtigen. § 6 c UWG sei im Zusammenhang mit den gescheiterten Reformen der §§ 3 und 4 UWG und dem gescheiterten Versuch, ein Vermögensanlagegesetz zu schaffen, zu sehen. Das Merkmal Recht sollte zentral in § 3 UWG enthalten sein und sich seinerseits an das Vermögensanlagegesetz[516] anlehnen. Bei der Herauslösung des damals vorgeschlagenen § 6c aus der UWG-Reform und Hereinnahme in das 2.WiKG habe man wohl übersehen, den Begriff "Rechte" des § 6c in den Gesetzesmateriaien genauer zu beschreiben. Demnach sei der Begriff auf solche Rechte einzugrenzen, die im weitesten Sinne als Vermögensanlagen angesehen werden könnten[517]. Das bloße Mitgliedschafts- bzw. Beteiligungsrecht an einer Kettenbriefaktion könne dann aber ebenso wie die Mitgliedschaft in einem Verein nicht als Recht i.S.d. § 6c UWG anerkannt werden, weil diese Rechte nicht einer Vermögensanlage gleichstünden[518].

Nach anderer Ansicht sei jedes Mitgliedschafts- und Beteiligungsrecht als Recht

514 vergl. Richter, wistra 90,216(217).

515 Granderath, wistra 88,173(175).

516 Vergl. hierzu den Regierungsentwurf eines Gesetzes über den Vertrieb von Anteilen an Vermögensanlagen vom 20. Jan. 1978, BT-Drucks. 8/1405.

517 Granderath, wistra 88,173(175).

518 s. Granderath, wistra 88,173(175).

i.S.d. § 6c UWG anzusehen[519]. Als Rechte werden danach unproblematisch Mitgliedschaften in eingetragenen Vereinen, Buchgemeinschaften, Versicherungsvereinen u.ä. anerkannt[520]. Ob diese Rechte auf gesonderten Dokumenten festgehalten werden, sei für die rechtliche Qualifikation ohne Bedeutung[521].

Dem Gesetzgeber war bei der Entstehung des 2.WiKG der Gesetzesentwurf des Vermögensanlagegesetzes bekannt. Deshalb konnte er auch die rechtlichen Konsequenzen einer Herauslösung des § 6c UWG aus diesem Entwurf absehen. Durch das 2. WiKG führte der Gesetzgeber dann bewußt die von ihm beabsichtigte Regelung ein. Es sind keine Anhaltspunkte dafür ersichtlich, daß ein Versehen bzw. ein redaktioneller Fehler des Gesetzgebers vorlag. Der Bericht des Rechtsausschusses des Deutschen Bundestages zum 2. WiKG ist insofern eindeutig[522]. Nach dem reinen Wortlaut besteht auch kein Grund für eine einschränkende Auslegung dieses Tatbestandsmerkmales. Daneben wird von der erstgenannten Ansicht nicht dargelegt, wann eine Vermögensanlage vorliegen soll und weshalb insbesondere ein Mitgliedschaftsrecht nicht als Vermögensanlage angesehen werden kann. Daß es sich bei einer Kettenbriefaktion nicht um "ein um den wirtschaftlichen Bezug entkleidetes System" handelt[523], wurde schon festgestellt (s.o. S.149). Aus diesen Gründen ist die Ansicht Granderaths abzulehnen. Unter den Begriff "Recht" fallen demnach auch Mitgliedschafts- und Beteiligungsrechte.

ee) Die Gewinnchance als Ware oder als Recht

---

519 Richter wistra 87,276(278);
AG Böblingen, wistra 88,242(243) für ein Recht beim Erwerb einer Vereinsmitgliedschaft;
vergl. auch Vorinstanz zu BayObLG, NJW 90,1862(1863), wonach das Beteiligungsrecht sogar als gewerbliche Leistung angesehen wurde.

520 s. Richter, wistra 90,216(217).

521 Richter, wistra 90,216(217).

522 BT-Drucks. 10/5058, S.39.

523 so aber Granderath, wistra 88,173(175).

Letztlich bleibt zu prüfen, ob die durch die Beteiligung an einem Kettenbrief eröffnete Gewinnchance als Ware oder als Recht i.S.d. § 6c UWG angesehen werden kann.

Grundsätzlich kann auch eine Gewinnchance eine Ware sein[524]. Dies setzt aber voraus, daß sie im Geschäftsverkehr wie eine solche gehandelt wird[525]. Selbst wenn man annimmt, daß eine Kettenbriefgewinnchance theoretisch als Recht übertragbar ist, so besteht im Wirtschaftsverkehr kein Markt für den Erwerb derartiger Gewinnchancen. Wer sich eine Gewinnchance verschaffen will, hat die Möglichkeit, selbst Mitglied zu werden, neue Kunden zu rekrutieren und damit eine Gewinnchance zu erwerben. Demnach ist die Gewinnchance bei den hier untersuchten Systemen nicht als Ware anzusehen.

Möglicherweise ist aber die Gewinnchance als Recht zu qualifizieren. Nach der von Granderath vertretenen Auffassung wird konsequenterweise auch die bloße Einräumung einer Gewinnchance nicht als Recht im Sinne des § 6c UWG anerkannt, weil diese keine Vermögensanlage darstelle[526]. Dieser Ansicht kann aber aus den oben genannten Gründen nicht gefolgt werden[527].
In einer jüngeren Entscheidung zu der Problematik von Kettenbriefen hat das Bayerische Oberste Landesgericht[528] festgestellt, daß es die Gewinnchance sei, die den Kettenbrief zu einer Ware, gewerblichen Leistung bzw. zu einem Recht mache.
Diese erforderliche Verknüpfung von Brief und Gewinnchance macht deutlich, daß dem Brief ohne die Gewinnchance keine eigenständige Bedeutung zukommt,

---

524 Gloy-Kreft, Handbuch des Wettbewerbsrecht, § 12,Rd.2; BayObLG NJW 90,1862(1863).

525 Zur Definition von Ware s.o. S.146, Fn.500.

526 Granderath, wistra 88,173(175); s. auch oben dd).

527 s.o. S.150f.

528 BayObLG NJW 90,1862(1863).

wohl aber der Gewinnchance ohne den Kettenbrief. Insoweit ist die bei einem Kettenbrief vorliegende Situation mit dem Erwerb eines Loses vergleichbar. Auch hier liegt der eigentliche wirtschaftliche Wert in der dem Los innewohnenden Gewinnchance, nicht aber in dem Materialwert des Papiers.
Auch die Motivation der Mitspieler ist in die Bewertung miteinzubeziehen. Den Mitspielern geht es ausschließlich um die Erlangung der Gewinnchance und nicht um den Erwerb eines Papiers, das - isoliert betrachtet - für den Kunden als Druckerzeugnis nicht weiterverwendet werden kann. Letztlich liegt der Anreiz für die Teilnehmer einer Kettenbriefaktion in der Eröffnung einer Gewinnchance. Eine Untrennbarkeit von Gewinnchance und der gewerblichen Leistung liegt demnach nicht vor. Diese Gewinnchance ist auch theoretisch an Dritte veräußerbar, so daß sie als Recht anzusehen ist[529].

Jedoch ist fraglich, ob dieses Recht, wie nach dem Wortlaut des § 6c UWG erforderlich, von dem Teilnehmer eines Kettenbriefes abgenommen wird. Die Gewinnchance beim Kettenbrief eröffnet sich noch nicht mit den vom Veranstalter gewährten Waren oder Leistungen, denn hierfür ist zusätzlich die erfolgreiche Anwerbung neuer Mitspieler erforderlich. Ohne eigene Aktivität entsteht also keine Gewinnaussicht, so daß eine isolierte Betrachtung der Gewinnchance verfehlt ist. Wenn überhaupt, so eröffnen sich die Mitspieler die Gewinnaussicht also durch die eigene Aktivität selber. Demnach ist die Gewinnchance kein Recht, das der Mitspieler in irgendeiner Form abnimmt, so daß auch kein Recht i.S.d. § 6c UWG vorliegt.

3.) Der "besondere Vorteil"

a) Allgemeines

529 Auf die Problematik, daß die Gewinnchance nicht gleichzeitig als "Recht" und als besonderer Vorteil angesehen werden kann, wird später noch näher einzugehen sein.

Unter den Begriff des Vorteils i.S.d. § 6c UWG fallen alle wirtschaftlich verwertbaren Zuwendungen, denen ein Vermögenswert zukommt oder die den Empfänger sonst wirtschaftlich oder rechtlich besserstellen[530].
Das Tatbestandsmerkmal ist als normatives Merkmal zu bewerten und verstößt nicht gegen das Bestimmtheitsgebot i.S.d. Art. 103 Abs.2 GG[531].

Zu überprüfen ist nun, welche Vorteile als "besondere" i.S.d. § 6c UWG anzusehen sind[532].
Unproblematisch ist jede geldwerte Leistung als besonderer Vorteil i.S.d. § 6c UWG zu qualifizieren. Hierin wird auch regelmäßig der von dem Initiator eines progressiven Kundenwerbungsmodells gewährte besondere Vorteil liegen.
Aber auch alle Waren, Leistungen oder Rechte können, soweit sie einen Vermögenswert besitzen, als Vorteile i.S.d. Vorschrift angesehen werden[533].
Unbestritten ist auch, daß der vom Täter versprochene Vorteil etwas anderes sein muß als die abgenommenen Waren, gewerblichen Leistungen oder Rechte. Dies folgt schon aus dem Wortlaut sowie aus der Systematik der Vorschrift[534], nach denen der Vorteil nur unter der aufschiebenden Bedingung einer progressiven Entwicklung gewährt wird[535].
Das bedeutet, daß der Kettenbrief selbst, soweit er die zu vertreibende Leistung verkörpert, nicht gleichzeitig der zu gewährende besondere Vorteil sein kann[536].

---

530 so Fuhrmann in Erbs-Kohlhaas, § 6c, Anm. 3.c); anders Baumbach-Hefermehl, § 6c, Rd.11, der jede Art von Vergünstigung ausreichen läßt.

531 vergl. Schlüchter, S.128.

532 Hiervon unabhängig ist die Frage, ob der besondere Vorteil von dem Veranstalter selbst gewährt werden muß oder ob auch die Leistung des später einsteigenden Mitspielers ausreicht. Zu dieser umstrittenen Frage s.u.S.158ff..

533 vergl. BT - Drucks. 10/5058, S.39 sowie BR - Drucks. 226/78, S.14; Fuhrmann in Erbs-Kohlhaas, § 6c, Anm. 3.c); Baumbach-Hefermehl, § 6c, Rd.11.

534 vergl. BayObLG, NJW 90,1862(1863); Richter, wistra 90, 216(217).

535 Schlüchter, S. 128.

536 Richter, wistra 90,216(217).

Aus diesem Grunde kommen bei einem Kettenbrief die von dem Veranstalter gewährten Leistungen (wie z.B. der Kettenbrief selbst, die Überwachung des Systemablaufs, etc.[537]) als besonderer Vorteil i.S.d. § 6c UWG nicht in Betracht.

b) Die Gewinnchance als besonderer Vorteil

Fraglich ist aber, ob auch die vom Veranstalter gewährte Gewinnchance als derartiger besonderer Vorteil angesehen werden kann. Dieser Frage kommt insbesondere bei Kettenbriefsystemen entscheidende Bedeutung zu, weil bei dieser Art von Systemen der Veranstalter regelmäßig unmittelbar keine Geldvorteile gewährt, sondern neben der Ware, der gewerblichen Leistung oder dem Recht lediglich die Gewährung der Gewinnchance in Betracht kommt.

Nach Ansicht des Bayerischen Obersten Landesgerichts (BayObLG)[538] sind die vom Veranstalter eines Kettenbriefs erbrachten Leistungen (der Kettenbrief selbst, die Teilnahmebedingungen, die Mitspielberechtigung, die Überwachungstätigkeit, etc.) nur deshalb als Ware, gewerbliche Leistung oder Recht zu qualifizieren, weil die Gewinnchance in ihnen verkörpert ist. Die Gewinnchance sei demnach mit den erbrachten Leistungen untrennbar verbunden. Weil aber der vom Täter versprochene Vorteil etwas anderes sein müsse als die abgenommenen Waren, gewerblichen Leistungen oder Rechte (s.o. S.153), könne die Gewinnchance konsequenterweise auch nicht als Vorteil i.S.d. § 6c UWG angesehen werden[539].
Nach der Gegenansicht[540] liegt in der erhöhten Gewinnchance der besondere Vorteil i.S.d. § 6 c UWG.

537 Zu der Frage, was als Ware, gewerbliche Leistung und Recht anzuerkennen ist, vergl. oben S.145ff.

538 BayObLG, NJW 90,1862(1863).

539 BayObLG, NJW 90,1862(1863).

540 vergl. Richter, wistra 90,216(217) für zentralgesteuerte Kettenbriefe.

Der Ansicht des BayObLG ist nur im Ergebnis zu folgen, die Argumentation hingegen ist verfehlt.
Selbst wenn man der Prämisse zustimmt, daß die gewährten Waren, gewerblichen Leistungen oder Rechte etwas anderes sein müssen als der besondere Vorteil, so kann der vom BayObLG vorgetragenen Begründung nicht gefolgt werden. Unrichtig ist schon, daß die Gewinnchance untrennbar mit den Einzelleistungen verbunden ist, denn die Gewinnchance eröffnet sich der Spieler durch eigene Aktivität selbst[541], so daß sie nicht als mit der Einzelleistung automatisch verbunden angesehen werden kann. Darüberhinaus ist für den Vorteil i.S.d. § 6c UWG nach dem insoweit eindeutigen Gesetzeswortlaut erforderlich, daß er von irgendwem gewährt wird[542]. Wie bereits festgestellt, eröffnet sich der Mitspieler die Gewinnchance jedoch durch die aktive Anwerbung neuer Mitspieler selber. Der Veranstalter gewährt höchstens die Möglichkeit, daß der Mitspieler sich die Gewinnchance eröffnet. Die Chance, zu gewinnen, darf nicht mit der Chance, sich einen Gewinn zu verschaffen, gleichgesetzt werden. Aus diesem Grund ist die zuletztgenannte Ansicht abzulehnen. Die Gewinnchance wird folglich von niemanden gewährt, so daß sie auch nicht als gewährter besonderer Vorteil i.S.d. § 6c UWG anzusehen ist.

c) Besonderer Vorteil auch bei geringwertiger Gegenleistung?

Zu prüfen bleüibt, ob als besondere Vorteile i.S.d. § 6c UWG auch solche geldwerten Vorteile, die als geringwertig einzustufen sind, angesehen werden können. Bei der Beantwortung dieser Frage ist der Wille des Gesetzgebers bei Einführung dieses Tatbestandsmerkmals zu beachten. Der Gesetzgeber bezweckte mit diesem Tatbestandsmerkmal, völlig belanglose und geringwertige Vorteile aus dem Anwendungsbereich des § 6c UWG herauszunehmen, weil die Beeinflus-

541 vergl. hierzu nur oben S.45ff.

542 Die hiervon unabhängige streitige Frage, von <u>wem</u> der Vorteil gewährt werden muß, wird im folgenden bei der Betrachtung des Kettenelementes (s.unten S.158ff.) zu klären sein.

sungswirkung derartiger Vorteile nicht in der Lage ist, die typische Dynamik eines Systems der progressiven Kundenwerbung in Gang zu setzen[543]. Der Motivationsauslöser zur Teilnahme an einem System mit belanglosen Vorteilen liegt eher in den Komponenten Freundschaft, Spaß am Spiel, etc. Derartige Systeme sind auch weder sozialschädlich noch strafwürdig[544].

Fraglich ist nun aber, was als solcher belangloser und geringwertiger Vorteil angesehen werden kann. In den Gesetzesmaterialien ist kein Hinweis darauf enthalten, wann ein derartiger Bagatellfall vorliegt.
Ein Bagatellfall ist jedenfalls anzunehmen, wenn der gewährte Vorteil z.B. in ein paar Tafeln Schokolade liegt.

Bei der Suche nach der Grenze der Geringwertigkeit ist allerdings zu beachten, daß bei progressiven Modellen schon geringe Einsätze geeignet sind, die typische Dynamik eines derartigen Systems in Gang zu setzen, weil schon bei geringen Einsätzen der zu erwartende Gewinn erheblich sein kann. Man könnte annehmen, die Beeinflussungswirkung des erwarteten Vorteils sei dann unerheblich, wenn er in Anlehnung an die oben festgelegte Geringwertigkeitsgrenze in den §§ 284 ff. StGB unter einem Wert von ca. 10,- DM liege[545].
Jedoch berücksichtigt man bei der Festlegung eines generellen Betrages nicht, daß der zu erwartende Geldrückfluß von dem Systemaufbau abhängt. So ist z.B. ein System, bei dem der Mitspieler von 40.000 Mitspielern einen Vorteil von jeweils 1,- DM erwartet, erheblich eher geeignet, die typische Dynamik eines derartigen Systems auszulösen als ein System, bei dem der Mitspieler von 25 Mitspielern einen Vorteil von jeweils 50,- DM erwartet.

---

543 BT - Drucks. 10/5058, S.39; BR -Drucks. 226/78, S.14; Gloy-Helm, Nachtrag, 1989, S.60; Schlüchter, S.126f. und 128; Baumbach-Hefermehl, § 6c, Rd.11.

544 Zur Strafbedürftigkeit und Strafwürdigkeit vergl. oben .
Das vorliegende Tatbestandsmerkmal entspricht bei den §§ 284 ff. StGB dem Unterhaltungsspiel, welches aus denselben Gründen aus dem Strafbarkeitsbereich herausfällt (s.o. S.59ff.).

545 s.o. S.61.

Aus diesem Grund hat der Gesetzgeber wohl keinen Vorschlag gemacht, was als Bagatellfall anzusehen sein soll[546].
Trotz dieser Schwierigkeiten soll aus Praktikabilitätserwägungen der Versuch einer Festlegung unternommen werden.
Die Grenze zwischen besonderem Vorteil und geringwertiger Gegenleistung sollte derzeit bei 50,- DM liegen, weil hierdurch der Dynamik des Spiels Rechnung getragen wird. Ein System, das nur mit Minimaleinsätzen üund nur über wenige Stufen gespielt wird[547], enthält eben keinen besonderen Vorteil, der den Außenstehenden zum Spiel motivieren kann.

4.) Das Kettenelement in § 6c UWG

Zunächst ist zu klären, was gemeinhin unter dem Kettenelement verstanden wird.
Entscheidend für ein nach § 6c UWG strafbares System ist nach dem Wortlaut der Norm, daß der Erstabnehmer durch die Vermittlung bzw. den Abschluß gleichartiger Geschäfte besondere Vorteile erhält und die wüeiteren Abnehmer ihrerseits typischerweise dadurch angeworben werden, daß ihnen ebenfalls für die Vermittlung neuer Abnehmer derartige Vorteile nach der Art dieser Werbung gewährt werden sollen, wodurch die Werbung ihren progressiven Charakter erhält.
Hieraus läßt sich zumindest entnehmen, daß unterschiedliche Progressionsstufen vorliegen und diese untereinander in bestimmter Weise verknüpft sein müssen. Fraglich ist aber, wie diese Verknüpfung erfolgen muß.

a) Von wem müssen die besonderen Vorteile für die Erfüllung des Kettenelemntes gewährt werden?

---

546 so auch Brenner, Kriminalistik 1987, S.66(72).

547 vergl. z.B. den sog. "Schokoladenkettenbrief"; Einsatz: 1,- DM; zwei Stufen Mitspieler -- 6 x 6 = 36 Mitspieler; s.o. Fn.41.

Zwar liegt das Kettenelement i.S.d. § 6c UWG unabhängig von der hier aufgeworfenen Frage jedenfalls dann vor, wenn von dem Veranstalter Geldzahlungen an die Einzelmitspieler geleistet werden. Dies ist üblicherweise bei allen Formen der klassischen progressiven Kundenwerbung der Fall.

Bei Kettenbriefsystemen wird aber regelmäßig der versprochene Vorteil gerade nicht von dem Veranstalter selbst gewährt, sondern von einem später einsteigenden Mitspieler[548]. Soweit ersichtlich, ist bislang kein Kettenbriefsystem aufgetreten, in dem der Veranstalter selbst die Zahlungen vornimmt. Demnach kommt der Beantwortung der hier aufgeworfenen Frage für Kettenbriefsysteme strafbarkeitsentscheidende Bedeutung zu.

Aber auch bei Fällen der klassischen Form von progressiver Kundenwerbung läßt sich die Vorteilsgewährung von dem Veranstalter auf einen späteren Mitspieler übertragen, indem dieser spätere Mitspieler einen Teil seines Kaufpreises unmittelbar an seinen Vordermann zahlt[549]. Demnach ist die praktische Relevanz dieser Frage nicht auf reine Kettenbriefe beschränkt.
Für diese Fallkonstellationen ist fraglich und umstritten, ob der Tatbestand des § 6c UWG erfüllt ist.

aa) Die herrschende Meinung

Nach der überwiegenden Ansicht in Rechtsprechung[550] und Literatur[551] ist er-

---

548 s.o. Beispiele in den Fn. 39,40,43,44,45.

549 Vergl. nur den dem Urteil des LG Bremen vom 16.03.1989 (9-O-2791/1988b; nicht rechtskräftig) zugrunde liegenden Sachverhalt, in dem der Mitspieler gegen Zahlung eines Pauschalbetrages von 14.820,- DM Unterlagen für den Verkauf von Werbeunterlagen von dem Veranstalter erhielt, die er wiederum für 7.500,- DM an mehrere neu zu gewinnende Kunden weiterverkaufen konnte.

550 BayObLG NJW 90,1862; OLG Karlsruhe, GRUR 89,615(616); Urteil des LG Bremen vom 16.03.1989, S.6 - 9 O 2791/1988b - (nicht rechtskräftig); vergl. auch die Beschlüsse des LG und des AG Rottweil vom 30.01.1989 bzw.

forderlich, daß der Veranstalter den Vorteil den einzelnen Mitspielern gewährt. Hierfür spreche die Auslegung des Tatbestandsmerkmals "gewähren" in der strafrechtlichen Terminologie, nach der immer der Täter seinem Gegenüber den Vorteil zukommen lassen müsse[552]. § 6c UWG sei als Strafnorm wegen des bestehenden Analogieverbots eng auszulegen[553].
Der Veranstalter müsse also versprechen, selbst Vorteile für die Werbung weiterer Teilnehmer zu gewähren[554].

Der Veranstalter einer Kettenbriefaktion verspricht den Teilnehmern aber nur, daß sie die Chance haben, von später einsteigenden Teilnehmern Vorteile - häufig in Form von Geld - zu erhalten, so daß der Veranstalter zumindest in eigener Person keine Geldvorteile gewährt.
Etwas anderes gelte nur dann, wenn der Veranstalter die Mitspieler an den Einstandsgeldern von neu geworbenen Mitgliedern beteilige. In diesen Fällen gewähre der Veranstalter selbst den Vorteil[555].
Bei dieser Auslegung ist § 6c UWG auf keinen Unterfall der verschiedenen Kettenbriefarten anwendbar. Nach Ansicht des BayObLG entspricht dies auch dem vom Gesetzgeber mit der Einführung des § 6c in das UWG verfolgten Zweck, die herkömmlichen Formen der progressiven Kundenwerbung, die den Warenabsatz zum Ziel haben, zu unterbinden[556]. Die Gefährlichkeit und Sozialschädlichkeit sowie die damit zusammenhängende Strafwürdigkeit sei bei Kettenbriefen auch

---

13.01.1989 (Qs 16/88 - 3 Gs 8/89) sowie des LG Ravensburg vom 26.06.1989 (1 Qs 116/89 - Gs 29/89).

551 Granderath, wistra 88,173(176); Baumbach-Hefermehl, § 6c, Rd.8; Michalski, EWiR 1989, S.329.

552 Granderath, wistra 88,173(176) m.w.N.; BayObLG, NJW 90,1862.

553 OLG Karlsruhe, GRUR 89,615(616) .

554 Gutachten des Gutachterausschusses für Wettbewerbsfragen (2/1987), WRP 88,335.

555 Diese Einschränkung wird lediglich von dem Bayerischen Obersten Landesgericht (NJW 90,1862(1863)) vorgenommen.

556 BayObLG NJW 90,1862(1863).

erheblich geringer als bei herkömmlichen Systemen von progressiver Kundenwerbung[557]. Sollte der Gesetzgeber in der Veranstaltung einer Kettenbriefaktion strafwürdiges Unrecht erblicken, so müsse er eine entsprechende Strafvorschrift erlassen[558].

Da jedoch, wie oben bereits festgestellt, zentralgesteuerte Kettenbriefsysteme strafwürdig sind, würde nach dieser Auslegung eine Strafbarkeitslücke entstehen.

bb) Die Gegenansicht

Nach anderer Ansicht[559] ist für die Erfüllung des Tatbestandes des § 6c UWG nicht erforderlich, daß der Veranstalter verspricht, die besonderen Vorteile selbst und aus eigenen Mitteln zu erbringen.
Von dem Versprechen, Vorteile "zu gewähren", würden sowohl aus eigenen Mitteln des Veranstalters fließende Vorteile als auch solche umfaßt, die den Teilnehmern aus dem System heraus zufließen sollen[560]. Für die Strafbarkeit nach § 6c UWG komme es nicht auf eine Unterscheidung nach der Herkunft der in Aussicht gestellten Vorteile an. Wer Vertreter für nicht absetzbare Produkte dadurch anlocke, daß er eine Beteiligung an den Einstandsgeldern der anzuwerbenden Unterverkäufer anbiete, gewähre ebenfalls kein eigenes Geld, sondern einen Vorteil aus dem System[561]. Ferner werde auch in der strafrechtlichen Rechtspre-

---

557 vergl. hierzu oben S.22f.

558 BayObLG NJW 90,1862(1863); so auch für den Fall eines Selbstläufersystems BGHSt 34,171(179).

559 so Richter, wistra 88,245; 90,167; 90,216(217); Fuhrmann in Erbs/Kohlhaas, § 6c, Anm.3.c).
Dies wird aber auch in den Entscheidungen vorausgesetzt, in denen eine Bestrafung nach § 6c UWG erfolgt, obwohl der Veranstalter selbst keine eigenen Zahlungen avisiert hat. Auch in diesen Fällen ist der Tatbestand des § 6c UWG nur dann erfüllt, wenn man die Zahlungen von Dritten als ausreichend erachtet. Vergl. nur OLG Stuttgart, wistra 90,165 ff. (s. auch Vorinstanzen: LG Stuttgart - 14 Ns 203/90 - sowie AG Ludwigsburg - 1 Ls 753/88).

560 Richter, wistra 90,167.

561 vergl. insoweit Richter, wistra 88,245.

chung und Literatur zu dem Begriff "gewähren" nicht verlangt, daß die versprochene bzw. hingegebene geldwerte Leistung aus dem Vermögen des Täters stammen müsse[562].

Darüberhinaus liegt nach Richter bei Kettenbriefen der besondere Vorteil in der von dem Veranstalter in seiner Werbung behaupteten erhöhten Gewinnchance. Hierfür spreche auch die Rechtsnatur des § 6c UWG als Unternehmensdelikt, wonach für eine Bestrafung das bloße Versprechen der Vorteilsgewährung genüge[563]. Hiernach müsse lediglich der Versprechende erkennbar sein, nicht aber der Vorteilsgewährende.
Nach dieser Ansicht ist das Kettenelement auch dann gegeben, wenn der geldwerte Vorteil nicht von dem Veranstalter selbst, sondern von einem später einsteigenden Dritten gewährt wird.

cc) Stellungnahme und eigene Lösung[564]

Für die Beantwortung der Frage, ob der Vorteil i.S.d. § 6c UWG gerade von dem Veranstalter gewährt werden muß, ist zunächst eine Auslegung unter Berücksichtigung der Argumente der beiden Ansichten erforderlich.

Nach dem Wortlaut der Norm muß es der Veranstalter unternehmen, Nichtkaufleute zur Abnahme von Waren etc. durch das Versprechen zu veranlassen, <u>ihnen besondere Vorteile für den Fall zu gewähren</u>, daß sie andere zum Abschluß

---

562 Richter, wistra 90,216(217) geht insbesondere auf § 180 a und § 333 StGB ein.

563 Richter, wistra 90,216(217) .

564 Es ist zu beachten, daß aufgrund der oben dargelegten konträren Entscheidungen des BayObLG und des OLG Stuttgart zu diesem Problem nach Auskunft der Staatsanwaltschaft Stuttgart bei Vorliegen eines geeigneten Falles eine höchstrichterliche Entscheidung angestrebt wird (vergl. hierzu auch den Bericht in "Der Spiegel", 1990, Heft 45, S.93 ff.).

gleichartiger Geschäfte veranlassen, denen ihrerseits nach der Art dieser Werbung derartige Vorteile ... gewährt werden sollen.

Nach grammatikalischen Grundsätzen ist zu beachten, daß der erste Teilsatz im Aktiv steht ("zu gewähren"), was dafür spricht, daß der Veranstalter dem Teilnehmer die Vorteile selbst gewähren soll.
Jedoch steht der zweite Halbsatz in der Tätigkeitsform des Passivs ("gewährt werden sollen"). Dieser Formulierung ist nicht eindeutig zu entnehmen, von wem der Vorteil zu erwarten ist. Aus dem zweiten Halbsatz läßt sich allenfalls schließen, daß die zuletzt Geworbenen den Vorteil jedenfalls nicht unmittelbar von ihrem Werber erhalten müssen.

Würde man den Gesetzestext streng dem Wortlaut nach auslegen, so spräche einiges dafür, zwischen dem Verhältnis "Veranstalter - Erstkunde" auf der einen Seite und dem Verhältnis "Erstkunde - Zweitkunde" sowie den folgenden Beziehungen auf der anderen Seite zu differenzieren. In dem Verhältnis Veranstalter - Erstkunde müßten die Vorteile unmittelbar von dem Veranstalter gewährt werden. Bei den folgenden Leistungsbeziehungen käme es auf die Frage, von wem der Vorteil geleistet wird, nicht mehr an. Folgerichtig wäre bei Systemen, in denen der Mitspieler den versprochenen Vorteil nicht von seinem Werber, sondern von später einsteigenden Mitspielern erhält, wie gerade beim Kettenbrief üblich, nicht der Werber, wohl aber der Mitspieler nach § 6c UWG strafbar. Also würde der Veranstalter gegenüber dem Mitspieler privilegiert, was aber dem vom Gesetzgeber bei Einführung der Norm in das Gesetz verfolgten Zweck, gerade die Veranstalter derartiger Systeme zu erfassen, zuwiderliefe.
Demnach hilft hier eine konsequente Auslegung nach dem Gesetzeswortlaut nicht weiter.

Der Wortlaut zeigt lediglich, daß eine Vorteilsgewährung durch Dritte nicht ausgeschlossen ist. Man könnte nämlich den § 6c UWG auch folgendermaßen lesen: "...durch das Versprechen zu veranlassen, ihnen besondere Vorteile (auch durch

Dritte) zu gewähren, ...". Wer von wem die Leistung zu erhalten hat, ist also nach dem Wortlaut nicht eindeutig erkennbar.
Es bleibt festzuhalten, daß der Gesetzeswortlaut nicht so "zweifelsfrei", wie vom Bayerischen Obersten Landesgericht behauptet[565], für die herrschende Meinung spricht.

Die Auslegung eines Tatbestandsmerkmales hat sich ferner am Sinn und Zweck des Gesetzes zu orientieren (teleologische Auslegungsmethode).
Der Gesetzgeber hat vor Einführung des Gesetzes betont, daß das Kettenelement die Funktion habe, Formen der sozialunschädlichen einfachen Laienwerbung (z.B. bei Buchklubs, Versicherungen, Bausparkassen, Abonnements etc.) von den Absatzsystemen mit progressiv unsicheren und damit gefährlichen und aleatorisch wirkenden Werbemitteln abzugrenzen und dadurch aus dem Strafbarkeitsbereich des § 6c UWG herauszuhalten[566].
Die Abgrenzung zur Laienwerbung kann allein durch das Progressionselement erfolgen, denn bei der Laienwerbung fehlt es regelmäßig hieran. Für die Abgrenzung zur Laienwerbung ist es aber unerheblich, von wem der Vorteil gewährt wird, solange nur ein System über mehrere Stufen vorliegt. Also ist für die Erfüllung dieses Gesetzeszweckes die von der herrschenden Ansicht vertretene restriktive Auslegung des Kettenelements weder erforderlich noch geboten.
Hierfür spricht auch, daß nach dem Willen des Gesetzgebers von § 6c UWG jede Form von strafwürdigem Verhalten progressiver Kundenwerbung erfaßt werden soll[567].
Wie gesehen, sind Kettenbriefmodelle als ein Unterfall der progressiven Kundenwerbung anzusehen. Darüberhinaus sind Kettenbriefe mit zentraler Steue-

565 vergl BayObLG, NJW 90,1862.

566 BT-Drucks. 10/5058, S.39; Granderath, DB 86, Beilage 18, S.8 und wistra 84,169(170); Baumbach-Hefermehl, § 6c, Rd.12; Brenner, Kriminalistik 1987, S.66(72); so auch schon BT-Drucks. 8/2145, S.13.

567 vergl. BT-Drucks. 10/5058, S.39 .

rung strafwürdig und strafbedürftig[568]. Folglich läuft die formalistische Auslegung des Kettenelements durch die herrschende Meinung diesem Gesetzeszweck zuwider und führt zu dessen Aushebelung.
Weiterhin ist zu berücksichtigen, daß § 6c UWG in das Gesetz eingefügt wurde, um die bis dahin bestehenden Strafbarkeitslücken im Bereich der progressiven Kundenwerbung zu schließen. Dies wird durch eine restrikitve Auslegung des § 6c UWG aber gerade nicht erreicht. Im Gegenteil: Es entstehen erneut unerwünschte Strafbarkeitslücken. Die Einfügung einer Strafnorm gegen progressive Kundenwerbung in das UWG hätte das angestrebte Ziel verfehlt.
Da im Wirtschaftsrecht die Umgehungsgefahr der einzelnen Verbotsnormen durch modifizierte Systeme groß ist, wurden gerade zur Erfassung von Spielvarianten die Formulierungen "gleichartige Geschäfte" und "entsprechende Vorteile" in das Gesetz aufgenommen[569].
Die Vermeidung neuer unerwünschter Strafbarkeitslücken läßt sich nur durch eine extensivere Auslegung des Tatbestandes erreichen.

Weiterhin ist zu berücksichtigen, daß durch § 6c UWG sowohl das Individualvermögen der Abnehmer als auch die Wettbewerber selbst geschützt werden[570]. Dieser angestrebte Rechtsgüterschutz wird aber durch eine restriktive Auslegung der einzelnen Tatbestandsmerkmale nicht gewährleistet, denn hierdurch werden weite Bereiche der progressiven Kundenwerbung von dem Strafbarkeitsbereich des § 6c UWG nicht umfaßt.

Die herrschende Meinung zur Auslegung des Kettenelementes widerspricht auch der strafrechtlichen Kommentarliteratur, die in Anlehnung an die "Goldkreis-Entscheidung" des BGH von einem positiven Anwendungsbereich des § 6c UWG ausgeht und § 6c UWG bei Kettenbriefaktionen lediglich außerhalb des geschäftlichen Verkehrs für unanwendbar erklärt[571]. Hieraus folgt im Umkehrschluß,

---

568 s.o. 2.Kap. 1.c) (S.22ff.) und 2.b) (S.36ff.).

569 Vergl. BT-Drucks. 10/5058, S.39.

570 s. oben S.137f.

daß bei einem im geschäftlichen Verkehr veranstalteten Kettenbrief § 6c UWG Anwendung finden soll, was nach der herrschenden Ansicht aber gerade nicht gewährleistet ist.

Daneben ist zu beachten, daß nach der herrschenden Meinung § 6 c UWG nicht nur bei Kettenbriefsystemen unanwendbar wäre, sondern auch bei den Formen der progressiven Kundenwerbung, in denen die Vorteilsgewährung auf neu einsteigende Teilnehmer verlagert ist. So könnte z.B. bei einem Warenabsatzsystem die Provisionszahlung des Veranstalters für neue Kunden dadurch ersetzt werden, daß die neugeworbenen Kunden einen Teil des Kaufpreises unmittelbar an ihre Werber abführen[572]. Nach der herrschenden Ansicht würde der Veranstalter auch hier keine Vorteile gewähren, so daß § 6c UWG konsequenterweise auch auf diese Fälle nicht anwendbar wäre mit der Folge, daß der Anwendungsbereich der Norm weiter eingeengt würde.
Auf dem soeben dargestellten Weg besteht nach konsequenter Anwendung der herrschenden Meinung für die Benutzer von progressiver Kundenwerbung die Möglichkeit, durch eine leichte Modifizierung der herkömmlichen Systeme den Anwendungsbereich des § 6c UWG zu umgehen. Eine Einschränkung dieses Anwendungsbereiches ist aber sowohl kriminalpolitisch als auch wirtschaftspolitisch unerwünscht, weil sich einerseits die zivilrechtlichen Sanktionsmöglichkeiten als nicht wirkungsvoll zur Bekämpfung von progressiver Kundenwerbung erwiesen haben[573] und andererseits der Gesetzgeber auf neu auftretende Systemvarianten ständig reagieren müßte.

Unverständlicherweise wird von der herrschenden Meinung dann auch ohne Begründung behauptet, daß der Veranstalter, der die Unterverkäufer auf seine Weisung hin an den Einstandsgeldern von neu angeworbenen Kunden beteilige, selbst einen Vorteil gewähre[574]. Ob dies auch in den Fällen gelten soll, in denen

---

571 Vergl. z.B. Dreher-Tröndle, § 286, Rd.9 a.E.; Sch-Sch-Eser, § 286, Rd.13a).

572 vergl. Beispielsfall oben S.159, Fn.549.

573 s. oben S.25ff.

der neue Kunde einen Teil seiner Einstandsgelder unmittelbar an den Werber zahlt, wird offengelassen. Unabhängig davon, daß der Veranstalter wegen der Nichtigkeit des abgeschlossenen Vertrages[575] keinen Anspruch auf Zahlung der Einstandsgelder hat, stammt der gewährte Vorteil doch unmittelbar aus dem Vermögen des neu eingestiegenen Mitspielers, so daß dieser Vorteil nicht als Vorteil des Veranstalters zu qualifizieren ist, sondern als ein solcher aus dem System.

Ferner ist das von der herrschenden Meinung vorgebrachte Argument zu überprüfen, der Begriff "gewähren" bedeute in der strafrechtlichen Terminologie, daß die Leistung von dem Täter selbst erbracht werden müsse, und diese Begriffsbestimmung sei auf § 6c UWG zu übertragen[576].
Nach der Gegenansicht[577] ist aber in der langjährigen Rechtsprechung zu diesen Tatbeständen nie behauptet worden, daß die Täter der Angestelltenbestechung oder Vorteilsgewährung, der Förderung der Prostituition oder der Gläubigerbegünstigung die von ihnen versprochenen oder hingegebenen geldwerten Leistungen aus ihrem eigenen Vermögen erbringen müßten.
Die Gegenansicht übersieht jedoch, daß die Erbringung des Vorteils aus dem eigenen Vermögen von dem Wortlaut des § 6c UWG nicht verlangt wird und dementsprechend von der herrschenden Meinung auch nicht gefordert wird. Der hier zu erörternde Streit betrifft lediglich die Frage, ob die Gewährung des Vorteils von dem Veranstalter vorgenommen werden muß oder ob auch die Leistung eines Dritten für die Erfüllung des Tatbestandes ausreicht. Auf die Frage, aus wessen Vermögen der gewährte Vorteil stammt, kommt es hierbei nicht an.

574 BayObLG NJW 90,1862(1863).

575 s.o. S.29ff.

576 BayObLG, NJW 90,1862; Granderath, wistra 83,173(176 m.w.N.).

577 Richter, wistra 90,216(217).

Für die Beantwortung dieser Frage ist im folgenden eine Betrachtung der einzelnen Straftatbestände erforderlich, die den Begriff "gewähren" enthalten (vergl. §§ 73, 180, 180a, 283c, 333 StGB, 12 UWG), denn falls diese Untersuchung ergeben sollte, daß auch eine mittelbare Vorteilsgewährung zur Tatbestandserfüllung ausreicht, wäre das ein Indiz gegen die herrschende Meinung.

In § 73 Abs.4 StGB bringt schon der Wortlaut des Gesetzes klar zum Ausdruck, wer den Vorteil gewähren muß, nämlich ein Dritter, dem der betreffende Gegenstand gehört oder zusteht. Insoweit ist diese Begriffsbestimmung nicht mit § 6c UWG vergleichbar, weil bei § 6c UWG nach dem Wortlaut nicht unmittelbar feststeht, von wem die Leistung zu erbringen ist.

"Gewähren" im Sinne der §§ 180, 180a StGB bedeutet, daß dem Täter die Mittel bzw. Räume, die er gewährt, zur Verfügung stehen müssen[578]. Jedoch ist nicht unbedingt eine unmittelbare Wohnungsgewährung erforderlich, auch eine bloß mittelbare Gewährung kann genügen. So soll es z.B. nach einer Entscheidung des BGH in Strafsachen gleichgültig sein, ob die Unterkunft unmittelbar oder - über einen Dritten - mittelbar der Prostituierten zum Wohnen überlassen wurde[579]. Hierfür spricht auch der Gesetzeszweck der §§ 180, 180a StGB. Durch § 180 StGB soll die ungestörte sexuelle Entwicklung von Jugendlichen geschützt werden, durch § 180a StGB die persönliche Freiheit und wirtschaftliche Unabhängigkeit der Prostituierten[580]. Für den Schutz dieser Rechtsgüter ist es aber unerheblich, ob die Wohnung mittelbar oder unmittelbar zur Verfügung gestellt wird. Demnach zeigt schon die Betrachtung des Begriffs "gewähren" in den §§ 180,

---

578 Vergl. LK-Laufhütte, § 180, Rd.6; Dreher-Tröndle, § 180, Rd.8; Sch-Sch-Lenckner, § 180, Rd.9.

579 So BGHSt 10,192(193) zu § 180 Abs.3 StGB a.F. vor dem 4.StrRG (BGBl. 1973, I, S.1725) für den Fall, daß der Vermieter einer Prostituierten eine Wohnung gewährt, obwohl ein Dritter den Mietzins entrichtet; diese Entscheidung gilt aber auch für den Begriff "gewähren" in § 180a StGB n.F. (BGBl. 1973, I, S.1728); vergl. insoweit Dreher-Tröndle, § 180a, Rd.7.

580 Vergl. Sch-Sch-Lenckner, § 180, Rd.1; § 180a, Rd.1; Dreher-Tröndle, § 180, Rd.1; § 180a, Rd.1.

180a StGB, daß die strafrechtliche Terminologie zu diesem Begriff "gewähren" nicht beinhaltet, daß der avisierte Vorteil unmittelbar von dem Täter erbracht werden muß. Auf Kettenbriefe übertragen bedeutet dies, daß der in Aussicht gestellte Vorteil nicht von dem Veranstalter an den Geworbenen zugewendet werden muß.

Für das Tatbestandsmerkmal "gewähren" i.S.d. § 333 StGB ist jedenfalls üerforderlich, daß jemand den erbrachten Vorteil angenommen hat. Ohne Bedeutung soll sein, aus wessen Vermögen die Vorteile stammen[581]. Hiernach genügt es, daß der Täter eine Zuwendung aus einem fremden Vermögen vornimmt, über das er verfügen kann. Zu beachten ist auch, daß eine Vorteilsgewährung über einen Mittelsmann als ausreichend angesehen wird[582]. Jedoch müsse in einem solchen Fall der Vorteil selbst vom Täter angeboten werden[583]. Diese Wertung ist auch nachvollziehbar, denn für das Rechtsgut des § 333 StGB, das Vertrauen der Allgemeinheit in die Lauterbarkeit des öffentlichen Dienstes[584], kommt es nicht darauf an, wer letztendlich den Vorteil gewährt.
Übertragen auf die hier behandelte Problematik bedeutet dies, daß der Veranstalter einer Kettenbriefaktion die Vorteile zwar selbst versprechen muß, daß aber die Gewährung der Vorteile durch einen Dritten vorgenommen werden kann.

"Gewähren" i.S.d. § 283c Abs.1 StGB bedeutet, daß mittels Angebot und Annahme der Zwangsvollstreckung unterliegendes Vermögen des Schuldners von diesem dem Vermögen des Gläubigers zugeführt wird[585]. Jedoch folgt bei § 283c StGB schon aus der Natur der Norm als Sondertatbestand, daß die Gewährung

---

581 So Sch-Sch-Cramer, § 333, Rd.7.; Dreher-Tröndle, § 333, Rd.6.

582 Vergl. LK-Jescheck, § 333, Rd.5; Sch-Sch-Cramer, § 333, Rd. 9; Dreher-Tröndle, § 333, Rd.4.

583 Sch-Sch-Cramer, § 333, Rd.9.

584 Vergl. nur LK-Jescheck, § 333, Rd.1; Dreher-Tröndle, § 331, Rd.3 m.w.N.

585 Vergl. RGSt 62,277(280); LK-Tiedemann, § 283c, Rd.14.

der Leistung auf einen relativ kleinen Täterkreis beschränkt ist. Der Täter des § 283c StGB muß ein zahlungsunfähiger Schuldner sein[586].
Da für eine Täterschaft i.S.d. § 6c UWG derartige besondere persönliche Merkmale nicht erforderlich sind, ist die Begriffsbestimmung der Vorteilsgewährung aus § 283c StGB nicht auf § 6c UWG übertragbar.

Für ein "gewähren" im Sinne des § 12 UWG ist lediglich erforderlich, daß der Vorteil angeboten und angenommen wird[587]. Die Einschaltung von Mittelspersonen bei der Abgabe der Willenserklärungen berührt den Straftatbestand nicht, wenn der Empfänger weiß, von wem die Erklärung stammt[588]. Demnach kommt es auch allein auf den Erfolg an. Die Leistungsrichtung bzw. der Umstand, ob der Vorteil unmittelbar oder mittelbar gewährt wird, sind nicht zu berücksichtigen.

Es bleibt demnach festzuhalten, daß die strafrechtliche Terminologie zu dem Begriff "gewähren" uneinheitlich ist und die von der herrschenden Meinung vorgebrachten Argumente nicht stützt. Ganz überwiegend wird auch die Leistung eines Dritten als ausreichend für eine tatbestandsmäßige Vorteilsgewährung angesehen.

Als Resümee ergibt sich somit, daß weder der Wortlaut, der Sinn, der Schutzzweck des Gesetzes noch der Vergleich zu der strafrechtlichen Terminologie des Begriffes "gewähren" für die herrschende Meinung spricht, der Vorteil müsse unbedingt vom Veranstalter ausgezahlt werden.
Aus diesen Gründen ist die herrschende Auffassung abzulehnen.

Es fragt sich, ob die nach konsequenter Anwendung der herrschenden Meinung

---

586 Siehe LK-Tiedemann, § 283c, Rd.13; Dreher-Tröndle, § 283c, Rd.3.

587 Vergl. Baumbach-Hefermehl, § 12, Rd.6.

588 Pfeiffer in FS f. v.Gamm (1990), S.129(136); Fuhrmann in Erbs-Kohlhaas, § 12, Anm. 2f).

entstehende Strafbarkeitslücke nicht durch eine sachgerechte Auslegung geschlossen werden kann.

Nach Richter soll bei zentralgesteuerten Kettenbriefen der vom Veranstalter gewährte besondere Vorteil in der erhöhten Gewinnchance des Mitspielers liegen[589].

Nach dieser Betrachtungsweise würde der Veranstalter sowohl eine Leistung als auch einen besonderen Vorteil gewähren, wobei die Leistung - wie gesehen - in der Überlassung der systemspezifischen Unterlagen (z.B. dem Kettenbrief) sowie in der Überwachung des Ablaufs des Systems bestehen würde. Der gewährte Vorteil bestünde in der von dem Veranstalter gewährten Gewinnchance.

Diese Auffassung ist aber abzulehnen. Gegen Richters Ansicht spricht schon, daß unter einem besonderen Vorteil nicht lediglich eine noch unbestimmte Gewinnchance, sondern eine geldwerte Leistung zu verstehen ist. Daneben verschafft, wie bereits mehrfach festgestellt, der Veranstalter dem Mitspieler lediglich die Möglichkeit, sich durch eigene Aktivität eine Gewinnchance zu eröffnen. Die Gewinnchance ist aber von der bloßen Möglichkeit, sich eine Gewinnchance zu verschaffen, streng zu unterscheiden. Demnach liegt im Zeitpunkt des Einstiegs des Mitspielers noch keine Gewinnchance vor, so daß eine solche - entgegen Richters Ansicht - nicht gewährt wird.

Man könnte weiterhin erwägen, in der von dem Betreiber einer Kettenbriefzentrale angebotenen Systemüberwachung und -steuerung einen besonderen Vorteil i.S.d. § 6c UWG sehen. Die von den Teilnehmern abgenommene Ware wäre dann der Kettenbrief selbst, so daß die Leistung mit dem von dem Veranstalter gewährten Vorteil nicht identisch sein würde.

Gegen diesen Lösungsansatz spricht jedoch, daß der Kettenbrief nicht isoliert von der Überwachungstätigkeit der Zentrale gesehen werden kann, denn der Kettenbrief wird von dem Mitspieler nur deshalb abgenommen, weil der Veran-

---

589 so Richter, wistra 90,216(217) für zentralgesteuerte Kettenbriefe (s. hierzu auch schon oben S.161).

stalter unter Mithilfe der von ihm eingerichteten Zentrale die Kontrolle des reibungslosen Ablaufs der Einzelketten garantiert. Demnach ist die Überwachungstätigkeit der Zentrale kein eigenständiger Vorteil, sondern als Bestandteil des von dem einsteigenden Mitspieler abgenommenen Kettenbriefs bzw. als selbständige gewerbliche Leistung anzusehen[590].

Alle bisherigen Lösungsansätze basieren auf der Prämisse, daß der Veranstalter den versprochenen Vorteil unmittelbar selbst erbringt. Diese Prämisse kann jedoch nicht aufrechterhalten werden mit der Folge, daß auch die Vorteilsgewährung durch einen Dritten ausreicht.

Wie gesehen, spricht der Wortlaut der Vorschrift nicht dagegen, daß der von dem Veranstalter versprochene Vorteil auch von einem Dritten erbracht werden kann[591].
Unabhängig davon, ob die Aktivformulierung des ersten Halbsatzes ("versprechen, ... zu gewähren") als ein gesetzgeberisches Versehen anzusehen ist oder ob die Wortlautgrenze noch nicht überschritten ist, kann jedenfalls eine unmittelbare Vorteilsgewährung durch den Veranstalter nicht verlangt werden.
Es ist aber nicht einzusehen, weshalb sich die Zahlung eines eintretenden Mitspielers an dessen Werber für den Veranstalter strafrechtlich nicht genauso auswirken sollte wie eine eigene Zahlung, zumal es letztlich von der Ausgestaltung des Systems abhängt, wer den versprochenen Vorteil gewährt. Ob jedoch die Mitspieler ihre Leistungen an den Veranstalter erbringen und dieser dann die Unterverteilung vornimmt oder ob der neu einsteigende Mitspieler seine Leistung direkt an den vor ihm im System befindlichen Mitspieler erbringt, ist rein zufällig. Von dieser Zufälligkeit würde aber die Strafbarkeit des Veranstalters abhängen, folgte man der Auffassung, welche ein unmittelbares Gewähren verlangt.

---

590 s. hierzu auch schon oben S.148.

591 Siehe oben S.162f.

Wie bereits festgestellt, spricht für die hier vertretene Ansicht spricht weiterhin, daß der Gesetzgeber durch die Formulierungen "gleichartige Geschäfte" und "derartige Vorteile" klarstellen wollte, daß die Vorschrift sowohl den Fall einer unmittelbaren Leistungsbeziehung der Zweitkunden zum Veranstalter als auch den Fall einer Leistungbeziehung der Zweitkunden zum Erstkunden erfaßt[592].

Weiterhin hat der Gesetzgeber, wie oben bereits festgestellt, vor Einführung des Gesetzes betont, das Kettenelement habe die Funktion, Formen der sozialunschädlichen einfachen Laienwerbung (z.B. bei Buchklubs, Versicherungen, Bausparkassen, Abonnements etc.) von den Absatzsystemen mit progressiv unsicheren und damit gefährlich und aleatorisch wirkenden Werbemitteln abzugrenzen und damit aus dem Strafbarkeitsbereich des § 6c UWG herauszuhalten[593].
Die Abgrenzung zur Laienwerbung kann zwar nicht allein mit Hilfe des Progressionselements erfolgen. Jedoch fehlt es bei der Laienwerbung regelmäßig an dem Vorliegen des Progressionselementes. Für die vom Gesetzgeber beabsichtigte Abgrenzung zur Laienwerbung ist es aber unerheblich, von wem der Vorteil gewährt wird, solange nur ein System über mehrere Stufen vorliegt.
Der Schutzzweck des § 6c UWG bleibt nur gewahrt, wenn entscheidend auf den Erfolg der Werbemethode abgestellt wird. Ansonsten ließe sich durch eine Umgestaltung des Systems der Strafbarkeitsbereich des § 6c UWG umgehen. Demgemäß kann der Vorteil auch von einem Dritten gewährt werden.

Dafür, daß der gewährte Vorteil nicht unmittelbar von dem Veranstalter stammen muß, spricht auch, daß nach dem Wortlaut des Gesetzes die weiteren Mitspieler "ihrerseits nach der Art dieser Werbung derartige Vorteile" erhalten müssen. Nach der Art dieser Werbung erhält der Mitspieler die Vorteile jedoch im-

---

592 Vergl. insoweit BT - Drucks. 10/5058, S.39; BR - Drucks. 226/78, S.14; BT - Drucks. 8/2145, S.14.

593 BT-Drucks. 10/5058, S.39; Granderath, DB 86, Beilage 18, S.8 und wistra 84,169(170); Baumbach-Hefermehl, § 6c, Rd.12; Brenner, Kriminalistik 1987, S.66(72); so auch schon BT-Drucks. 8/2145, S.13.

mer unmittelbar oder mittelbar aufgrund des Progressionselements, für welches es aber nicht auf den zufälligen Umstand ankommt, ob der geworbene Mitspieler unmittelbar an seinen Werber eine geldwerte Leistung erbringt oder ob der Veranstalter die Leistung erst von den neuen Mitspielern einzieht, um sie dann ganz oder teilweise wieder an die Werber auszuzahlen. Jener Wendung ist zu entnehmen, daß auch der vom Veranstalter Erstgeworbene seinen Vorteil gerade "nach Art dieser Werbung" erhalten soll.

In diesem Zusammenhang ist erneut der Gesetzeszweck für die Einführung der Wendung "nach Art dieser Werbung" zu berücksichtigen. Durch diese Formulierung sollte eine Umgehung des Straftatbestandes durch leicht abgewandelte Systeme verhindert werden[594]. Aber gerade die hier behandelten Modelle, in denen lediglich die Leistungsrichtung geringfügig modifiziert, nicht aber die Grundstruktur von progressiven Systemen geändert wurde, stellen derartige Umgehungssysteme dar, die von der Wendung "nach Art dieser Werbung" mitumfaßt sind.

Zusammenfassend bleibt festzuhalten, daß es für die Strafbarkeit des Veranstalters entscheidend darauf ankommt, ob der versprochene Vorteil dem Vorteilsnehmer tatsächlich zugeht[595].

Demnach kann die nach konsequenter Anwendung der herrschenden Ansicht entstehende Strafbarkeitslücke durch eine sachgerechte Auslegung des Tatbestandes vermieden werden.

b) Verstoß der Norm gegen das Bestimmtheitsgebot

Wie oben gesehen, treten durch die Verwendung der Formulierungen "derartige Vorteile" und "nach Art dieser Werbung" bei der Auslegung der Tatbestands-

---

594 BT - Drucks. 10/5058, S.39 .

595 So auch - allerdings ohne Begründung - Fuhrmann in Erbs/Kohlhaas, § 6c, Anm. 3.c).

merkmale des besonderen Vorteils und des Kettenelementes Auslegungsprobleme auf.

Möglicherweise ist § 6c UWG wegen der verwendeten Formulierungen "gleichartige Geschäfte", "derartige Vorteile" und "nach Art dieser Werbung" nicht mit dem in Art. 103 Abs. 2 GG statuierten Bestimmtheitsgebot vereinbar[596] und deshalb verfassungswidrig.

Art. 103 Abs.2 GG enthält - neben dem hier nicht zu erörternden Rückwirkungsverbot - die Verpflichtung des Gesetzgebers, die Voraussetzungen der Strafbarkeit so konkret zu umschreiben, daß Tragweite und Anwendungsbereich der Straftatbestände zu erkennen sind und sich durch Auslegung ermitteln lassen[597]. Diese Verpflichtung dient einerseits dem Schutz des Normadressaten: Jedermann soll vorhersehen können, welches Verhalten mit Strafe bedroht ist. Andererseits soll sichergestellt werden, daß der Gesetzgeber selbst über die Strafbarkeit entscheidet. Aufgrund dieses strengen Gesetzesvorbehalts in Art. 103 Abs. 2 GG ist es der vollziehenden und rechtsprechenden Gewalt verwehrt, die normativen Voraussetzungen einer Bestrafung festzulegen[598].
Die Bestimmtheit der Strafgesetze ist demnach zur Verwirklichung des staatsbürgerlichen Freiheitsgedankens, des Gewaltenteilungsprinzips, der Generalprävention, des Gleichheitsgrundsatzes sowie des fragmentarischen Charakters des Strafrechts geboten.

---

[596] So hatte z.B. Tiedemann in Mallmann-FS (1978), S.359(365) Zweifel an der hinreichenden Bestimmtheit der 1978 von der Sachverständigenkommission zur Bekämpfung der Wirtschaftskriminalität vorgeschlagenen Fassung.

[597] Die Ableitung des Bestimmtheitsgrundsatzes aus Art. 103 Abs.2 GG ist in Rspr. und Schrifttum nahezu unumstritten.
Aus Rspr. und Schrifttum vergl. nur: BGHSt 23,167(171); 27,318(320); 28,129(134 f.); 30,285(286 ff.); BVerfGE 11,234(237 f.); 25,269(285); 47,109(118); 48,48(56); 50,142(164f.); 73,206(234); 75,329(340f.); NJW 89,1663ff.;
Dürig in Maunz/Dürig, Bd.IV, Art.103, Rd.106ff.; Krey, Keine Strafe ohne Gesetz, S.122ff.; Schünemann, Nulla poena, S.29 ff.

[598] Vergl. nur BVerfG, NJW 89,1663 m.w.N.

Im folgenden sind kurz die Anforderungen zu betrachten, die der BGH und das BVerfG an ein Gesetz stellen, damit dieses nicht gegen das Bestimmtheitsgebot verstößt.

So fordern die Gerichte vom Gesetzgeber positiv, daß er die Voraussetzungen der Strafbarkeit so bestimmt zu umschreiben hat, daß der Normadressat anhand der gesetzlichen Regelung voraussehen kann, ob ein Verhalten strafbar ist[599]. Die strafrechtlichen Normen müßten klar das Verbotene von dem Erlaubten abgrenzen; die Tatbestandsmerkmale seien so konkret zu umreißen und genau zu bestimmen, daß Tragweite und Anwendungsbereich der Straftatbestände zu erkennen seien und sich durch Auslegung ermitteln ließen[600].

Auch bei "weiten" Formulierungen liege ein Verstoß gegen Art. 103 Abs.2 GG nicht vor. Das Strafrecht könne nicht völlig darauf verzichten, allgemeine Begriffe zu verwenden, die formal nicht eindeutig zu umschreiben seien und die in besonderem Maße der Auslegung durch den Richter bedürften[601]. Die Verwendung solcher Begriffe sei vielmehr zur Erfassung "der Vielgestaltigkeit des Lebens in gewissen Maßen legitim"[602].

Ferner seien die an das Bestimmtheitserfordernis zu stellenden Anforderungen von der Schwere des verwirklichten Unrechts abhängig, so daß die Strafbarkeitsvoraussetzungen um so präziser zu bestimmen seien, je schwerer die angedrohte Strafe sei[603].

Als Folge dieser weiten Grenzen ist festzustellen, daß nur wenige der vom Bundesverfassungsgericht bzw. vom Bundesgerichtshof überprüften Normen wegen

---

599 BVerfGE 47,109; mit ähnlichen Formulierungen ständige Rspr. seit BVerfGE 14,174(185f.); BGHSt 23,167(171); 28,72(74); 28,312(313); vergl. auch Kühl, Strafverteidiger 87,122(124).

600 So z.B. BVerfGE 25,269(285); 57,250(262); ähnlich BGHSt 12,136(145).

601 BVerfGE 4,352(358); 11,234(237); 26,41(42); 37,201(208); ähnlich BGHSt 11,365(377); 28,312(313)

602 BVerfGE 4,352(358); 11,234(237); 28,175(183); 37,201(208); 41,314(320); 45,363(371); 48,48(56); BGHSt 30,285(287).

603 BVerfGE 14,245(251); 26,41(43); 41,314(320).

Verstoßes gegen den Bestimmtheitsgrundsatz für nichtig erklärt wurden[604] und die Mehrzahl der überprüften Normen einer gerichtlichen Überprüfung standhielten[605].
Zum Teil hat die strafrechtliche Literatur diese Rechtsprechung übernommen[606]. In Aufsätzen und Monographien findet zwar eine intensive und argumentativ reichhaltige kritische Auseinandersetzung mit dieser Rechtsprechung statt, die sich vor allem gegen einen Trend zu ungenauen Strafvorschriften wendet[607].

Es kann aber nicht bestritten werden, daß wertausfüllungsbedürftige Begriffe nicht oder nicht in vollem Umfang ersetzbar sind. Dies bedeutet, daß der Gebrauch von wertausfüllungsbedürftigen Begriffen und Generalklauseln dann wegen Verstoßes gegen Art. 103 Abs.2 GG verfassungswidrig ist, wenn diese Gesetzestechnik vermeidbar wäre[608], also dort, wo dem Gesetzgeber eine weitere

---

604 So wurden z.B. folgende Tatbestände für unwirksam gehalten:
- BVerfG, NJW 89,1663ff. (§ 15 Abs.2a FAG);
- VGH Mannheim, NJW 84, 507ff. (Verbot in Verordnung, "sich nach Art eines Land- oder Stadtstreichers herumzutreiben");
- BayVerfGHE 4,190 ("Wer gegen die öffentliche Ordnung verstößt, wird bestraft".).

605 Vergl. z.B.:
- BVerfGE 11,234ff. (§ 6 GjS: "Schriften, die Jugendliche offensichtlich schwer gefährden");
- BGHSt 23,40ff. (§ 184 I Nr.1 StGB a.F.: "Unzüchtigkeit einer Schrift");
- BVerfGE 37,201 ff. (§ 392 I 1 AO a.F.: "Begriff der Steuerverkürzung");
- BVerfGE 26,41 ff. (§ 360 Nr.11 StGB a.F.: "in ungebührlicher Weise ruhrstörenden Lärm erregt oder groben Unfug verübt");
- BGH, NJW 52,476 (§ 170 d StGB a.F: "sittliche Wohl eines Kindes");
- BVerfG, JuS 87,314 ff. (§ 240 StGB: "Gewalt").

606 Ohne eigene Position diesbezüglich Dreher-Tröndle, § 1, Rd.5f.; Sch-Sch-Eser, § 1, Rd.17 ff.; Lackner, § 1, Rd.2; LK-Tröndle, § 1, Rd.13 f.; Schmidhäuser, AT, S.32; Stratenwerth, AT, S.44f.; Maurach-Zipf, AT 1, S.105f.

607 So insbesondere auch Kohlmann, Der Begriff des Staatsgeheimnisses, S. 156 ff.; s.auch Krahl, Die Rechtsprechung des BVerfG und des BGH,S. 338 ff.,402; desweiteren Lenckner, JuS 68,304(306ff.); Schroeder, JZ 69,775(776f.); Tiedemann, Tatbestandsfunktionen, S.239ff.; Bruns, JR 79,28(30); Geitmann, BVerfG und offene Normen, S.13 und 68 ff.; Hanack, JZ 70,41f.

608 Löwer, JZ 79,621(625).

Konkretisierung möglich ist oder wo es eine weniger unbestimmte, aber gleichermaßen funktionsfähige Regelungsalternative gibt.
Deshalb ist von dem Gesetzgeber bei der Schaffung von Strafvorschriften grundsätzlich die Verwendung von deskriptiven Merkmalen zu fordern[609]. Es soll nicht auf normative Elemente ausgewichen werden, solange eine deskriptive Formulierung der Tatbestandsmerkmale noch möglich ist. "Wenn jedoch aufgrund der Beschaffenheit des Lebenssachverhalts die Verwendung deskriptiver Begriffselemente nicht zur Realisierung des gesetzgeberischen Ziels zu führen vermag, dann ist der Weg frei zur Verwendung normativer Merkmale"[610]. Erforderlich ist danach nicht ein völliges Verbot normativer Merkmale, sondern allein der Verzicht auf ungenaue abstrakte Tatbestandfassungen dort, wo eine die Einzelfälle umschreibende, ausführliche Regelung zu genaueren Strafgesetzen führt. In Zweifelsfällen besteht daher ein Primat zugunsten der deskriptiven Regelbildung[611].
Zudem muß der strafrechtliche Tatbestand - gerade auch bei Verwendung unbestimmter Rechtsbegriffe - den Wertungsakt des Gesetzgebers klar erkennen lassen, weil es Aufgabe der Gesetzestechnik ist, die Erkenntnis der gesetzlich niedergelegten Werturteile zu erleichtern und den exakten Geltungsbereich dieser Werturteile deutlich werden zu lassen[612].

Folglich ist ein Gesetz dann mit dem Bestimmtheitsgrundsatz des Art. 103 Abs.2 GG nicht zu vereinbaren, wenn der Gesetzgeber normative Merkmale verwendet

---

609 Kohlmann, Der Begriff des Staatsgeheimnisses, S.253 ff.

610 Kohlmann, aaO., S.259;
vergl. auch S. 266 ff.: Der Gesetzgeber hat bei der Abfassung von Strafvorschriften das sog. "Drei-Stufen-Schema" zu beachten, in welchem eine Abschichtung von deskriptiven und zwei Arten von normativen Merkmalen vorzunehmen ist.

611 Kohlmann, Der Begriff des Staatsgeheimnisses, S.256; so nun auch Krahl, Rechtsprechung des BVerfG, S. 300.

612 vergl. Heller, Logik und Axiologie, S.94;
ähnlich Wank, Rechtsfortbildung, S.144.

hat, obwohl eine genauere Bestimmung des strafbaren Verhaltens mittels deskriptiver Merkmale möglich gewesen wäre. Andererseits besteht aber auch die Möglichkeit, daß der Gesetzgeber aufgrund der durch den Tatbestand zu erfassenden komplexen Sachverhalte auf die Verwendung von normativen Merkmalen angewiesen war.

Wendet man diese Grundsätze auf die Tatbestandsmerkmale "gleichartige Geschäfte", "derartige Vorteile" und "nach Art dieser Werbung" des § 6c UWG an, so ergibt sich, daß ein Gebrauch deskriptiver Merkmale für den Initiator eines solchen Systems weder möglich noch nötig war.
Im Wirtschaftsleben sind die Möglichkeiten, ein verbotenes System durch Modifizierungen dem Strafbarkeitsbereich des Gesetzes zu entziehen, derart vielfältig, daß sie in einer deskriptiven Formulierung nicht zu erfassen sind. Dies gilt auch für Fälle der progressiven Kundenwerbung, in denen es den Veranstaltern, wie die Praxis gezeigt hat, immer wieder gelingt, die per Urteil erwirkten zivil- und wettbewerbsrechtlichen Unterlassungsgebote durch leicht abgewandelte Systeme zu umgehen[613]. Die Verwendung von deskriptiven Merkmalen ist nur dort möglich, wo sie die Erfassung all der Fälle garantiert, die der Gesetzgeber durch den von ihm erlassenen Tatbestand erfassen wollte, was aber dann unmöglich ist, wenn noch nicht alle Variationsmöglichkeiten der zu erfassenden Handlung bekannt sind.

In diesem Zusammenhang ist erneut die Intention des Gesetzgebers bei der Einführung der Formel "nach Art dieser Werbung" zu berücksichtigen. Der Gesetzgeber hat die weiten Formulierungen des § 6c UWG bewußt in das Gesetz aufgenommen, um Schutz vor Systemvariationen zu gewähren, die durch eine einfache Veränderung des äußeren Erscheinungsbildes leicht entstehen können[614]. Aber

---

613 Siehe oben S.35ff.

614 Vergl. BT - Drucks. 10/5058,S.39; Schlüchter, S.129, nach der unter Berücksichtigung gerade dieses Anliegens ohne weitere Begründung das Bestimmtheitsgebot nicht als verletzt erscheint.

gerade die Modelle, in denen lediglich die Leistungsrichtung leicht abgeändert, nicht aber die Grundstruktur von progressiven Systemen modifiziert wurde, stellen derartige Umgehungssysteme dar, die von dem Tatbestandsmerkmal "nach Art dieser Werbung" mitumfaßt sind.

Ferner wurde durch die Formulierung des § 6c UWG deutlich gemacht, daß ein "gleichartiges Geschäft" nur ein solches sein kann, in dem das für alle Fälle der progressiven Kundenwerbung erforderliche Progressionselement enthalten ist, denn einzelne Tatbestandsmerkmale sind immer in Zusammenhang mit dem gesamten Gesetzeswortlaut zu verstehen. Für die Formulierung "nach Art dieser Werbung" gilt das Erfordernis des Vorliegens des Progressionselements in gleicher Weise. Wie oben festgestellt[615], erhält der Mitspieler die Vorteile "nach der Art dieser Werbung" immer unmittelbar oder mittelbar aufgrund des Progressionselements, für welches es aber nicht auf den zufälligen Umstand ankommt, ob der geworbene Mitspieler unmittelbar an seinen Werber eine geldwerte Leistung erbringt oder ob der Veranstalter die Leistung erst von den neuen Mitspielern einzieht, um sie dann ganz oder teilweise wieder an die Werber auszuzahlen.

Die in § 6c UWG verwandten Formulierungen dienen demnach lediglich dazu, die in ihrer Vielgestaltigkeit auftretenden Systeme zu erfassen. Der Normadressat kann aufgrund der gesetzlichen Regelung vorhersehen, welche Verhaltensweisen strafbar sind.

Folglich verstoßen die hier untersuchten Formulierungen nicht gegen das Bestimmtheitsgebot[616].

5.) Täterschaft und Teilnahme

---

615 s.o. Kettenelement, S.159ff.

616 So im Ergebnis auch Schlüchter, S.129.

a) Allgemeines

Nach dem Wortlaut der Vorschrift wird bestraft, wer "es selbst oder durch andere unternimmt", Waren, gewerbliche Leistungen oder Rechte durch Systeme progressiver Kundenwerbung zu veräußern. Durch die Formulierung des Tatbestandes als Unternehmensdelikt wurde zum Ausdruck gebracht, daß eine erfolgreiche Anwerbung von Kunden nicht erforderlich ist, sondern daß bereits der Versuch einer solchen Anwerbung von der Norm umfaßt werden soll (§ 11 Abs.1 Nr.6 StGB)[617].
Durch die Gesetzesfassung sollte klargestellt werden, daß in erster Linie der eigentliche Urheber des Werbesystems, also in der Regel der Veranstalter, Täter der progressiven Kundenwerbung ist[618]. Die Täterschaft ist aber nach dem Gesetzeswortlaut nicht von der Eigenschaft des Veranstalters abhängig. Demnach kann grundsätzlich jedermann Täter sein, der sich an der Tathandlung des Veranstalters beteiligt. Insoweit finden die allgemeinen Vorschriften über Täterschaft und Teilnahme (§§ 25-27 StGB) Anwendung[619].

Läßt z.B. der Veranstalter die Einleitung, die Durchführung oder den Ablauf des Systems ganz oder zum Teil "durch andere" besorgen, so können diese Anderen als Mittäter, Anstifter oder Gehilfen strafbar sein.
So wird z.B. der Initiator eines Kettenbriefmodells immer Veranstalter sein. Dasselbe gilt für denjenigen, der bei einem zentralgesteuerten Kettenbrief den weiteren Ablauf der Aktion organisiert und überwacht. Der erfolgreich für weitere Mitglieder eines Kettenbriefmodells Werbende ist regelmäßig als Mittäter zu qualifizieren.
Hilft jemand dem Betreiber eines zentralgesteuerten Kettenbriefes bei der Durchführung des Systems durch die Mitarbeit in der Zentrale, so dürfte dies zumindest als Beihilfehandlung anzusehen sein.

---

617 Vergl. hierzu oben S.136.

618 BT-Drucks. 10/5058, S.39.

619 Fuhrmann in Erbs-Kohlhaas, § 6c, Anm.2.

Auch ein Lieferant der Spielmittel, der weder das nachfolgende Gewinnspiel initiiert noch Einfluß auf dessen Verlauf besitzt, ist allenfalls Gehilfe.

Der Differenzierung zwischen den einzelnen Beteiligungsformen kommt in der Praxis jedoch keine große Bedeutung zu, weil ein Mitspieler regelmäßig entweder Täter oder Opfer sein wird (siehe hierzu unten b).

b) Abgrenzung Täter - Opfer

Nach dem Willen des Gesetzgebers sollen aber die Personen straflos bleiben, die im Einzelfall selbst als Opfer dieser Werbeart anzusehen seien, da man diese allenfalls als notwendige Teilnehmer qualifizieren könne[620].

Von einer "notwendigen Teilnahme" spricht man, wenn die Tatbestandsverwirklichung die Beteiligung mehrerer begrifflich voraussetzt[621]. Bei der hier vorliegenden Fallgruppe der Begegungsdelikte[622] haben die Beteiligten unterschiedliche Rollen, die sich auch in unterschiedlichen Tätigkeitsakten ausdrücken[623]. Der notwendig Beteiligte ist immer straflos, soweit die Strafvorschrift gerade seinen Schutz bezweckt[624]. Einzelfragen sind aber durch Auslegung der einzelnen Tatbestände zu beantworten[625].

---

620 Siehe Beschlußempfehlung des Rechtsausschusses des Deutschen Bundestages, BT - Drucks. 10/5058, S.39; so schon BR - Drucks. 226/78, S.14; vergl. auch BGH, NJW 88,851(853); Baumbach-Hefermehl, § 6c, Rd.13; Gloy-Helm, Handbuch, Nachtrag 1989, S.60.

621 Sch-Sch-Cramer, Vor §§ 25 ff., Rd.49; Wessels, AT, S.175f.; Dreher-Tröndle, Vor § 25, Rd.6; Jescheck, AT, S.631 f.; Lackner, Vor § 25, Rd.12.

622 Zur Unterscheidung zwischen Konvergenz- und Begegnungsdelikten vergl. nur Jescheck, AT, S.631f.; LK-Roxin, Vor § 26, Rd.28; Wolter, JuS 82,343f.

623 Lackner, Vor § 25, Rd.12; LK-Roxin, Vor § 26, Rd.28.

624 Vergl. Jescheck, AT, S.632; LK-Roxin, Vor § 263, Rd.33.

625 LK-Roxin, Vor § 26, Rd.28; Jescheck, AT, S.633.

Ein Modell der progressiven Kundenwerbung setzt schon begrifflich die Beteiligung mehrerer Personen voraus. Das Opfer fällt unter den Schutzbereich des § 6c UWG mit der Folge, daß dieser Personenkreis straflos bleibt.
Opfer in diesem Sinne können nicht Vollkaufleute, sondern nur Nichtkaufleute und Minderkaufleute sein, da allein diese Personengruppen gemäß § 6c S.2 UWG von dem Schutz des Gesetzes umfaßt sind[626]. Das Gesetz geht dabei von den Begriffen aus, die in den §§ 1 - 7 HGB umschrieben werden, d.h. ein Nichtkaufmann ist nur eine Person, die keine Kaufmannseigenschaft besitzt[627]. Durch § 6c S.2 UWG wird der Schutzzweck auf Minderkaufleute ausgedehnt, wobei der Gesetzgeber auch hierbei von der Begriffsbestimmung in § 4 HGB ausging[628]. Im übrigen ist jedoch den Gesetzesmaterialien nicht zu entnehmen, wann ein Teilnehmer an einem Werbesystem als Opfer bzw. als notwendiger Teilnehmer anzusehen ist.

Zu klären ist deshalb die Frage, unter welchen Voraussetzungen bzw. in welchem Stadium des Spiels ein an einem progressiven Kundenwerbunügsmodell Teilnehmender als Opfer betrachtet werden kann.

aa) Erlangung von Vorteilen als Abgrenzungskriterium

Nach der wohl herrschenden Ansicht ist derjenige nicht als Opfer anzusehen, der über die notwendige Teilnahme hinaus von dem System als Nutznießer, wenn auch nur zwischenzeitlich, profitiert hat[629]. Ein Teilnehmer an einem System der progressiven Kundenwerbung, der seinerseits Vorteile aus dem System erlangt, wäre hiernach nicht als strafloses Opfer anzusehen. Hingegen wäre der Mitspieler lediglich Opfer, der trotz erfolgreicher Anwerbung neuer Kunden bzw. Mit-

---

626 So auch Brenner, Kriminalistik 1987, 66(72).

627 Vergl. Fuhrmann in Erbs/Kohlhaas, § 6c, Anm. 1c).

628 Siehe BT-Drucks. 10/5058, S.39.

629 Schlüchter, S.127; Joecks, wistra 86,142(150); Baumbach-Hefermehl, § 6c, Rd.13.

spieler noch keine geldwerten Leistungen aus dem System erlangt hat.

bb) Versuch der Anwerbung als Abgrenzungskriterium

Nach einer anderen Ansicht[630] kommt es nicht auf die erlangten finanziellen Vorteile an. Aufgrund der Rechtsnatur des § 6c UWG als Unternehmensdelikt sei strafbar, wer es unternehme, andere zur Teilnahme zu veranlassen. Der Versuch der Anwerbung führe zur Vollendung des Tatbestandes. Die straflose Opfereigenschaft komme dem Mitspieler nicht zu, der über die notwendige Teilnahme hinaus aktiv tätig geworden sei[631]. Hiernach ist konsequenterweise jeder, der einen Kettenbrief weiterleitet, Täter des Unternehmensdelikts, unabhängig davon, ob ihm aus dem System jemals Gelder zufließen oder nicht.

cc) Systemverständnis als Abgenzungskriterium

Nach einer weiteren Meinung[632] soll Abgrenzungskriterium sein, wann der Betroffene das Werbesystem durchschaut habe bzw. wie nahe der notwendige Täter dem Veranstalter gestanden habe.

dd) Stellungnahme und eigene Lösung

Für eine Strafbarkeit des Teilnehmers nach der ersten Ansicht ist erforderlich, daß der Teilnehmer Vorteile aus dem System erlangt hat und damit als Nutznießer anzusehen ist. Ob aber jemals Vorteile aus dem System erlangt werden, hängt bei einem Kettenbriefmodell von dem füür den Teilnehmer zufälligen Umstand ab, ob die Einzelketten abreißen oder nicht. Als Folge dieses Umstandes kann auch die konkrete Strafbarkeit des Betroffenen nicht einheitlich beurteilt werden. Wirbt z.B. der Teilnehmer an einem Kettenbriefmodell erfolgreich neue

---

630 Richter, wistra 87,276(278); s.auch OLG Stuttgart, wistra 90,165(166).

631 OLG Stuttgart, wistra 90,165(166).

632 So Brenner, Kriminalistik 1987,66(72).

Mitspieler an, so hängt seine Strafbarkeit von dem Umstand ab, ob er irgendwann einmal Geldzahlungen erhält. Demnach wechselt die Rechtsqualität des Mitspielers von seiner Stellung als strafloses Opfer hin zum strafbaren Nutznießer in dem Zeitpunkt, in dem er Leistungen von später eingestiegenen Mitspielern erhält. Ob und wann diese Strafbarkeitsvoraussetzung eintritt, ist aber zu keinem Zeitpunkt vorhersehbar, so daß die Strafbarkeit u.U. von dem Zeitpunkt der strafrechtlichen Beurteilung durch die Staatsanwaltschaft bzw. durch das Gericht abhängt. Wegen dieser Unsicherheiten bei der Beurteilung der Strafbarkeit ist diese Ansicht abzulehnen[633].

Dieses Problem vermeidet die zweite Ansicht, indem sie nicht auf den Geldrückfluß, sondern auf den bloßen Versuch zur Anwerbung neuer Mitspieler abstellt. Hierfür spricht sicherlich die Rechtsnatur des § 6c UWG als Unternehmensdelikt. Jedoch bleibt danach der Wille des Gesetzgebers bezüglich der Straflosigkeit der Opfer derartiger Systeme unberücksichtigt, weil es so de facto keine Opfer geben würde. Wer üals Mitspieler in ein System der progressiven Kundenwerbung einsteigt, versucht auch, neue Kunden bzw. Mitspieler zu werben und ist deshalb unabhängig von dem Erfolg seiner Werbungsversuche Täter eines Unternehmensdelikts. Damit reduziert sich der Kreis der straflosen Opfer auf solche Kettenbriefteilnehmer, die selbst noch nicht den Versuch unternommen haben, Briefe weiterzuleiten[634]. Die Anzahl derartiger Mitspieler wird aber gering sein, denn niemand steigt in ein System ein und investiert Geld, wenn er sich nicht selbst durch den Versuch der Anwerbung neuer Mitspieler einen Teil seines Einsatzes wiederholen bzw. sich die Möglichkeit der Gewinnchance eröffnen will.

---

633 Ein ähnliches Problem tritt bei der Beurteilung des Gewahrsamsbruchs innerhalb des § 242 StGB bei einem Bewußtlosen auf, der ohne Wiedererlangung des Bewußtseins stirbt. Auch hier bejaht die herrschende Meinung (vergl. BGH, NJW 85,1911; Schröder, JR 61,189; Sch-Sch-Eser, § 242, Rd.30) den Gewahrsam des Bewußtlosen bis zum Eintritt des Todes, um die Strafbarkeit nicht von dem Zeitpunkt der Beurteilung abhängig zu machen bzw. eine ex post - Feststellung vornehmen zu müssen;
a.A.: BayObLG, JR 61,188; Seelmann/Pfohl, JuS 87,199(202).

634 Dies erkennt auch Richter, wistra 87,276(278).

Demnach gibt es nach der zweiten Ansicht so gut wie keine Opfer, da jeder Mitspieler Täter eines Unternehmensdelikt ist. Es ist auch nicht einzusehen, weshalb derjenige Mitspieler, der vergeblich versucht, neue Mitspieler zu finden, kein Opfer des Systems sein soll. Aus diesen Gründen ist auch die zweite Ansicht abzulehnen.

Gegen die dritte Ansicht sprechen schon Praktikabilitätserwägungen, denn ob und wann ein Spielsystem durchschaut wurde, ist im nachhinein wohl nur schwer feststellbar, so daß notwendigerweise Beweisschwierigkeiten auftreten müssen. Im übrigen wird aber derjenige, der das System voll durchschaut hat und seine Gewinnchancen richtig einschätzt, schon nicht in das System einsteigen. Folglich ist dieses Abgrenzungskriterium willkürlich und demnach untauglich. Denselben Bedenken begegnet das Abgrenzungskriterium "Nähe zum Veranstalter".

Nach Ansicht des Verfassers kann derjenige nicht mehr als Opfer angesehen werden, der erfolgreich neue Mitspieler angeworben hat, denn dadurch eröffnet sich der Mitspieler die Gewinnaussicht und profitiert zumindestens mittelbar von dem System. Hat der Werbungsversuch hingegen keinen Erfolg, so eröffnet sich keine Gewinnchance, so daß der Spieler nicht Nutznießer, sondern Opfer des Systems ist. Ferner ist ein solcher Mitspieler aktiv an der Verbreitung des Systems beteiligt.

Der Zeitpunkt des Übergangs von der Opferqualität zur strafbaren Täterschaft liegt demnach zwischen dem bloßen Versuch der Anwerbung (2.Ansicht) und dem Einsetzen des Geldrückflusses (1.Ansicht). Nach der hier vertretenen Meinung erfaßt der Strafbarkeitsbereich des § 6c UWG jedenfalls denjenigen, der den Absatz fördert und durch die eröffnete Gewinnchance von dem System zumindest mittelbar profitiert.

Dieses Ergebnis entspricht auch den Grundsätzen über die notwendige Teilnahme. Die Straflosigkeit eines notwendigen Teilnehmers resultiert aus dem Ge-

danken, daß kein dem Teilnehmer gegenüber geschütztes Rechtsgut angegriffen wird[635]. Dieser Gedanke ist auf den Mitspieler der hier untersuchten Systeme übertragbar, denn solange der Mitspieler keinen neuen Mitspieler angeworben hat, werden noch nicht die durch § 6c UWG geschützten Rechtsgüter gefährdet, so daß insoweit auch kein Strafbedürfnis besteht. Insoweit ist demnach auch die Besonderheit des Progressionselementes von progressiven Kundenwerbungsmodellen in die Bewertung miteinzubeziehen.
Problematisch erscheint diese Ansicht aber wegen der Ausgestaltung des § 6c UWG als Unternehmensdelikt, wonach für eine Strafbarkeit der bloße Versuch der Anwerbung genügen würde. Jedoch ist der ausdrückliche Wille des Gesetzgebers hinsichtlich der Straflosigkeit der Opfer zu beachten, welcher bei einer anderen Auslegung ausgehöhlt und deshalb leerlaufen würde. Der Wille des Gesetzgebers, das Opfer straflos zu lassen, läßt sich mit der Rechtsnatur des § 6c UWG als reines Unternehmensdelikt nicht vereinbaren. Aus diesem Grund ist das Tatbestandsmerkmal "wer es unternimmt" restriktiv dahingehend auszulegen, daß der bloße Versuch der Anwerbung zwar für die Strafbarkeit des Veranstalters, nicht aber unbedingt für die jedes Mitspielers genügt. Bei Mitspielern muß die Tathandlung jedenfalls teilweise Erfolg haben, d.h. zur erfolgreichen Anwerbung eines Mitspielers geführt haben, um ihn nicht als strafloses Opfer zu qualifizieren[636]. Eine derartige Handhabung wirkt strafbarkeitseinschränkend und ist deshalb zulässig.

Demgemäß ist derjenige nicht mehr als Opfer anzusehen, der erfolgreich andere Mitspieler angeworben hat.

6.) Innerer Tatbestand

---

635 Vergl. LK-Roxin, Vor § 26, Rd.33.

636 Auch bei anderen Unternehmensdelikten muß bereits ein Teilakt des Tatbestandes zur Tatbestandserfüllumg vorliegen, wie z.B. das Besteigen des Pkw durch den Täter bei § 316 a StGB (vergl. Sch-Sch-Cramer, § 316 a, Rd.8).

a) Allgemeines

Nach § 6c UWG ist nur ein vorsätzliches Handeln strafbar. Fahrlässigkeit reicht gemäß § 15 StGB nicht. Der Täter muß alle Merkmale des äußeren Tatbestandes kennen und sie wissentlich verwirklichen wollen. Auch bedingter Vorsatz genügt, d.h. ein vorsätzliches Handeln liegt auch dann vor, wenn der Täter nur mit der Möglichkeit der Tatbestandsverwirklichung rechnet, die Verletzung aber gleichwohl in Kauf nimmt[637].

b) Irrtümer des Veranstalter bzw. des Mitspielers

Beim Vorliegen eines Irrtums finden die allgemeinen strafrechtlichen Grundsätze nach den §§ 16, 17 StGB Anwendung. Im folgenden soll nur auf zwei häufig bei den Spielern derartiger Systeme vorliegende Fehlvorstellungen eingegangen werden.

aa) Irrtum bezüglich der Legalität der Systeme

Bei Durchsicht der zur Anfertigung dieser Arbeit beigezogenen Justizakten fiel auf, daß fast ausnahmslos von den Tätern behauptet wurde, sie seien von der Legalität ihrer Systeme ausgegangen[638].
Möglicherweise fehlte den Tätern bei der Begehung der Tat gemäß § 17 StGB das Unrechtsbewußtsein. Ein derartiger Verbotsirrtum läßt aber nur insoweit die Schuld entfallen, als dieser Irrtum unvermeidbar war.

Glaubt der Täter aufgrund einer Gerichtsentscheidung an die Legalität seines Systems, so stellt sich die Frage, inwieweit er auf die Rechtsprechung vertrauen durfte.

---

637 So auch Fuhrmann in Erbs-Kohlhaas, § 6c, Anm.4.

638 Vergl. z.B. Urteil des AG Ludwigsburg v. 21.10.1988 - 1 Ls 753/88 - S.13 (nicht rechtskräftig).

Zwar machen schon Kontroversen in der Rechtsprechung den Irrtum nicht unvermeidbar[639], dies setzt aber jedenfalls die Kenntnis der kontroversen Rechtsprechung voraus, woran es regelmäßig fehlen wird.
Jedoch ist immer eine Überprüfung zumutbar, ob eine höchstrichterliche Entscheidung in dem konkreten Fall einschlägig ist[640]. In der BGH - Entscheidung wird ausdrücklich nur auf §§ 284 ff. StGB abgestellt, § 6c UWG wird mangels eines Handelns im geschäftlichen Verkehr für unanwendbar erklärt[641]. Deshalb muß auch ein juristischer Laie erkennen, daß die Ausführungen des BGH zu § 6c UWG in dem Beschluß vom 29.09.1986 für eine geschäftsmäßig betriebene Aktion unter Mithilfe einer Zentrale keine Bedeutung haben, mithin eine Anwendung des § 6c UWG nicht grundsätzlich ausgeschlossen ist[642]. Diese Überprüfung ist den Mitspielern auch zuzumuten, so daß der bei ihnen möglicherweise vorliegende Irrtum vermeidbar wäre.

Regelmäßig genügt der Täter der ihm obliegenden Erkundigungspflicht, wenn er die Auskunft eines Rechtsanwaltes einholt, den er ohne Verschulden als kompetent ansehen konnte[643]. Eine derartige Auskunft ist aber dann nicht verläßlich, wenn sie lediglich zu dem Zweck eingeholt wurde, sich trotz berechtigter Zweifel die Legalität des Systems versichern zu lassen[644].
Weiterhin ist zu beachten, daß die Rechtsanwaltsauskunft die eigene Gewissensanspannung nicht ersetzen kann, sondern nur für reine Rechtsfragen gilt[645].
Dort, wo die Rechtsordnung unmittelbar auf eine ethische Wertung zurückgreift,

---

639 Vergl. LK-Schroeder, § 17, Rd.39 m.w.N.

640 BayObLG, NJW 80,1057(1058); SK-Rudolphi, § 17, Rd.35 ff.

641 BGHSt 34,171(179).

642 Vergl so auch Urteil des AG Ludwigsburg, v. 21.10.1988 - 1 Ls 753/88 - S.14 (nicht rechtskräftig).

643 BGHSt 5,111(118); BayObLG, NJW 65,163(164); Rudolphi, Unrechtsbewußtsein, S.245; Sch-Sch-Cramer, § 17, Rd.18.

644 Vergl. hierzu KG, JR 77,379(380).

645 So BayObLG, NJW 65,163(164).

muß auch ein Nichtjurist die Verwerflichkeit seines Tuns erkennen. Jeder Veranstalter eines progressiven Kundenwerbungsmodells kann erkennen, daß sein System einseitig die Initiatoren des Systems begünstigt, so daß eine Rechtsanwaltsauskunft den Verbotsirrtum i.d.R. nicht unvermeidbar macht[646].

Auch die Auskunft von einer fachkundigen Behörde, wie z.B. der Staatsanwaltschaft, macht den Irrtum nicht regelmäßig zu einem unvermeidbaren Irrtum[647], denn zum einen ersetzt die Auskunft der Staatsanwaltschaft nicht die umfassendere Rechtsberatung durch einen Rechtsanwalt. Zum anderen besteht die Gefahr, daß der Sachverhalt nur unzureichend dargestellt wird, um eine positive Stellungnahme zu erreichen. Aus diesem Grund wird die Staatsanwaltschaft in diesen Fällen regelmäßig keine rechtsverbindliche Stellungnahme abgeben.

bb) Irrtum über Werbequalität des versprochenen Vorteils

Weiterhin ist der Fall denkbar, daß der Veranstalter geltend macht, er habe den avisierten Vorteil für völlig belanglos gehalten. Der versprochene Vorteil sei so geringfügig gewesen, daß er nach Meinung des Täters nicht geeignet gewesen sei, den aleatorischen Lockeffekt auszulösen.

In diesen Fällen könnte ein Tatbestandsirrtum in Betracht kommen. Bei einer derartigen Einlassung müssen aber strenge Anforderungen an deren Glaubwürdigkeit gestellt werden, denn Veranstalter von progressiver Kundenwerbung sind in der Regel clevere, rechtlich beratene Geschäftsleute, die bewußt bis an die Grenze des Zulässigen gehen und diese Grenze bisweilen auch überschreiten[648]. Derartige Einlassungen werden sich in der Praxis häufig als unwahre Schutzbe-

---

646 so auch AG Ludwigsburg v. 21.10.1988 - 1 Ls 753/88 - S.14.

647 so aber BayObLG, NJW 80,1057(1058); AG Ludwigsburg, Urteil v. 21.10.1988 - 1 Ls 753/88 - S.14 (nicht rechtskräftig).

648 So Fuhrmann in Erbs-Kohlhaas, § 6c, Anm.4.

hauptungen erweisen[649].

Eine großzügige Handhabung der Strafverfolgungsbehörden und der Gerichte bei der Anwendung des § 6c UWG verbietet sich, soll der Schutzzweck des § 6c UWG erreicht werden[650].

V. Konkurrenzen

Der Gesetzgeber ging bei Einführung des § 6c UWG von der Vorstellung der Lückenschließung aus. Jedoch ist - wie gesehen - im Einzelfall auch das Vorliegen der §§ 263, 284ff. StGB, 4 UWG möglich, so daß deren Verhältnis zu § 6c UWG geklärt werden muß.

Vereinzelt wird vertreten, daß § 6c UWG gegenüber § 263 StGB als Vermögensdelikt zurücktreten soll[651].

Jedoch beschränkt sich, wie oben gesehen, das von § 6c UWG geschützte Rechtsgut nicht allein auf Vermögensrechte[652]. Folglich liegt keine Form der Gesetzeskonkurrenz vor; zwischen beiden Delikten ist Tateinheit möglich[653].

Gleiches gilt für das Verhältnis zu den §§ 284 ff. StGB.

Im Verhältnis zu § 4 UWG ist zu beachten, daß § 6c UWG eine besonders gefährliche Erscheinungsform des unlauteren Wettbewerbs pönalisiert, was sich auch in der höheren Strafandrohung ausdrückt. Aus diesem Grunde ist § 6c UWG als eine den § 4 UWG verdrängende Spezialvorschrift anzusehen[654].

VI. Strafverfolgung und Rechtsfolgen

---

649 Vergl. BGH bei Holtz, MDR 78, 108.

650 Vergl. Fuhrmann in Erbs/Kohlhaas, § 6c, Anm.4 a.E.

651 So Schlüchter, S.129.

652 Siehe oben S.136ff.

653 So im Ergebnis auch Fuhrmann in Erbs-Kohlhaas, § 6c, Anm.6.

654 So Fuhrmann in Erbs-Kohlhaas, § 6c, Anm.6.

Wegen seiner besonderen Gefährlichkeit ist § 6c UWG gemäß § 22 Abs.1 S.1 UWG ebenso wie § 4 UWG kein Antragsdelikt, sondern wird von Amts wegen verfolgt, soweit ein öffentliches Interesse an der Strafverfolgung bejaht wird (vergl. § 376 StPO).

Nach § 260 S.2 Nr.2 RiStBV[655] soll die Staatsanwaltschaft bei nicht nur geringfügigen Rechtsverletzungen in der Regel das öffentliche Interesse an der Strafverfolgung bejahen, insbesondere aber dann, wenn insgesamt ein hoher Schaden droht, die Teilnehmer einen nicht unerheblichen Beitrag zu leisten haben oder besonders schutzwürdig sind. Eine Verweisung auf den Privatklageweg soll nur erfolgen, wenn der Verstoß leichter Art ist und er die Interessen eines eng umgrenzten Personenkreises berührt[656].

Bejaht die Staatsanwaltschaft ein öffentliches Interesse an der Strafverfolgung und erhebt Anklage, so kann sich der Privatklageberechtigte in jeder Lage des Verfahrens gemäß § 395 Abs.2 Nr.3 StPO demselben anschließen.

Zur Strafverfolgung im Wege der Privatklage (vergl. § 374 Abs.1 Nr.7 StPO) sind neben den Verletzten auch bestimmte Gewerbetreibende (§ 13 Abs.2 Nr.1 UWG), Verbände (§ 13 Abs.2 Nr.2 UWG) sowie die Industrie-, Handels- und Handwerkskammern (§ 13 Abs.2 Nr.4 UWG) berechtigt.

Neben der Verhängung einer Geld- oder Freiheitsstrafe kommt als wirtschaftlich wichtige Rechtsfolge auch die Anordnung eines Verfalls (§ 73 StGB) oder einer Einziehung (§ 74 StGB) in Betracht. So kann z.B. der Reingewinn, den ein Veranstalter eines zentral gesteuerten Kettenbriefsystems erzielt, für verfallen er-

655 Richtlinien für das Strafverfahren und das Bußgeldverfahren (RiStBV) vom 1.Jan. 1977 in der Fassung vom 1.Mai 1991 (Änderung vom 18.4.91; BAnz. Nr.81).

656 Vergl. auch Fuhrmann in Erbs-Kohlhaas, § 6c, Anm.7; § 4, Anm. VII,1.

klärt werden[657].

Letztlich ist anzumerken, daß Strafverfahren wegen progressiver Kundenwerbung gemäß § 74 c Abs.1 S.1 GVG zu dem Zuständigkeitsbereich der Wirtschaftsstrafkammern gehören, wenn sie beim Landgericht anhängig sind[658].

4. Kapitel: Zusammenfassung, Schlußbetrachtung und Ergebnis

Ziel dieser Arbeit war es, die einzelnen Formen von strafwürdiger und strafbedürftiger progressiver Kundenwerbung herauszuarbeiten.
Sodann sollte untersucht werden, ob all diese Formen von der bestehenden Gesetzeslage erfaßt werden oder eine Strafbarkeitslücken besteht, die Überlegungen de lege ferenda erfordern.

I. Zusammenfassung

Weder als sozialschädlich noch als strafwürdig sind lediglich diejenigen Modelle der progressiven Kundenwerbung anzusehen, bei denen entweder schon systembedingt keine Marktverengung eintreten kann oder bei denen der vom Mitspieler aufzuwendende Geldbetrag unerheblich ist.
Ein Strafbedürfnis besteht bei der klassischen Form der progressiven Kundenwerbung sowie bei Kettenbriefen mit zentraler Steuerung. Die sogenannten Selbstläufersysteme hingegen sind nicht als strafbedürftig anzusehen.

Als Resultat der Überprüfung der unterschiedlichen Modelle an dem Maßstab der §§ 284 ff. StGB ist festzuhalten, daß bei allen Formen von progressiver Kundenwerbung ein durch Zufall bestimmtes Spiel vorliegt.
In den von den Spielern für die Beteiligung am Spiel geleisteten Einstandszah-

---

657 Vergl. OLG Stuttgart, wistra 90,165(166).

658 Dies gilt auch für Berufungsverfahren (vergl. OLG Stuttgart, MDR 82,252f.).

lungen bzw. überhöhten Kaufpreiszahlungen sind auch "Einsätze" zu sehen, welche für die Bejahung eines Glücksspiels unabdingbare Voraussetzung sind. Insoweit sind die Ausführungen des Bundesgerichtshofs in seiner maßgeblichen Goldkreis-Entscheidung unzutreffend.
Bei einem geringeren Einsatz als 10,- DM liegt lediglich ein Unterhaltungsspiel vor, das mangels Glücksspieleigenschaft straflos ist.
Bei allen bekannten Spielvarianten liegt auch ein öffentlich veranstaltetes Spiel vor. Eine Ausnahme besteht lediglich bei der Anwerbung der Mitspieler auf geschlossenen Werbeveranstaltungen, deren praktische Relevanz aber aus verständlichen Gründen gering ist.
Bei den Formen der progressiven Kundenwerbung liegen häufig die Tatmodalitäten Veranstalten" und "Halten" i.S.d. § 284 StGB vor.
Demnach ist die Bestrafung des Veranstalters eines progressiven Kundenwerbungsmodells nach § 284 StGB möglich.
Die Tatmodalität "Bereitstellen von Einrichtungen" i.S.d. § 284 StGB liegt allerdings regelmäßig nicht vor, weil es wohl immer an einer Spieleinrichtung fehlt.
Eine Bestrafung nach § 286 Abs. 1 und 2 StGB ist ausgeschlossen, da in allen hier untersuchten Fällen ein Spielplan besteht.

Als Ergebnis der Untersuchung der Kundenwerbungsmodelle vor dem Hintergrund des Betrugstatbestandes (§ 263 StGB) ist zu konstatieren, daß es bei der klassischen Form der progressiven Kundenwerbung regelmäßig an einem Schaden im Sinne des Betrugstatbestandes fehlt, weil in der von dem Initiator eines derartigen Systems gewährten Ware ein die Vermögenseinbuße voll kompensierendes Äquivalent zu sehen ist.
Bei Kettenbriefmodellen, die in der Form von Selbstläufersystemen durchgeführt werden, scheitert eine Strafbarkeit nach § 263 StGB an der fehlenden Stoffgleichheit zwischen dem erstrebten Vermögensvorteil und dem Schaden des Opfers in den Fällen, in denen der Neueinsteiger lediglich eine Zahlung an die jeweilige Nr. 1 der Liste zu leisten hat, nicht aber auch an seinen unmittelbaren Werber.
Jedoch ist bei zentralgesteuerten Kettenbriefmodellen eine Betrugsstrafbarkeit

regelmäßig gegeben. Hierbei ist festzuhalten, daß der Mitspieler dann einem Irrtum unterliegt, wenn er trotz bestehender Zweifel an der Richtigkeit der Werbeangaben an dem Spiel teilnimmt. Die von dem Veranstalter gewährte Gewinnaussicht ist nicht als Vermögensbestandteil anzusehen, so daß die bloße Gewinnaussicht als wirtschaftliche Kompensation zu der durch die Zahlung des Spielers eingetretenen Vermögenseinübuße ausscheidet.

Bei der Überprüfung der hier untersuchten Systeme an dem Maßstab des § 4 UWG wurde festgestellt, daß bei Kettenbriefen, die in Form von Selbstläufersystemen veranstaltet werden, lediglich rein private Rechtsbeziehungen bestehen und deshalb keine Angaben über geschäftliche Verhältnisse im Sinne des § 4 UWG gemacht werden.
Bezüglich der klassischen Form der progressiven Kundenwerbung sowie bei zentralgesteuerten Kettenbriefen ist der Strafbarkeitsrahmen des § 4 UWG hingegen eröffnet. Jedoch muß der Täter für die Erfüllung dieses Tatbestandes wissentlich sowie in der Absicht gehandelt haben, den Anschein eines besonders günstigen Angebots hervorzurufen. Der Nachweis dieser subjektiven Tatbestandsmerkmale wird in der Praxis jedoch häufig nicht gelingen.
Letztlich wird § 4 UWG von der Spezialvorschrift des § 6c UWG auf der Konkurrenzebene verdrängt, so daß dem Tatbestand der strafbaren Werbung bei der Verfolgung der in der vorliegenden Arbeit untersuchten Modelle nur eine untergeordnete Rolle zukommt.

Als Ergebnis der Untersuchung zu § 6 c UWG bleibt festzuhalten, daß bei den hier untersuchten Systemen regelmäßig ein "Handeln im geschäftlichen Verkehr" vorliegen wird. Dies gilt allerdings nicht für Kettenbriefe, die in Form von Selbstläufersystemen veranstaltet werden, denn bei diesen Modellen liegen lediglich rein private Rechtsbeziehungen vor. Die rechtliche Würdigung stimmt insoweit mit der bei dem Tatbestandsmerkmal der "geschäftlichen Verhältnisse" (§ 4 UWG) vorgenommenen überein.

Überwiegend werden bei allen Kundenwerbungsmodellen auch "Waren, gewerbliche Leistungen oder Rechte" abgenommen. Neben den herkömmlichen Waren zählen hierzu insbesondere das Adressenmaterial, die Überlassung der Teilnahmebedingungen, die Überwachung des Spielablaufs sowie die Gewährung von Mitgliedschafts- und Beteiligungsrechten. Eine Ausnahme stellt aber die Gewinnchance dar, die nicht als Recht i.S.d. § 6c UWG qualifiziert werden kann. Bezüglich der Untersuchung des Kettenelementes muß hinsichtlich der Frage, von wem die Vorteile gewährt werden müssen, folgendes Ergebnis konstatiert werden. Nach der hier vertretenen Auffassung ist nicht erforderlich, daß die Vorteile unmittelbar von dem Veranstalter des Systems stammen müssen. Ebensowenig kann der Vorteil in der Gewährung der Gewinnchance gesehen werden. Vielmehr ist für die Erfüllung des Tatbestandes des § 6c UWG auch jede Vorteilsgewährung durch einen Dritten ausreichend.
Weiterhin ist nach dem insoweit eindeutigen Gesetzgeberwillen § 6c UWG auf die Opfer von progressiven Kundenwerbungsmodellen nicht anwendbar. Ein Mitspieler ist dann lediglich als strafloses Opfer anzusehen, wenn seine auf die Anwerbung neuer Mitspieler gerichteten Anwerbungsversuche erfolglos waren.
Der bei derartigen Kundenwerbungsmodellen häufig vorliegende Verbotsirrtum des Veranstalters ist regelmäßig vermeidbar.

II. Schlußbetrachtung und Ergebnis

Die Werbung ist eine lebendige und variantenreiche Erscheinung im Wettbewerb, und sie trägt durch immer neue Wege und Ideen dazu bei, daß sich die in der Bundesrepublik Deutschland geltende Wirtschaftsordnung national und international bewährt. Damit dies auch in der Zukunft so bleibt, ist es erforderlich, daß mit Hilfe einer zeitgerechten Normanwendung den von unlauteren Wettbewerbshandlungen ausgehenden Gefahren begegnet wird. Diese Aufgabe kommt für den Bereich der progressiven Kundenwerbung neben den §§ 284 ff., 263 StGB, 4 UWG hauptsächlich dem zu diesem Zweck in das Gesetz eingefügte § 6 c UWG zu.

Als Ergebnis der Betrachtung der einzelnen Normen wurde festgestellt, daß die Kettenbriefe, die in Form von Selbstläufersystemen veranstaltet werden, unter keinen Tatbestand subsumiert werden können. Die Untersuchungen zur Strafbedürftigkeit der verschiedenen Formen von progressiver Kundenwerbung haben auch ergeben, daß diese Selbstläufersysteme nicht strafbedürftig sind. Demnach ist die Forderung nach einer dem § 6 c UWG entsprechenden Strafvorschrift, falls in diesen Selbstläufersystemen strafwürdiges Unrecht zu erblicken sei[659], zu negieren. Überlegungen de lege ferenda erübrigen sich insoweit.

Diese Untersuchung hat weiterhin ergeben, daß sowohl klassische Formen der progressiven Kundenwerbung als auch zentralgesteuerte Kettenbriefe den Grad der Strafbedürftigkeit erreichen. Bei sachgerechter Auslegung und Anwendung der entsprechenden Tatbestände werden diese Kundenwerbungsmodelle aber ganz oder teilweise von den geltenden strafrechtlichen Normen des StGB sowie des UWG erfaßt. So ist eine Anwendung des § 263 StGB allerdings nur bei zentralgesteuerten Kettenbriefen möglich. Eine Strafbarkeit nach § 284 StGB ist in Einzelfällen möglich. Der objektive Tatbestand des § 4 UWG ist häufig erfüllt, jedoch erschweren die hohen Anforderungen auf der subjektiven Tatbestandsseite eine praxisgerechte Normanwendung.

§ 6c UWG kommt somit bei der strafrechtlichen Beurteilung von Modellen der progressiven Kundenwerbung eine zentrale Rolle zu.
Die von großen Teilen der Rechtssprechung und Literatur vorgenommene einschränkende Auslegung des § 6c UWG führt im Ergebnis zu einer Ausklammerung von vielen Formen der progressiven Kundenwerbung. Eine hieraus abgeleitete Schlußfolgerung müßte zu dem nur schwer verständlichen Ergebnis führen, daß die bestehende Gesetzeslage den Anforderungen an die Strafbedürftigkeit

659 Vergl. zu dieser Anregung nur BGHSt 34,171(179) und Granderath, wistra 88,173(177).

nicht genügt und deshalb vom Gesetzgeber eine Novellierung des erst im Jahre 1986 in das Gesetz eingefügten Tatbestandes des § 6c UWG zu fordern wäre. Diese Untersuchung hat jedoch gezeigt, daß durch eine extensive Auslegung der Tatbestandsmerkmale des § 6 c UWG die strafrechtliche Erfassung jeder Form von strafwürdiger progressiver Kundenwerbung gewährleistet werden kann. Die als Ergebnis dieser Arbeit festgestellte Möglichkeit der Bestrafung der Täter ist für einen umfassenden Vermögensschutz, für die Sauberkeit des Wettbewerbs sowie aus generalpräventiven Gründen unabdingbar. Die Wirkungen dieser Strafbarkeit können beim Vorliegen minder schwerer Fälle durch eine Anwendung der §§ 153 ff. StPO abgemildert werden.

Aufgrund der vorliegenden Untersuchung ist zu konstatieren, daß der vom Gesetzgeber mit der Einfügung des § 6c in das UWG angestrebte Zweck, jede Form von strafwürdigem Verhalten zu erfassen, jedenfalls nach rechtlichen Gesichtspunkten erreicht worden ist. Ein weiteres Handeln des Gesetzgebers ist also nicht erforderlich, so daß sich Überlegungen de lege ferenda insgesamt erübrigen.

Es bleibt zu hoffen, daß die Ergebnisse der vorliegenden Untersuchung Eingang in die Rechtanwenderpraxis finden, um eine sachgerechte strafrechtliche Erfassung aller Fälle der progressiven Kundenwerbung zukünftig zu gewährleisten.

Anlage 1

PROJEKT SELBSTHILFE

DAS IST EINE SENSATIONELLE NACHRICHT UND VIELLEICHT DIE EINZIG WIRKLICH ECHTE CHANCE IHRES LEBENS

Spielen Sie mit in unserem "SELBSTHILFE-GEMEINSCHAFTS-KREIS"

Machen Sie Schluß mit Ihren Geldsorgen und schaffen Sie sich auf legalem und schnellem Weg ein Versorgungskapital von ca. DM 311.000,-- und mehr in nur 4-6 Wochen.

Gefällt Ihnen Ihr Kontostand? Oder könnten Sie bis zu DM 311.000,-- und mehr Guthaben bzw. Geschäfts- und Arbeitskapital vertragen?
Das ist kein Trick und auch kein Witz - und Sie träumen auch nicht. Sie haben richtig gelesen: In nur 4-6 Wochen ist ein Kapital von sage und schreibe DM 311.000,-- und mehr zu realisieren. Für jeden Mitbeteiligten an unserem Selbsthilfe-Gemeinschafts-Kreis mit einem Minimum an Arbeitsaufwand und Investition nachvollziehbar.

In etwas mehr als einem Monat sehen Sie das Ergebnis auf Ihrem Konto.

Ab jetzt brauchen Sie nicht mehr vom finanziellen Erfolg zu träumen, sondern er wird zur Wirklichkeit.

Wenn Sie sich entschließen, nur	DM 40,--	als Umlaufgebühr
sowie	ca. DM 28,--	Kosten für 100 mal kopieren des vorliegenden Konzepts (je Seite 7 Pfg. mal 4 Seiten = 28 Pfg.)
und für den Postversand	DM 50,--	für 100 Drucksachen je 50 Pfg.
zusammen also ca.	DM 118,--	kurzfristig zu investieren,

wird Ihnen die Teilnahme ganz ohne weiteres Risiko die genannte Summe von bis zu DM 311.000,-- und mehr in nur ca. 4-6 Wochen einbringen. Viele haben weltweit schon von diesem System profitiert - und vorher auch gezweifelt. Sie sollten nur nicht zu lange warten. Jetzt zum Start sind die Chancen unbedingt größer. Nur die letzten werden mit geringeren Erträgen zu rechnen haben.
Dieses System ist kein Glücksspiel, sondern ein perfekt konzipiertes Gewinnspiel, das seinen Ursprung in den USA hat, und dort bereits seit Jahren immer und immer wieder mit großem Erfolg praktiziert wird. Hier hängt der Erfolg nicht vom Glück ab, wie z.B. bei Toto oder Lotto, sondern er basiert auf einem logisch-arithmetischen Erfolgskonzept.

Entscheiden Sie sich erst dann, ob Sie einsteigen odernicht, wenn Sie alles mehrfach gelesen und verstanden haben. Je länger Sie nachdenken, desto logischer wird das System.

Zur Rechtslage: Sie denken im ersten Moment an Kettenbriefe, welche mittlerweile lt. BGH Karlsruhe nicht verboten sind. Aber dieses Konzept ist eben kein Kettenbrief im üblichen Sinn, sondern ein echter Selbsthilfe-Gemeinschafts-Kreis mit speziellen und guten Zielen.

Die bisherigen Teilnehmer, die Absender und Sie sind die Begünstigten - auch wenn Sie bisher von Kredithaien ausgezogen, vom Finanzamt geschröpft oder von Banken und Bauherrenmodellplanern zur Kasse gebeten wurden. Vielleicht ist Ihre derzeitige finanzielle Situation so angespannt. Jetzt können Sie mal Kasse machen und zwar ganz schnell.

Legen Sie den Brief noch nicht zur Seite, sondern lesen Sie weiter und überdenken Sie logisch Punkt für Punkt - alles was jetzt folgt.

Ziele des Selbsthilfe-Gemeinschafts-Kreises

+ Menschen die in Not geraten sind, finanziell wieder auf die Beine zu helfen

+ Kreditnehmern die Last zu nehmen, damit sie wieder besser schlafen konnen

+ mittleren und kleinen Geschäfts- und Handwerksbetrieben notwendige Investitioner möglich zu machen

+ vor allem diesmal nicht anderen, sondern sich selbst zu helfen!

Das Konzepts ist relativ einfach. Wie es funktioniert, ersehen Sie aus folgenden

SPIELREGELN

1. Schreiben Sie auf ein halbes DIN-A4 Blatt die Adressen von Seite 4 neu und und rücken Sie alle Positionen einen Platz vor.
Also, die Adresse auf Pos. 1 scheidet aus und wird ab jetzt nicht mehr geführt. Die Adresse von Pos. 2 rückt jetzt auf Pos.1 vor, die 3. Adresse auf Pos. 2, die 4. Adresse auf Pos. 3, die 5. Adresse auf Pos. 4 und ihre eigene Adresse als neues Mitglied setzen Sie auf Pos. 5.
(Am besten gut leserlich mit der Schreibmaschine schreiben und am oberen Rand beginnen, damit genug Platz für das Aufkleben der Einzahlungs-Quittungen bleibt

2. Überweisen Sie gleich heute - es darf keine Verzögerung geben, sonst harkt es.

a) DM 40,-- als Umlaufgebühr auf das Konto der Adresse, die jetzt auf Pos. 1 steht (und vorher auf Pos. 2 stand), natürlich nur gültig mit Post- oder Bankstempel. Wenn kein Konto angegeben ist, bitte mit Postanweisung zahlen. Verwendungszweck angeben: "Projekt Selbsthilfe"

b) Kaufen Sie gleichzeitig 100 Briefmarken zu 50 Pfg. für den Versand der 100 Drucksachen und lassen Sie sich die Postoausgabe von DM 50,-- vom Postamt bestätigen.

3. Auf das halbe DIN-A4 Blatt kleben Sie nun die beiden Quittungen. Mit diesem Blatt überkleben Sie die bisherigen Adressen und Quittungen auf Seite 4 dieses Briefes.

4. Nun fotokopieren Sie die 4 Seiten 100 mal und versenden Sie das Konzept als Drucksache zuerst an Ihnen bekannte Adressen, Familien und Geschäfts- und Handwerksbetriebe Ihrer Wahl, von denen Sie wissen, daß sie sich auch Vorteile von unserem Selbsthilfekreis versprechen und finanzielle Hilfe bedürfen.
100 Adressen werden Sie evtl. nicht kennen. Gehen Sie auf die Suche und ergänze Sie den Rest nach Ihnen verfügbaren Verzeichnissen (vielleicht auch Telefonbuch gelbe Seiten, Adressverzeichnis Ihres Vereins). Streuen Sie Adressauswahl!

Wichtig, daß nicht alle aus ein und derselben Stadt sind! weil sonst die [illegible] schnell erschöpft ist !

5. Sobald Ihr Name auf Pos. 1 vorgerückt ist, dann sind Sie der Begünstigte und erwarten DM 311.000,-- und evtl. deutlich mehr. Wenn nur 6% der Angeschriebenen mitwirken, wird der für Sie sicher jetzt immer noch zweifelhafte Betrag unbedingt erreicht. Probieren Sie es. Die geringen Kosten kennen Sie ja bereits. Es kann nicht anders sein. Aber wenn Sie noch immer Bedenken haben, versenden Sie eben 150 Briefe. Das war aber nach bisherigen Erkenntnissen nicht erforderlich. 100 Briefe müssen genügen.

Nur handeln müssen Sie, damit Sie sich überzeugen lassen können! So schnell wie möglich.

WIE LÄUFT DAS ? WIE LÄSST SICH DAS KONZEPT ÜBERHAUPT ERRECHNEN ?

Erfahrungsgemäß werden auf Ihre eigenen 100 Briefe mehr als 6 Mitspieler die Anleitungen des Konzepts so wie Sie befolgen. Daraus ergibt sich folgende Kalkulation:

Wenn ein Mitspieler auf Pos. 5 steht, versendet er 100 Konzepte.
6% davon als neue Mitspieler bedeutet: 6 Mitspieler

Wenn ein Mitspieler auf Pos. 4 steht, wurden 6 mal 100 verschickt.
6% aus 600 bedeutet: 36 Mitspieler

Wenn ein Mitspieler auf Pos. 3 steht, wurden 36 mal 100 verschickt.
6% aus 3600 bedeutet: 216 Mitspieler

Wenn ein Mitspieler auf Pos. 2 steht, wurden 216 mal 100 verschickt.
6% aus 21.600 bedeutet 1.296 Mitspieler

Wenn ein Mitspieler auf Pos. 1 steht, wurden 1.296 mal 100 verschickt.
6% aus 129.600 bedeutet: 7.776 Mitspieler

6% der 129.600 (nur angeschriebenen) Adressen bedeutet 7.776 Mitspieler: Diese 7.776 Mitspieler zahlen je DM 40,-- an die Person auf Pos. 1. Das ergibt DM 311.000,--.
Bitte befolgen Sie die Anweisungen genau und ehrlich und versenden Sie wirklich 100 Briefe, damit es keine Kapitallücken gibt. Das Versenden von 100 Briefen ist sicherlich keine Überforderung in Anbetracht der sicheren finanziellen Erwartung. Nur so wird das Unlaufkapital kontinuirlich auf DM 311.000,-- und mehr gesteigert, und nur so läuft es bis zum Ende durch. Sie sehen, daß dieses System eine geballte Finanzkraft entwickelt, die zu einem enormen Erfolg für den Selbsthilfe-Gemeinschafts-Kreis geführt hat.

Handeln Sie rasch in Interesse eines jeden Mitspielers, wie in Ihrem eigenen Interesse. Es sollte keinen Unterbrechungszeitraum geben. Und wählen Sie die Adressen oder Personen aus, die die Möglichkeit haben einwandfreie Kopien und weitere Adressen zu besorgen.

An dieser Stelle noch eine Zwischenbemerkung: Für jeden Mitspieler sollte es eine Verpflichtung sein, von dem bei ihm eingegangenen Umlaufkapital wenigstens 10% für Wohltätigkeitszwecke abzuzweigen. Möglichkeiten dafür gibt es genug. Eine solche Haltung wird uns allen eine zusätzliche weitere Bereicherung sein. Wem und in welcher Form Sie helfen, sei Ihnen überlassen.

Die Devise aller Mitspieler soll und muß heißen:

Durch gemeinsamen Spielgewinn zur gemeinsamen Linderung von Not und Armut beitragen.

Falls Sie sich selbst nicht beteiligen möchten, dann reichen Sie diese Konzepte weiter an Bekannte oder Kollegen, die Ihnen nach 4-6 Wochen sehr dankbar sind.

SCHLUSSBEMERKUNG

Es wäre töricht, wenn jemand auf die Idee käme, sich anstatt auf Pos. 5 gleich auf Pos. 1 zu setzen. Er würde nämlich dann nicht wie im Normalfall 7.776 mal DM 40,-- erhalten, sondern lediglich 6 mal DM 40,--.
(Auf dieser Seite oberster Absatz ist beschrieben, warum das so ist).

Anhang: Namensliste und Quittungen

Position eins:	Gundula Schwarz	Hypo-Bank Kto.Nr. 4860410090 BLZ: 70020001
Position zwei:	Helmut Trumm	Postgirokonto Münche Kto.Nr. 253829-809 70010080
Position drei:	Peter Wieland	Stadtsparkasse Münch Kto.Nr. 20-273447 70150000
Position vier:	Hans Schmid	Hypo-Bank Kto.Nr. 1640143637 70020001
Position fünf:	Daniel Lordick	BfG Berlin Kto.Nr. 2502215700 BLZ: 10010111

HIER steigen SIE ein!

Position eins fällt RAUS! Ihr Spielkapital geht an die jetzige Position ZWEI!

Beleg für den Einzahler

Annahmevermerk)

Empfänger Name und Ort: Gundula Schwarz — Bankleitzahl: 70020001

Konto-Nr des Empfängers beim Postgiroamt usw.: 4860410090 Hypo-Bank

Verwendungszweck (nur für Empfänger): „Kettenbrief" — DM —50,—

Name und Anschrift des Einzahlers: DANIEL LORDICK Berlin 65

(…ung des Postamts)

0074 -3.-8.90 1030 1007 br

PGiro A Bln 100 100 10

Beleg über den Bezug von Postwertzeichen im Gesamtbetrag von ___ DM ___ Pf.

BERLIN -3-8 90-1…

(Bei maschineller Buchung ist für die Quittung der Maschinendruck maßgebend) ___ gilt nicht als Einlieferungsbesc

… 12 88/6 7 6 5
A7/50-88rcm

912
DA

Anlage 2

S P I E L E N   S I E   M I T,   G E W I N N E N   S I E !

KAPITALAUFBAUPLAN

Helfen Sie anderen - Helfen Sie sich selbst
... denn hier erhalten Sie eine Riesenchance - vielleicht eine Einmalige! Machen Sie Schluß mit Ihren Geldsorgen und verschaffen Sie sich auf legalem, schnellen Weg ein Grundkapital von

DM 500.000,--

Überzeugen Sie sich selbst! Innerhalb von vier Wochen werden Ihnen DM 500.000,– auf Ihr Konto überwiesen. Unser *Kapitalaufbauplan* ist für jeden Mitspieler mit einem Minimum an Arbeitsaufwand verbunden. Nach einem Monat zeigt sich die Rendite auf Ihrem Konto.
Wenn Sie dazu 'Ja' sagen können, dann müssen Sie sechs Stunden Zeit opfern und ca. DM 150,– investieren.
Sie haben richtig geraten: Es handelt sich um einen Kettenbrief. Dieser ist in Deutschland mittlerweise lt. Urteil vom Bundesgerichtshof in Karlsruhe nicht mehr verboten. Das Konzept des *Kapitalaufbauplanes* ist jedoch kein Kettenbrief im herkömmlichen Sinne, sondern ein echter, nachvollziehbarer Ablauf mit speziellen Zielen, die Ihnen und anderen auf legalem Weg weiterhelfen.
Viele haben weltweit von diesem System profitiert und natürlich anfangs auch gezweifelt ...
Sie sollten es sich in Ruhe überlegen. *Nehmen Sie sich Zeit, nach ein paar Tagen werden* Sie wissen, ob Sie nicht eine Riesenmöglichkeit verschenken. Je länger Sie nachdenken, desto logischer und klarer wird Ihnen das System...
Jetzt zum Start des Spieles sind Ihre Gewinnchancen am Größten!
Der *Kapitalaufbauplan* ist ein Systemspiel, ein perfekt konzipiertes Gewinnspiel. Dieses System hat seinen Ursprung in den USA und wird dort seit Jahren immer wieder mit großem Erfolg neu aufgelegt. Im Gegensatz zu Lotto oder Roulette hängt hier der Erfolg *nicht vom reinen Glück* ab, sondern ist klar mathematisch nachvollziehbar.
Nur eines sollte Ihnen im Bewußtsein bleiben: Sie verhelfen sich selbst zu einem Riesenerfolg und Sie erhalten die Möglichkeit, andere weiterzubringen.
Könnte denn nicht Ihr Konto eine kräftige Kapitalspritze gebrauchen?

Legen Sie diesen Brief nicht zur Seite ...

Bitte wenden

... sondern lesen Sie das Dokument Punkt für Punkt durch.

Die SPIELREGELN:

1. Investieren Sie für den Postversand
100 Briefmarken zu DM -,60 DM 60,-
100 Drucksachenkuverts (geht auch billiger) DM 10,-

Außerdem vervielfältigen Sie 100 Dokumente des *Kapitalaufbauplanes*
Fertigen Sie 100 mal vier Kopien des Dokuments an.
1 Kopie a DM -,07 mal 4 Seiten entspricht DM 0,28 DM 28,-
(ist auch billiger möglich, beidseitig kopieren)

Ihr *Spielkapital* beträgt: DM 50,-

Gesamtinvestition: ca. DM 150,-

Diese DM 150,- müssen Sie sich leisten können und gerne einsetzen. Ohne Mut und Begeisterung kommt nichts dabei heraus.

2. Schreiben Sie auf die obere Hälfte eines Din A 4- Blattes, mit Schreibmaschine oder mit angenehmer Handschrift, die letzten 4 **Namen** und **Bankverbindungen** neu. Der oberste Mitspieler scheidet aus und wird ab jetzt nicht mehr geführt. Sie selbst setzen **sich** als 5. Person ein!
Position zwei wandert auf die erste Stelle, Position drei nimmt nun die zweite Stelle ein, Position vier rutscht an die dritte Stelle, Position fünf an die vierte Stelle.

3. Gehen Sie baldmöglichst zur nächsten Bank, Sparkasse oder Post und überweisen Sie DM 50,- auf das Konto von der **jetzigen Nummer EINS.** Selbstverständlich nur gültig mit entsprechendem Bank- oder Poststempel (ÜBERWIESEN am ...). Alles muß nachprüfbar sein! Der Verwendungszweck muß lauten: *"Kapitalaufbauplan"*. Gleichzeitig investieren Sie DM 60,- in mindestens 100 Briefmarken (Drucksache). Zudem benötigen Sie mindestens 100 Kuverts mit dem Aufdruck "Drucksache".

4. Auf das von Ihnen beschriebene Dokument kleben Sie jetzt auf die untere Hälfte die **Postquittung** und **Einzahlungsbestätigung.**

5. Kopieren Sie die vier Seiten, mindestens 100 mal, und versenden Sie das Dokument des *Kapitalaufbauplans.*
Verteilen ist billiger, als versenden.

zu

5. Schreiben Sie auf die Kuverts Adressen von Bekannten und Verwandten die eine kräftige Kapitalspritze gebrauchen können und denen Sie helfen wollen, den gleichen Erfolg wie Sie selbst zu genießen.
Wenn Sie keine 100 Mitspieler kennen, ergänzen Sie den Rest aus Ihnen zugänglichen Verzeichnissen (Telefonbücher, Gelbe Seiten, Adreßbuch, u.s.w.).
Streuen Sie die Adressen! Es ist wichtig, daß nicht alle aus einer Branche und aus einem Ort kommen.

6. Sobald Sie die **Nummer EINS** sind, erwarten Sie als Begünstigten DM 500.000,–, bei etwas Glück deutlich mehr!
Wenn nur 10 % aller Angeschriebenen teilnehmen, erhalten Sie den von Ihnen immer noch bezweifelten Betrag. Der geringe Aufwand ist Ihnen bekannt. Probieren Sie 's! Bei besseren Voraussetzungen spielen vielleicht 20% mit oder Sie versenden 200 Dokumente, schon stehen Sie bei **DM 1 Million**

7. Wie funktioniert der *Kapitalaufbauplan*?
Erfahrungsgemäß werden auf Ihre eigenen 100 Briefe 10 % die Anleitung genauso wie Sie befolgen.

Wenn ein Mitspieler auf der 5. Position steht, versendet er 100 Dokumente.
10% davon als neue Mitspieler bedeuten **10 Mitspieler** a Position 4
Wenn ein Mitspieler auf der dritten Position steht, wurden bereits 10 mal 100 Dokumente verschickt
10% davon als neue Mitspieler bedeuten **100 Mitspieler**
Wenn ein Mitspieler auf der zweiten Position steht, wurden bereits 100 mal 100 Dokumente verschickt.
10% davon als neue Mitspieler bedeuten **1.000 Mitspieler**
Wenn ein Mitspeiler auf der ersten Position steht, wurden bereits 1.000 mal 100 Dokumente verschickt.
10% davon als neue Mitspieler bedeuten **10.000 Mitspieler**
Diese 10.000 Mitspieler überweisen Ihnen, der Nummer 1 DM 50,–.
In diesem Moment haben Sie es geschafft und Sie sind der Nutzniesser.

Befolgen Sie die Anweisungen sorgfältig und versenden Sie mindestens 100 Dokumente.
Damit es in Ihrem Intresse zu keinen Verzögerungen im Kapitalfluß kommt, entscheiden Sie sich bald. Wählen Sie Personen aus, die das gleiche Vertauen wie Sie geniessen und weitere Mitspieler gewinnen.
Wenn die Anweisungen des *Kapitalaufbauplanes* ordnungsgemäß durchgeführt werden, bleibt das Umlaufkapital immer auf **DM 500.000,–**, wenn Ihnen das Kapital nicht ausreicht, dann versenden Sie 200 Dokumente und schon erhalten Sie **DM 1.000.000,–**.

Zum Schluß noch eine Bitte: Spenden Sie einen angemessenen Teil des Gewinns an eine gemeinnützige Institution.

Viel Glück !

Bitte wenden

Anlage 3

SCHOKOLADESCHOKOLADESCHOKOLADESCHOKOLADESCHOKOLADESCHOKOLADESCHOKO

Liebe Zaty,

bitte sende eine Tafel Schokolade an die unten als erste aufgeführte Person!

Kopiere diesen Brief und sende Ihn an sechs Deiner Freunde.

Nur Dein Name und meiner sollen auf der Liste erscheinen.

Rücke meinen Namen an die erste Stelle und Deinen Namen an die zweite.

So erhälst Du 36 Tafeln Schokolade!

Dies soll kein Kettenbrief sein, sondern ein Spaß unter Freunden. Wenn Du nicht innerhalb von 7 Tagen dies erledigen kannst, sende mir bitte das Schreiben zurück, anderenfalls ist es unfair den anderen gegenüber, die mitgemacht haben.
Schon ein großer Umschlag befördert Dir die Schokolade mit der Post. Und denke daran: 36 Tafeln Schokolade für den Preis von einer...!

Übrigens ist es lustig zu sehen, woher die Schokolade überall kommt und welche Sorten da zusammenkommen.

Und: Selten fällt jemand aus, weil die meisten gerne Schokolade essen oder Kinder als dankbare Abnehmer haben.

Bitte ausnahmsweise mal nicht an die Kalorien denken!!!

1. Cyrill Reiniger
   Birkenstr.95
   4

2. S
   C
   6

Anlage 4

Verbindliche Richtlinien

Verbindliche Richtlinien für die Teilnahme am TOP 12-Spiel, entwickelt nach dem Inhalt des Beschlußes des Bundesgerichtshofes vom 29.09.1986. Reg.-Nr. 4 StR. 148/86 (Vergleiche auch Beschluß des Landgerichts Rottweil vom 30.01.1989 Qs 16/88–3 Gs 8/89 und Beschluß des Landgerichts Ravensburg vom 26.06.1989 1 Qs 116/89–Gs 29/89)

1. Die Vereinbarungen innerhalb des Top-12-Spieles entstehen unter den Teilnehmern und nicht mit der Zentra le. Die Zentrale hat lediglich Überwachungs- und Unterstützungspflichten und ist für den Spielablauf nicht ver antwortlich. Sie darf sich der Hilfe Dritter bedienen.
2. Innerhalb der ersten vier Wochen sollte der neue Teilnehmer an zwei Informationstreffen teilnehmen, um sein Top-12-Listen weiterzugeben. Diese Listen dürfen nur auf diesem Treffen an die neuen Teilnehmer ausgege ben werden. Sollte ein Teilnehmer bereits in der ersten Woche zwei weitere Teilnehmer unserem System zuge führt haben, ist die Teilnahme an dem zweiten Informationstreffen nicht mehr erforderlich.
3. Die eingeladenen Interessenten werden auf den dafür vorgesehenen Informationstreffen über den Ablauf de Systems informiert und in seine Funktion praxisnah eingeführt. Werbung in Medien, insbesondere Zeitschrifte erfolgt nicht.
4. Der neue Teilnehmer beauftragt die Zentrale ausdrücklich in seinem Namen den Betrag von DM 100,– an de bezugsberechtigten Teilnehmer zu senden. Über die Ausführung der Zahlung hat die Zentrale einen Nachwei zu erbringen. Eine Zahlung durch die Zentrale kann erst erfolgen, wenn der neue Teilnehmer seinen Teilnah mebetrag von DM 100,– durch den Info-Leiter an die Zentrale weitergegeben hat. Weitere DM 100,– sind vo neuen Teilnehmer an seinen Gastgeber (Liste Position 12) zu entrichten. Der Teilnahmbeitrag wird in der jeweilige Währung des Beitrittslandes entrichtet. Eventuelle Wechselkursunterschiede sowie anfallende Bankgebühre bei Gewinnauszahlungen gehen zu Lasten des Teilnehmers.
5. Die Teilnehmerlisten werden von der Zentrale per Computer ausgedruckt und dem neuen Teilnehmer per Pos zugestellt.
6. Jeder Teilnehmer ist damit einverstanden, daß seine Adresse zur Sicherung der Spielabwicklung während sei ner Teilnahme am Spiel im Computer gespeichert wird. Diese Adressen unterliegen dem Datenschutz und wer den zu keinem anderen Zweck verwendet oder weitergegeben.
7. Die Zentrale wird durch ein Kontrollorgan (Steuerberater, Rechtsanwalt) überprüft, so daß eine korrekte Ab wicklung des Geldflusses gewährleistet ist. Gleichzeitg übernimmt ein Teilnehmerausschuß die Überprüfun des gesamten Top-12-Systems.
8. Zum Verbleib im TOP 12-System ist Bedingung, beide Teilnehmerlisten weitergegeben zu haben. Sollte de Teilnehmer seine beiden Listen nicht innerhalb der vorgegebenen Zeitspanne von 6 Wochen weitergegebe haben und so dem TOP 12-System zwei weitere Teilnehmer zuführen, wird er ohne weitere Mitteilung aus der Computer, den Listen und somit aus dem Gewinnsystem gelöscht und sein Pate erhält eine Ersatzliste. Der Er satzteilnehmer entrichtet seinen Teilnahmebeitrag in Höhe von DM 250,– über den Infoleiter gegen Quittung a die Zentrale. Sobald der Ersatzteilnehmer plaziert und vom Info-Leiter abgerechnet wurde, erhält der ausschei dende Teilnehmer seinen Teilnahmebetrag über die TOP 12 Zentrale zurück.
9. Der Teilnehmer verpflichtet sich, die Patenschaft für seine geladenen Interessenten zu übernehmen, wenn die se ebenfalls Teilnehmer werden. Er gibt seine erworbenen Erfahrungen an seine Partner weiter und ist ihne behilflich, um so zum gemeinsamen erhofften Erfolg beizutragen.
10. Für die Bearbeitung durch die Zentrale, dem Erwerb der Systemanleitung und die damit verbundenen Koste für das Spiel, den Infoleiter, Spielmaterial, Abwicklung, Dienstleistungen und Kontrolle und ähnlichem, entrich tet jeder Teilnehmer pro Spieleinstieg eine einmalige Gebühr von DM 50,–. Dieser Betrag wird bei einem even tuellen Ausscheiden nicht zurückerstattet.
11. Jeder autorisierte Info-Leiter (Top-12 Info-Leiter-Ausweis) ist verpflichtet, dem Teilnehmer für seinen Teilnah mebetrag plus Bearbeitungskosten eine Quittung in Höhe von DM 150,– auszustellen.
12. Die Top-12-Zentrale ist eine Selbsthilfeorganisation und keine Firma. Sie unterstützt lediglich den Spielablauf zwischen den Spielern, weshalb kein Geschäftsverkehr stattfindet, und verbessert die Richtlinien in Zusam menarbeit mit dem Teilnehmerausschuß, soweit das erforderlich wird. Sie erbringt eine reine Dienstleistung und wird im Auftrag der Spieler tätig.
13. Soweit nach Abrechnung der Aufwendungen der Zentrale für ihre Funktionen ein Überschuß verbleiben sollte, wird dieser nach Absprache mit dem Teilnehmerausschuß einem vom Finanzamt als gemeinnützig anerkann ten Zweck zugeführt.
14. Gelder aus diesem System können nicht an Dritte abgetreten oder verpfändet werden. Eventuelle Pfändungen, die in der Zentrale eingehen, werden nicht berücksichtigt. Dies ist in sofern nicht möglich, da die Zentrale keine Firma ist, sondern eine Interessengemeinschaft aus sämtlichen Teilnehmern.
15. Für Gelder die nicht durch einen autorisierten Info-Leiter in der Zentrale eingegangen sind, übernimmt diese keinerlei Haftung.
16. Sollten nicht beide Listen weitergegeben sein, ist ein Geldfluß nicht möglich und die Zentrale verwahrt diese Gelder bis zum Zeitpunkt der Weitergabe der zweiten Liste. Sollte die zweite Liste nicht weitergegeben werden und ein Ersatzpartner tritt an die Stelle des ausgeschiedenen Teilnehmers, gehen diese verwahrten Gelder nach der Weitergabe der zweiten Liste an den Eratzteilnehmer.
17. Für die Abwicklung des Spieles maßgeblich, sind jeweils die verbindlichen Richtlinien in ihrer neuesten Fas sung, die durch die Teilnehmer anerkannt werden. Teilnehmer, die dies nicht beachten, können vom Teilneh merausschuß entschädigungslos ausgeschlossen werden.
18. Der Rechtsweg ist ausgeschlossen.

Anschrift der Zentrale TOP-12-Zentrale An der Halde 41 D-7210 Rottweil telefonische Auskunfte 0741/5031 Telefax 0741-5036

PLZ	Ort	Ortsteil	Straße	Treffpunkt	Zeit	Info-Leiter	Telefon
1000	Berlin 47	Charlottenburg	Kn. Elisab. Str. 45	Charlottenburg Festsäle Lokaleingang	Di 19,00	Herr Tonn, M	030/6622358
1000	Berlin	Frohnau	Ludolfingerplatz 1 - 3	Turm Kasino Frohnau	Do 19.30	Herr Götz	030/4015584
2000	Hamburg	Norderstedt	Jägerlauf 1	Hotel Rest. Norderstedt	Mo 20,00	Herr Stendel Th	04131/58792
2000	Hamburg	Stadtmitte	Gänsemarkt 45, neben Ufa Kino	Rest. Campus - ab 06.02 -	Di 20,00	Herr Stendel Th	04131/58792
2000	Hamburg	Wansbeck		privat ab 1.3		Herr Stendel Th	04131/58792
2100	Hamburg	Harburg	Freudentalweg 33	Wilstorfer Schützenhaus	Do 20,00	Herr Stendel Th	04131/58792
2160	Stade	Agathenburg	Richeyweg 15	Schwedenkrone	Do 20.00	Herr Sorensen	04141/83100
2300	Kiel	Elmschenhagen	Preetzer Chaussee ab 24.1.90	Hotel Reimers - 14 tägig, gerade Wochen im Wechsel -	Mi 20.00	Herr Koehn	04207/2464
2400	Lübeck		Roeckstraße 50a	Rest. Wakenitzburg	Mo 20.00	Herr Stendel D	04176/8138
2720	Rotenburg/Wümme		Am Pferdemarkt 3	Stadtparkhotel - 14 tägig, gerade Wochen im Wechsel -	Do 21,00	Herr Koehn	04207/2464
2800	Bremen	Neue Vahr	Vahrer Straße 239	Café Subtropia	Di 20.00	Herr Koehn	04207/2464
2807	Achim	Alter Markt	Borsteler Landstr. 5	Jägers Restaurant	Fr 20.00	Herr Koehn	04207/2464
2850	Bremerhaven			privat		Herr Koehn	04207/2464
2870	Delmenhorst	Autob.Ausf. Ost	Sykerstr. 302	Landgasth.Zur Putten	Mo 20,00	Herr Beckmann	04402/81937
2872	Hude 1 - 14täg. unger. Wo.	Altmoorhausen	Dorfstraße 24	Altmoorhauser Krug	Mi 20,00	Herr Beckmann	04402/81937
2960	Aurich		Leerer Landstraße	Weißer Schwan	Di 20,00	Herr Beckmann	04402/81937
2972	Insel Borkum			Dorfhotel	So 11,00	Herr Theveßen	02162/13539
3001	Hannover	Altwarmbüchen	Hannoversche Str. 40	Hotel Hennies	Mo 20,00	Herr Koop	05022/349
3040	Soltau		Luneburgstr. 39	Rest. Akropolis	Do 20,00	Herr Koop	05022/349
3070	Nienburg		Mühlenstraße 20	Hot. Weserschlößchen	Di 20,00	Herr Koop	05022/349
3180	Wolfsburg	Detmerode - ab 4.2 -	Am Markt 8	Landhaus Detmerode	So 17,00	Lelonek/Koop	0561/894579
3200	Hildesheim	Bavenstedt	Heinr. Helmke-Str.16/17	Bremers Hof	Mo 20.00	Herr Lindenblatt	05137/6970
3360	Osterode	ab 18.2. -	Rollberg 39	Hotel zur Tanne	So 19.30	Herr Becker	0561/495831
3380	Goslar	Astfeld	Granetalsperre 9	Landgasth.Granetalsperre	Do 20.00	Herr Hofbauer	05321/50141
3400	Göttingen	Roßdorf	Göttinger Str. 19	Gasth. Wilkening	So 17,00 (Di 20,00 14 tägig)	Herr Becker	0561/495831
3408	Duderstadt			Schützenhaus	Mo 19.30	Bressel/Groetzner	05551/52587
3500	Kassel	Ihringshausen	Stadion Eichhecke	TSV-Clubheim	Fr 20.00	Fam. Lelonek	0561/894579
3507	Baunatal	Großenritte	Vor der Burg	Burghof	Mo 20,00	Herr Becker	0561/495831
3509	Spangenberg		Pfeffer 7	Grüner Baum	Mo 19,30	Frau Elsasser	05641/5939
3532	Borgentreich	Borgholz	Am Lutberg	Gastst. Justus	Sa 20.00	Herr Schild	02435/1687
3540	Korbach		Wildunger Landstr.	Am Waldecker-Berg	Do 21,00	Herr Brass	02982/1098
3548	Arolsen		Königsbergerstr.	Cafe Königsberg	Do 19,30	Herr Brass	02982/1098
3550	Marburg			Bahnhofsgaststätte	Mi 19.00	Herr Roos	06446/416
3559	Battenberg/Eder		Akazienstr. 5	Kupferkanne	Do 20,00	Herr Schmidt	06457/273
3578	Schwalmstadt	Wiera	An der B 454	Gasth. Knapp	So 19,00	Herr Heinrichs H.	0241/520162
3588	Homberg/Efze	ab 07.02.90		Deutsches Haus	Mi 20,00	Fam. Lelonek	0561/894579
4000	Düsseldorf	Lohausen	Leuchtenberger Kirchweg 86	Haus Rheingarten	So 18,00 u. 19,30	Frau Manke	02431/2493
4000	Düsseldorf	Wersten	Opladener Straße 60	Schützenhaus	Fr 20.00	Frau Manke	02431/2493
4010	Hilden		Gerresheimerstr. 214	Haus Witt	Mo 20,00	Frau Manke	02431/2493
4047	Dormagen	Delhoven	Hauptstraße 54	Haus Gladbach	Di 19,30 u. 20,30	Frau Tolksdorf	02435/1552
4050	Mönchengladbach 1	Neuwerk	Engelbleckerstr. 326	Haus Ohlenforst - ab 19.2.-	Mo 20,00	Herr Metzer	02161/584050
4054	Nettetal 1	Breyell	Am Quellensee 1	Zum Quellensee	So u. Di 20,00	Frau Neelix	02162/12220
4100	Duisburg	Untermeiderich	Neustraße 62	Gastst. Nather	Do 19.45	Herr Pfeiffer	02151/712155
4100	Duisburg	Wanheim	Wanheimer Str.	Haus Riebe	Fr 19.15	Herr Pfeiffer	02151/712155
4130	Moers 1	Scherpenberg	Homberger Str. 304	Haus Grünwald	Mo 19.45	Herr Faust	02841/505472
4150	Krefeld	Linn	Rheinbabenstraße 112	Hotel Dahmen	Mi 19.45	Herr Faust	02841/505472
4150	Krefeld 1	Seidenweberhaus	Theaterplatz 1	Alt Krefeld	Di 19.45	Herr Faust	02841/505472
4170	Geldern		Stauffenbergstraße 37	Lindenstuben	Mo 20,00	Frau Neelix	02162/12220
4193	Kranenburg	Nütterden	Dorfstraße 1	Zu den Forellenteichen	Di 20,00	Frau Manke	02431/2493
4200	Oberhausen 1		Schenkendorfstraße 13	Haus Union	Do 20,00	Herr Zelle	02225/15675
4230	Wesel	- bitte zum Info 4280 Borken gehen -		privat		Herr Metzer	02161/584050
4280	Borken	Im Zentrum	Faktoreistr.	Gasth. Klein Ridder	Di 20,00	Herr Metzer	02161/584050
4300	Essen	Haarzopf	Fulerumer Str. 4	Gastst. Heimatdank	Fr 19,00 u 20,30	Herr Zelle	02225/15675
4350	Recklinghausen		Hertenerstr. 189	Gastst. Vaut-Tewordt	Do 20,15	Frau Manke	02431/2493
4358	Haltern	Interessenten bitte nach 4280 Borken gehen-				Herr Metzer	02161/584050
4400	Münster	Zentrum	Aegidiistr. 46	Aegidii-Hof ab 23.10. Vertretung durch	Mi 20,00	Herr Schröders Herr Malz	02151/391081 0201/467326
4427	Ahaus Legden	Dorf-Münsterland	Haidkamp 1	Haupteingang/Rezeption	Fr 20,00	Herr Metzer	02161/584050
4450	Lingen	Laxten	Lengericher Straße 8	Emsland-Treff	Mo 20,00	Frau Zobjack	0591/73166
4500	Osnabrück	Lustringen - 14 tägig	Sandforter Straße 1	Zur Post - unger. Wochen -	Mi 20,00	oehn ab 31.1.	04207/2464
4590	Cloppenburg		Löningerstr.	Hotel zum Weißen Roß	Do 20,00	uhler	04471/6439

4600	Dortmund	Hörde	Wiggerstraße 5	Stiftshof	So 18,00	Herr G. Risch	0221/171798
4620	Castrop Rauxel		Germanenstraße 50	Haus Borgmann	Di 20,30	Herr Beleyew	02305/12057
4630	Bochum	Wattenscheid	Blücherstr. 30	Wattensch. Schützenhaus	Mo 20,30	Herr G. Risch	0221/171798
4650	Gelsenkirchen	Alfr.-Zingler-Str. 2/K.	Schuhmacher-Str.	Haus Stein	So 19,00	Herr Beleyew	02305/12057
4700	Hamm	Zentrum	Wilhelmstr. 150	Westenschützenhof	Mo 20,00	Herr Malz	0201/467326
4770	Soest		Jakobistraße 39	Hotel Drei Kronen	Do 20,00	Herr Malz	0201/467326
4796	Paderborn			privat		Frau Bunte	0521/37585
4800	Bielefeld		August Bebel Str.	Hotel Wah's	Mi 20,00	Herr Hanke	05241/48525
4835	Rietberg	Mastholte	Lippstadter Str. 5	Haus Adelmann	Di 20,00	Herr Brass	02982/1098
5000	Köln	Kalk	Wiersbergstr.	KHD Kantine	Mo 19,00 u. 20,30	Herr Kurtenbach	02226/12511
5010	Bergheim	Zievench	Tennishalle	Gastst. Zum Sportpark	Mi 20,00	Frau Manke	02431/2493
5063	Overath	Kiel	Kiel 105	Hotel Forellenwirt	Di 20,00	Herr G. Risch	0221/171798
5100	Aachen	Oberforstbach	Oberforstbacher 262	Oberforstbacher Hof	Do 20,30	Herr Kersten	02641/26705
	ab Januar				Fr 20,00	Herr Wehner	02652/1447
5108	Monschau	Konzen	Kirchbruch 8	Olympic Fitness Center	Di auf Anfrage	Herr Heinrichs G.	02435/1537
5132	Ubach-Palenberg	Boschelen	Roermonder Str. 173	Altertumchen	Di 20,00	Herr Dorlans	02431/2493
5144	Wegberg		Burgstraße	Rest. Burg	Mo 20,30	Herr Zelle	02225/15675
5160	Duren	Arnoldsweiler	Arnoldusstraße 50	Arnolduskiause	Fr 20,00	Herr Dorlans	02431/2493
5208	Eitorf/Sieg	Merten	Schloßstraße 29	Dorfschänke	Mo 20,00	Herr Spitzer	06436/1603
5239	Wied b. Hachenburg	B 413	Rheinstraße 26	Gasth. Zur Linde	Fr 20,00	Herr Franzmann	02662/7171
5270	Gummersbach	Rebbelroth	Rebbelrotherstr. 14	Hotel Bodden	Mi 20,00	Herr Aust	0221/7407835
5300	Bonn	Endenich	Frongasse 30	Harmonie	Mi 19,00 u. 20,30	Herr Kurtenbann	02226/12511
5350	Euskirchen	Kuchenheim	Kuchenheimer Straße	Zur Tant' Seel	Mi 20,00	Herr Schons	02226/2714
5372	Schleiden		Am Markt 12	Hotel Schleiden	Mo 20,00	Herr Schmitz	02251/61613
5400	Koblenz	Metternich	Trierstr. 325	Zum Roten Ochsen	So 20,00	Herr Kersten	02641/26705
5401	Kettig	bei Koblenz/Weißent	Andernacherstr. 9	Hotel Jungblut	Mo 20,30	Herr Risch	0221/171798
5407	Boppard		Mühltal 45	Bergschlößchen	Do 20,00	Herr Wehner	02652/1447
5430	Montabaur	Horressen	Westerwaldstr. 15	Gasth. Westerwald	Mo 19,30 u. 21,00	Herr Schons	02226/2714
5439	Hohn-Oellingen		Dammstraße 5	Tanzlokal Korallenriff	Di 20,00	Herr Spitzer	06436/1603
						Herr Franzmann	02662/7171
5468	St. Katharinen b.	Linz/Rh.	Linzerstraße 103	Fränkische Haxenstube	Di 20,00	Herr Bode	02641/24224
5470	Andernach		Hochstraße 22	Kolpinghaus	Di 20,00	Herr Kersten	02641/26705
5483	Bad Neuenahr	Ahrweiler	Walporzheimer Str. 19	Winzerverein Ahrweiler	Mi 20,00	Herr Bode	02641/24224
5500	Trier	Zentrum	Zurmaiener-Maarstr.149	Rest.-Cafe Bootshaus	Mo 20,00	Herr Wehner	02652/1447
5508	Hermeskeil		Langer Markt 4	Hotel Erbeskopf	Mo 19,30	Herr Poschen	02485/472
5520	Bitburg	Zentrum	Dauner Str. 3	Gasth. Schilling	Do 20,00	Herr Schmitz	02251/61613
5540	Prum	Baselt	An der B 410	Hotel-Rest. Fam. Schoos	Di 19,30 u. 21,00	Herr Schmitz	02251/61613
5560	Wittlich	Wengerohr	Am Bahnhof	Hotel Zur Post	Do 19,30	Herr Poschen	02485/472
5568	Daun	Pützborn		Zum Wildpark	Fr 20,00	Herr Schmitz	02251/61613
5597	Polterdorf	v. 29.1. - 28.2.90	Kurfürstenstraße	Hotel Dehren	Mo 20,00	Herr Peplinski	02641/4817
5600	Wuppertal 11	Vohwinkel	Bahnstraße 16	Gasth. im Bahnhof Vohwinkel	Do 21,00	Herr G. Risch	0221/171798
5630	Remscheid		Ronsdorfer Str. 88	Fort Blücher	Mi 20,00 u. 21,15	Herr Büllesbach	02232/51668
5760	Arnsberg	Bruchhausen	Bundesstraße	Hotel Zur Post	Mi 18, 19,30 u. 21,00	Herr Brass	02982/1098
5778	Meschede	Bestwig	Bundesstraße	Hengsbach	Mo 18, 19,30 u. 21,00	Herr Brass	02982/1098
5800	Hagen 1	Nähe Freilichtmuseum	Selbeckerstr. 200	Mäckinger Bach	Fr 20,15	Herr G. Risch	0221/171798
5880	Lüdenscheid		Reckenstr. 6	Schützenhalle	Di 20,00	Herr Wehner	02652/1447
5900	Siegen	Sohlbach	Gutenbergstraße	Gasth. Gieseler	Do 19,30	Herr Schäfer	0228/326473
5940	Lennestadt	Grevenbrück	Olper Straße	Zum alten Amtsgericht	So 17,00	Herr Brass	02982/1098
5948	Schmallenberg	Berghausen		Heimkehof	So 19,00	Herr Brass	02982/1098
6000	Frankfurt	Eckenheim	Engelthaler Str. 13	Homburger Hof	Mo 19,45	Herr Braun	069/524171
6000	Frankfurt	Sossenheim	Michaelstraße	Zum Taunus	So 12,45	Herr Braun	069/524171
6074	Rodermark	Urberach	Konr.-Adenauer-Str.86	Urberacher Hof	Fr 20,00	Herr Spachtholz	06106/75838
6100	Darmstadt	Stadtmitte	Grafenstr. 31	Parkhaushotel, Deck 9	Mo 19,30 u. 21,00	Herr Spachtholz	06106/75838
6149	Furth/Odenwald	Krumbach	Im Ort 22	Gasth. Zum Lamm	Do 21,00	Krüger/Langmandel	0621/787912
6200	Wiesbaden	Sonnenberg	Sonnenberger Str. 32	Hotel Furstenhof	So 19,00	Herr Spachtholz	06106/75838
6277	Bad Camberg	Erbach		Erlenbachhalle	Di 19,30	Herr Zeidler	06431/72653
6330	Wetzlar	Dutenhofen	Giessener Str. 20	Gasth. Gambrinus	So 19,00	Herr Roos	06446/416
6348	Herborn	Uckersdorf		Gastst. Klos	Do 20,00	Herr Franzmann	02662/7171
6350	Bad Nauheim		Carl-Oelemannweg 9	Hotel am Hochwald	So 16,00	Herr Spachtholz	06106/75838
6400	Fulda		Leipzigerstr. 122	Hotel Lenz	Sa 16,00	Herr Spachtholz	06106/75838
6450	Hanau	Im Zentrum	Kramerstraße 23	Wienerwaldgaststätte	Di 19,30 u. 21,00	Herr Spachtholz	06106/75838
6507	Ingelheim	West 1	Gau-Algesheim + Rheinstr	Pizzeria Europa	Mi 20,00	Frau Schultz	06357/7546
6509	Offenheim	Vorholz		Forsthaus Vorholz	Do 20,00	Herr Binder	06235/82154
6520	Worms		Am Rhein 3	Rhein. Hof Rheincafé	Do 18,30 u. 19,45	Kruger/Langmandel	0621/787912
6540	Simmern		Koblenzer Str. 71	Zum Rebstock	Do 20,00	Frau Schultz	06357/7546
6550	Bad Kreuznach		Moritzstadion	Clubheim SG Eintracht	Mi 20,00	Herr Wehner	02652/1447

66[illegible]	Saarlouis	Roden	- am Di [illegible] kein Info	[illegible]	[illegible]	[illegible]	
6660	Zweibrücken		Poststr. 22 - Wallstr. 54	Café Löhle	Fr 20.00	Herr Rams	06341/63232
6680	Neunkirchen	- am Di 27.02. kein Info	Am oberen Markt	Tanztreff	Di 19,00	Herr Binder	06235/82154
6702	Bad Dürkheim	am Mo. 26.02. kein Info		Dürkheimer Faß	Mo 18,30, 19,30 u. 21,00	Herr Binder	06235/82154
6730	Neustadt	- am Di. 27.02. kein Info	Am Strohmarkt	Zum Karlsberg	Di 20,00	Herr Rams	06341/63232
6745	Offenbach bei Landau	- am 28.2. kein Info	Neumühle 11	Datscha	Mi 20,00	Herr Rams	06341/63232
6750	Kaiserslautern	Hoheneck am 28.2. kein Info	Hauptstraße	Gasth. Rathaus	Mi 19,30 u. 21,00	Herr Binder	06235/82154
6780	Pirmasens	Winzeln	Am Stockwald 26	TUS Sportheim	Di 20,00	Frau Schultz	06357/7546
6800	Mannheim 1		Th. Heuss-Anl. 19	Rh.-Neck.-Stad. Gastst.	Fr 17,00; 18,30; 20,00 u. 21,00	Herr Kruger/ Herr Langmandel	0621/787912 0621/412393
6822	Altlußheim		Sportplatzweg 6	Zur Sitzwiese	Mo 19, 20 u. 21,00	Kruger/Langmandel	0621/787912
6920	Sinsheim	Dühren	Sportplatzweg 20	Sportgastst. TSV	Mo 19,30 u. 21,00	Fr. Schneider	06202/17795
6933	Mudau		Amorbacher Straße	Mudbachtal	Do 20,00	Herr Pingert	09367/3053
6936	Schönbrunn	Haag		Bachusstuben	Di 21,00	Frau Schneider	06202/17795
6990	Bad Mergentheim			privat		Herr Pingert	09367/3053
7000	Stuttgart	- wegen Lokalwechsel bitte anrufen -				Hofmann/Behrens	07151/606429
7054	Korb		Remstalhalle	Gaststätte Rebblick	Do 20,30	Hofmann/Behrens	07151/606429
7060	Schorndorf	beim VFL-Stadion		TUS Ver. Gastst.	Di 20,30	Hofmann/Behrens	07151/606429
7080	Aalen	Hofen		Gasth. Rose	Mo 20,30	Hofmann/Behrens	07151/606429
7100	Heilbronn	Böckingen	Viehweide 8	Sportbund	Di 20,00	Herr Pingert	09367/3053
7121	Hessigheim			Gasth. Schreierhof	Mi 20,00	Herr Trömer	07151/34795
7180	Crailsheim			privat		Herr Pingert	09367/3053
7201	Neuhausen		Stockacherstr. 11	Gasth. Adler	Mo 20,00	Herr Eppler	07432/21166
7210	Rottweil		Schwenninger Straße 1	Pizzeria Germania	Mi 19,30 u. 21,00	Herr Pulm	07031/223123
7250	Leonberg	- wegen Lokalwechsel bitte anrufen -				Herr Huss	07151/35537
7296	Glatten		Neuneckerstr. 2	Gastst. Schwanen	Mi 20,00	Frau Buschle	07443/24650
7345	Deggingen	Ortsmitte	Hauptstraße 69	Gasth. Hirsch	Fr 20,30	Herr Klenk	0731/42363
7400	Tübingen		BebenhäuserStr. 2	Wienerwald Hotel Garni	Mo 20,00	Herr Pulm	07031/223123
7425	Hohenstein-Bernloch			Brechhölzle	Mo 20,00	Herr Rathgeber	07348/5447
7440	Nürtingen	Roßdorf		Sportgaststätte Waldheim	Fr 20,00	Herr Trömer	07151/34795
7470	Albstadt 2	Tailfingen	Joh.-Feyrerstr. 8	Ratsstube Rose	Di 20,00	Herr Eppler	07432/21166
7483	Inzigkofen	Engelwies	Am Kirchbühl 1	Landgastst. Kopp	Mi 20,00	Herr Eppler	07432/21166
7500	Karlsruhe	Weiherfeld	Neckarstraße 32	Gasth. Weiherhof	Mi 20,00	Frau Schaarschmidt	07221/70786
7520	Bruchsal		Am alten Schloss 22	Bürgerzentrum	Do 20,00	Herr Rams	06341/63232
7530	Pforzheim	Eutingen/Maurach	Maurachstr. 31	Gasth. Zum Maurach	Di 20,15	Herr Huss	07151/35537
7544	Dobel		Hauptstraße 19	Gasth. Zur Linde	Mi 20,00	Frau Schneider	06202/17795
7570	Baden Baden	Balg - ab 5.2.90 -	Balger Hauptstr. 37	Gasth. Zur Rose	Mo 20,00	Frau Schaarschmidt	07221/70786
7600	Offenburg	Elgersweier	B 3 Og/Lahr	VFR Sportgaststätte	Di 20,00	Dreinch/Krauss	07852/7096
7700	Singen		Schaffhauserstr.	Gasth. Mohren	Do 20,00	Herr Nagel	07735/3293
7713	Hüfingen	14-tägig, gerade Wochen	Schleewiesen	Schützenhaus	Di 20,30	Herr Hoch	07723/4725
7730	VS-Villingen		Wieselsbergstr. 19	Bertholdshöhe	Di 20,00	Herr Müller Herr Messner	0741/32390 0741/31041
7740	Triberg	Stadt-Mitte 14-tägi. Wechsel m. Furtwangen		Hotel zur Tanne	Fr 20,30	Herr Hafner	07356/1547
7743	Furtwangen	Im Hohtal 14-tägig i Wechsel m. Triberg		Lift-Gastst. z. Stollenwand	Fr 20,30	Herr Hafner	07356/1547
7759	Immenstaad		Dr.-Zimmermannstr. 1	Ratskeller	Do 20,00	Herr Katzenmeier	07555/349
7760	Radolfzell	Markelfingen		Gasth. Kreuz	Di 20,00	Herr Nagel	07735/3293
7768	Stockach	Winterspüren		Gasth. Hirsch	Mo 20,00	Herr Nagel	07735/3293
7801	Freiburg	Schallstadt	Winzerstraße 4	Landgasth. Rössle	Do 20,30	Herr Hoch	07723/4725
7822	St. Blasien		Hauptstraße 4	Dom-Hotel	Fr 20,00	Herr Schmidt	07672/2971
7831	Sasbach	Richtung Frankreich	am Rhein	Zur Limburg	Mo 20,30	Herr Hafner	07356/1547
7844	Neuenburg	Mitte		Stadthaus	Di 20,30	Herr Hafner	07356/1547
7890	Waldshut	Tiengen	Bahnhof	Bahnhof-Hotel	Do 20,30	Herr Schmidt	07672/2971
7891	Lottstetten		Hauptstr. 40	Landgasth. Engel	Fr 20,00	Herr Nagel	07735/3293
7900	Ulm	Böfingen	Böfingerweg 15	Zum Ponyhof	Mi 20,00	Herr Klenk	0731/42363
7930	Ehingen	Altsteußlingen		Zum Hirsch	Fr 19,30 u. 21,00	Herr Rathgeber	07348/5447
7940	Riedlingen	Mitte	Langestraße 5	Zur Glocke	Mo 19,30 u. 21,00	Frau Rathgeber	07356/1547
7955	Ochsenhausen	Stadtmitte	Marktplatz 52	Stadtcafé Hampp	Do 20,00	Herr Rathgeber	07348/5447
7960	Aulendorf	Zollenreuthe		Gasth. Hirsch	Mo 20,00	Herr Katzenmeier	07555/345
7970	Leutkirch/Allgäu	Geberatzhofen	Mitte	Gasth. Löwen	Mo 20,00	Herr Frank	07321/72859
7981	Ravensburg	Bechenried-Atzenweiler		Gasth. Zur Rose	Mi 20,00	Herr Hafner	07356/1547
7981	Ravensburg	Danketsweiler		Gasth. Ochsen	Di 20,00 u. 21,30	Herr Hafner	07356/1547
8000	München 90		Thalkirchner Str. 76	Zunfthaus	Di 19,00 u. 20,30	Herr Maas Herr Franzky	0821/512582 08341/61994
8017	Ebersberg		Marktplatz	Gasth. Alte Post	Mi 20,00	[illegible] Hauner	08572/8701

8050	Freising	Lerchenfeld	Erdingerstr. 29	Lerchenfelder Hof	Do 20,00	Frau Heyer	02436/1551
8058	Erding	Altenerding	Parkstr. 33	Park-Café	Mi 20,00	Frau Heyer	02436/1551
8070	Ingolstadt		Am Auwaldsee	Gastst. Auwaldsee	Mi 20,00	Herr Lerchbaumer	089/328510
8080	Furstenfeldbruck		Hauptstr. 25	Bei Bruno	Mi 19,30	Lammerhirt/Preslar	089/8594163
8106	Garmisch	Partenkirchen	Ludwigstraße 65	Hof Rest. Drei Mohren	Mi 20,00	Herr Franzky	08341/61994
8130	Starnberg		Bahnhofsplatz 2	Brinkhoff's Nr. 1	Do 19,30	Herr Lamprecht	08152/3305
8160	Miesbach		Marktplatz 3	Brauwirt	Do 20,00	Lammerhirt/Preslar	089/8594163
8170	Bad Tölz	Tölz-Sud	Klammergasse 4	Rest. Metzgerbräu	Fr 20,00	Herr Franzky	08341/61994
8200	Rosenheim	Happing	Kirchenstraße 38	Hotel Anadrie	Mo 20,00	Herr Lerchbaumer	089/328510
8221	Waging am See		Wilh.-Scharnow-Str. 18	Zum Kupferkessel	Di 20,00	Herr Oberhauser	08681/1860
8221	Seebruck-	jed.2.So im Wechsel m. Bergen-	Ludw.-Thoma-Str. 1	Hotel Wassermann	So 18,00	Herr Oberhauser	08681/1860
8221	Bergen	Bernhaupten	Bernhauptenerstr. 8	Hotel Emer Hof	So 18,00	Herr Oberhauser	08681/1860
8230	Bad Reichenhall		Tiroler Str. 12	Hotel Tiroler Hof	Mi 20,00	Herr Oberhauser	08681/1860
8263	Burghausen	Stadtmitte	Marktlerstr. 2	Burghotel	Do 20,00	Herr Oberhauser	08681/1860
8300	Landshut	ab 30.01.90	Rennweg 73	Gasth. Rennweg	Di 20,00	Frau Heyer	02436/1551
8312	Dingolfing	Zentrum	Marienplatz 14	Gasth. Huberbräu	Mi 20,00	Frau Heyer	02436/1551
8398	Pocking		Bahnhofstr. 3	Hotel Rauch	Di 20,00	Herr Hauner	08572/8701
8402	Neutraubling		St.-Michael-Platz 2	Hotel Groß	Mo 20,00	Herr Hauner	08572/8701
8466	Bruck/Opf.		Sollbacherstr. 17	Freizeitzentrum	Fr 20,00	Herr Baier	0961/37243
8480	Weiden	Weiden Ost	Unterer Markt 23	Altes Eichamt	Di 20,30	Herr Baier	0961/37243
8510	Fürth		Königstaße 81	Schwarzes Kreuz	Mo 20,00	Frau Heyer	02436/1551
8551	Heroldsbach	Thurn	Baiersdorfer Str. 13	Gasth. Georgenklause	Di 20,00	Frau Below	09190/1775
8566	Leinburg	Zentrum	Nurnberger Str. 43	TV-Sportheim Leinburg	Fr 20,00	Frau Heyer	02436/1551
8580	Bayreuth		Hindenburgstraße 1	Rotmainhalle 1	Mi 19,30	Herr Maurer	0951/75955
8600	Bamberg		Hallstadter Str. 20	Muller's Cafestuben	Di 20,00	Herr Maurer	0951/75955
8630	Coburg	jede 1.u. 3. Wo i. Monat	Rosengasse 14	Goldener Anker	Fr 19,30	Herr Maurer	0951/75955
8700	Wurzburg			privat		Fam. Pingert	09367/3053
8710	Kitzingen			privat		Fam. Frank	09732/2322
8730	Bad Kissingen/Hammelburg			privat		Fam. Frank	09732/2322
8751	Stockstadt		Obernburger Str. 30	Café Dettor	Mi 20,00	Herr Spachtholz	06106/75838
8752	Schöllkrippen		Lindenstr. 14	Gasth. Post	So 17,00	Frau Schneider	06202/17795
8809	Bechhofen	Kleinried	Nr. 12	Hotel Rieder Hof	Fr 20,00	Fam. Pingert	09367/3053
8850	Donauwörth	Sulzdorf	Mitte	Gasth. Neuwirt	Do 20,00	Herr Frank	07356/1547
8860	Nordlingen	Munningen	Mitte	Gasth. Hirschen	Di 20,00	Herr Frank	07356/1547
8874	Leipheim	Mitte	Gunzburgerstr. 15	Gasth. Bären	n.Vereinb.	Herr Frank	07356/1547
8900	Augsburg		Ulmer Straße 15	Pizzeria Bella Napoli	Mo 19,00 u. 20,30	Herr Franzky	08341/61994
8910	Landsberg		Hindenburgring 64	Lechstuberl	Mo 20,00	Herr Lutz	08341/66182
8940	Memmingen		Bodensee 49	TVM Sportgaststatte	Mi 20,30	Herr Frank	07356/1547
8950	Kaufbeuren	Mauerstetten		Gasthof Sonnenhof	Do 20,30	Herr Franzky	08341/61994
8958	Füssen		Bildhauer-Sturm-Str. 12	Sporthotel Sonnenhof	Di 20,00	Herr Lutz	08341/66182
8960	Kempten		General-Dietl-Str. 2	Haus Hochland	Mi 20,00	Herr Staps	08341/12502
8972	Sonthofen		Bergholer Str. 26	Zur Muhle	Do 20,00	Herr Staps	08341/1250
8990	Lindau	Oberreitnau		Freizeitzentrum	Di 20,00	Herr Katzenmeier	07555/345

Info-Zentren in Vorbereitung

2380	Schleswig	Herr Koehn	04207/2464
2950	Leer	Herr Beckmann	04402/81937
2990	Papenburg	Herr Beckmann	04402/81937
3220	Alfeld	Herr Becker	0561/495831
3280	Bad Pyrmont	Herr Schild	02435/1687
3300	Braunschweig	Fam. Lelonek	0561/894579
3320	Salzgitter	Fam. Lelonek	0561/894579
3352	Einbeck	Herr Becker	0561/495831
3370	Seesen	Herr Becker	0561/495831
3470	Höxter	Herr Schmitter	02162/33007
3520	Hofgeismar	Fam. Lelonek	0561/894579
4220	Dinslaken	Herr Metzer	02161/584050
4730	Ahlen	Herr Matz	0201/467326
5272	Wipperfurth	Herr Risch G	02232/51668
5378	Blankenheim	Herr Schmitz	02251/61613
5920	Bad Berleburg	Herr Schäfer	0228/326473
5401	Munstermaifeld	Herr Peplinski	02641/4817
6128	Hochst/Odw	Herr Spachtholz	06106/75838
6302	Lich/Grunberg	Herr Roos	06446/416
6480	Wachtersbach	Herr Spachtholz	06106/75838
6532	Oberwesel	Herr Wehner	02652/1447
6903	Neckargemund	Frau Schneider	06202/17795
7519	Oberderdingen	Binder/Rams	06341/63232
7630	Lahr	Dietrich/Kraus	07852/7096
8262	Altotting	Herr Hauner	08572/8701
8350	Plattling	Herr Hauner	08572/8701
8392	Waldkirchen	Herr Hauner	08572/8701
8670	Hof	Herr Maurer	0951/75955
8671	Schonwald	Fam. Bungart	09287/58280
8803	Rothenburg	Fam. Pingert	09367/3053
8820	Gunzenhausen	Fam. Pingert	09367/3053
8880	Dillingen	Herr Frank	07321/72859
F-67160	Wissembourg/Elsaß	Herr Rams	06341/63232

Bitte rufen Sie den zuständigen Info-Leiter zur Bestätigung von Zeit und Ort an.

Anlage 5

Küsse jemanden, den Du liebst, wenn Du diesen Brief erhälst -
und mache den Zauber mit. Dieses Papier wurde an Dich gesandt,
damit Du Glück bekommst.
Das Original befindet sich in New England.
Es ist bereits neunmal um die Welt gegangen.
Nun wurde das Glück zu Dir geschickt.
Du wirst innerhalb von vier Tagen Glück haben, nach Erhalt die-
ses Briefes, vorausgesetzt, Du sendest ihn weiter.
DIES IST KEIN SPAß !
Sende Kopien an Leute, die Glück gebrauchen können.
Sende kein Geld - denn Vertrauen hat keinen Preis.
Behalte diesen Brief nicht.
Er muß Innerhalb von 96 Stunden witergegeben werden.
Ein RAF-Offizier erhielt 70.000 Dollar.
Joe Pillant erhielt 40.000 Dollar - und verlor sie,
weil er die Kette unterbrochen hatte.
Als Gene Welch auf den Philipinen war, verlor er seine Frau,
sechs Tage nachdem er den Brief erhalten hatte.
Er versäumte, den Brief in Umlauf zu bringen;
wie auch immer vorher hatte sie in der Lotterie
50.000 Dollar gewonnen. Das Geld wurde ihm überwiesen,
nachdem er entschied, den Brief weiterzusenden.
Bitte sende 20 Kopien dieses Briefes
und sieh, was nach vier Tagen passieren wird.
Diese Kette kommt aus Venezuela und wurde
von dem Missionar Saul Andrex geschrieben,
einem Missionar aus Südamerika

Da diese Kopie durch die ganze Welt gehen muß,
mußt Du 20 Kopien Machen und an Deine Freunde und
Verwandte schicken. Nach ein paar Tagen wirst Du eine
Überraschung erleben.
Dies ist Wahr auch wenn Du nicht abergläubig bist.
Beachte folgendes: Contantin Dias erhielt den Kettenbrief 1953.
Er bat seine Serretärin, 20 Kopien zu machen und sie
weiterzusenden.
Ein paar Tage später gewann er in einer Lotterie
2 Millionen Doller.
Adria Daddit, ein Büroangestellter, erhielt dem Brief, aber
vergaß, daß er ihn in 96 Stunden später weitergeben muß.
Er verlor seine Arbeit.
Wenige Tage später als er den Brief wiederfand, verschickte
er 20 Kopien und bekam einen besseren Job.
Dalon Parschild erhielt den Brief und
weil er nicht daran glaubte, warf er ihn weg.
Neun Tage später starb er.
Bitte, schicke kein Geld und ignoriere den Brief nicht.
ES FUNKTIONIERT .

Neuerscheinung

Harald Müller

Soziologische Entstehungsbedingungen und soziale Kontrolle abweichenden Verhaltens in der Wirtschaftsgesellschaft

Beiträge zur gesellschaftswissenschaftlichen Forschung, Bd. 12,
1993, 350 + XI Seiten, br., 69,80 DM
ISBN 978-3-89085-892-0

Der Autor befaßt sich in seinem Werk mit dem sowohl wirtschafts- als auch kriminalpolitisch brisanten Thema der »Wirtschaftskriminalität« als interdisziplinärem Gegenstand. Er greift damit ein in vielfacher Hinsicht »heißes Eisen« an, das seit geraumer Zeit auf kontroverse Weise und aus unterschiedlichen wissenschaftlichen und politischen Motiven sowohl in Deutschland als auch im europäischen und außereuropäischen Ausland in den Wirtschafts-, Rechts- und Sozialwissenschaften erörtert wird. Die Untersuchung ist methodisch so angelegt, daß die »Wirtschaftskriminalität« in der Wirtschaftsgesellschaft als Sonderfall »abweichenden Verhaltens« soziologisch erörtert werden kann. Dabei wird die Wirtschaftskriminalität unter Darlegung des aktuellen Umfangs sowie der hierdurch entstehenden materiellen und immateriellen Schäden als ein latentes Phänomen der Wirtschaftsgesellschaft ausgedeutet. Besonderes Augenmerk widmet der Autor weiterhin der soziologischen Typisierung des Wirtschaftsstraftäters im Gefüge einer industriellen Leistungsgesellschaft sowie dem Einfluß wirtschaftlicher Faktoren auf Wirtschaftskriminalität. In einem zentralen Kapitel werden allgemeine Theorien abweichenden Verhaltens im Hinblick auf ihre Anwendbarkeit zur Erklärung gerade wirtschaftskriminellen Verhaltens überprüft, wobei bislang noch nicht hinreichend beachtete Gedanken – etwa zur subkulturellen Ebene der Wirtschaft – in die Diskussion eingebracht werden. Weiterhin befaßt sich der Autor mit solchen Begriffen und Theorien, die im allgemeinen im Zusammenhang mit Fragen der sozialen Kontrolle und der staatlichen Sanktionstätigkeit diskutiert werden, wie etwa Macht, Herrschaft, Verwaltungsstab, staatliches Gewaltmonopol, Legitimität und Legalität. Schließlich wird das Geschehen abweichenden Verhaltens im Bereich der Wirtschaft in den übergreifenden Problemzusammenhang von »Medien und Gesellschaft« gestellt.

Das Buch wendet sich vor allem an Sozialwissenschaftler, aber auch an interdisziplinären Problemen der Wirtschaftskriminalität interessierte Theoretiker und Praktiker der Kriminalrechtspflege, die diese Schrift sicherlich mit Gewinn lesen werden.

Zum Autor: Dr. Harald Müller studierte Rechtswissenschaft an der Universität Würzburg, an deren Institut für Soziologie er gegenwärtig als Wissenschaftlicher Assistent tätig ist.

FSC
www.fsc.org
MIX
Papier | Fördert
gute Waldnutzung
FSC® C083411

Kolibri 360 GmbH
Ferdinand-Jühlke-Straße 7
99095 Erfurt, Deutschland
produktsicherheit@kolibri360.de